蒙台梭利

早教经典原著

享誉全球的早教经典名著

The Montessori Method
蒙台梭利早期教育法

蒙台梭利
早期教育法
The Montessori Method

〔意〕玛丽亚·蒙台梭利 ⊙ 著
蒙台梭利丛书编委会 ⊙ 编译

中国妇女出版社

图书在版编目（CIP）数据

蒙台梭利早期教育法／（意）蒙台梭利（Montessori，M.）著；蒙台梭利丛书编委会编译. —北京：中国妇女出版社，2012. 1（2025. 4重印）

（蒙台梭利丛书）

ISBN 978 - 7- 5127- 0350- 6

Ⅰ. ①蒙…　Ⅱ. ①蒙…②蒙…　Ⅲ. ①婴幼儿–早期教育　Ⅳ. ①G61

中国版本图书馆 CIP 数据核字（2011）第 231830 号

蒙台梭利早期教育法

作　　者：〔意〕玛丽亚 · 蒙台梭利　著
编　　译：蒙台梭利丛书编委会
责任编辑：万立正
封面设计：吴晓莉
责任印制：王卫东
出版发行：中国妇女出版社
地　　址：北京市东城区史家胡同甲 24 号　　邮政编码：100010
电　　话：（010）65133160（发行部）　　65133161（邮购）
网　　址：www. womenbooks. cn
法律顾问：北京市道可特律师事务所
经　　销：各地新华书店
印　　刷：北京通州皇家印刷厂
开　　本：170×230　　1/16
印　　张：15. 75
字　　数：228 千字
版　　次：2012 年 1 月第 1 版
印　　次：2025 年 4 月第 27 次
书　　号：ISBN 978 - 7- 5127- 0350- 6
定　　价：25. 00 元

前言

玛丽亚·蒙台梭利博士是意大利第一位女医学博士，是20世纪享誉全世界的杰出幼儿教育家。1870年8月，玛丽亚·蒙台梭利在意大利安科纳地区的基亚拉瓦莱小镇出生。父亲亚历山德鲁·蒙台梭利是贵族后裔，并且性格平和。母亲瑞尼尔·斯托帕尼知识渊博，善良，开明。玛丽亚·蒙台梭利是独生女，深得父母的宠爱，自小受到非常良好的家庭教育，并且养成自律、自爱、乐于助人的独立个性。

蒙台梭利在实验、观察和研究的基础上，创立了给世界教育带来翻天覆地变革的蒙氏幼儿早期教育法，风靡整个西方世界，对欧美国家的教育和社会发展有着深刻的影响。她认为，一直以来，儿童的成长都在受成人的压制，成人在各个方面干涉儿童的自由行动，成人对儿童的教育都是强制性的。她提出，成人必须信任儿童内在的力量，因为儿童有一种与生俱来的“内在生命力”，而教育只是为了促进儿童“内在潜能”的发挥。蒙台梭利教授通过观察和“儿童之家”的实验，提出了儿童发展敏感期、心理胚胎期、儿童在“工作”中成长等一系列对今天的早期教育仍然影响广泛的规律。

到目前为止，蒙台梭利的著作被翻译成30多种文字，蒙台梭利学校遍及110多个国家和地区。在中国，以蒙氏教育为基础创立的早期教育班和幼儿园，受到越来越多父母和儿童的喜爱与信赖。

为了传播蒙台梭利的经典早教理念，我们策划出版了本套蒙台梭利早教经典原著系列，在忠于原著的基础上，对内容、结构进行了梳理，以更加方便广大读者阅读和理解，希望广大父母通过对蒙台梭利早期教育理论的学习，真正走进孩子的心灵，发现孩子，为孩子的成长创造自由的环境，让孩子实现自我教育，自我成长。

《蒙台梭利早期教育法》，是蒙台梭利的第一本儿童教育专著，也是对她亲手创立的“儿童之家”的经验总结。本书揭示了蒙台梭利的教育原理和教育方法，主张从日常生活训练入手，配合良好的学习环境、丰富的教具，让儿童自发地主动学习，独立思考，自我发现，自我教育和自我成长。通过应用本学习法，孩子不但能轻松、愉快地掌握阅读、计算的基本能力，还能掌握相当多的自然知识，更重要的是会对学习产生浓厚的兴趣。

《蒙台梭利儿童教育手册》，为一本操作性手册，是蒙台梭利在美国传播蒙台梭利教育方法时所写。所有“儿童之家”运用的教具都有相似之处，本书详细讲解了如何针对儿童使用这些教具，以及该如何为孩子提供一个能够进行“自我教育”的环境，以刺激儿童观察力、认知力和判断力的发展。蒙台梭利在书中强调，教育每个孩子的方法都是不同的，无论老师还是家长，成人的作用是让孩子自己去试验，自己发现错误，甚至在学习中让他们冒必要的风险，这样才能让他们更好地成长。本书是蒙台梭利教学方法的全面讲授，是应用蒙台梭利教育方法的必备手册。

《童年的秘密》，揭开了儿童心理发展的神秘面纱，提出了“敏感期”这一极富革命性的理念，即儿童在智力、节奏、运动、人物角色认识和工作等方面的发展拥有一个特殊的敏感期，处于敏感期的孩子会根据“敏感性”的指令，以一种独特的方式从周围的环境中进行吸收和学习。抓住敏感期，将对儿童的发展起到极大的促进作用。同时，本书也对父母教育孩子的方式进行了反思，指出成人应该处于观察者的地位，不要压抑孩子的发展，要学会富有智慧地爱孩子。

《发现孩子》，提出了培养孩子的新观念和新方法，指出每个孩子都应该去观察周围的世界，都应该学会集中自己的注意力，都应该自然地进行学习和成长。蒙台梭利以此为基础，努力地进行着打破传统教育的探索，去寻求爱孩子和理解孩子的新方法。在本书中，蒙台梭利展现了她独特的、革命性的儿童观，揭示了儿童具有的内在潜力，展现了儿童是作为一种积极的、活动的、发展的存在。她描述了孩子的特性，以及更充分地唤起孩子学习和成长热情的方法。她将幼儿作为一个活生生的人来看待，更重要的是提出了教育的任务是激发儿童内在潜能的发展，而成人能做的就是为孩子提供他所需要的环境，让孩子自由地成长。这本书告诉了我们儿童发展的规律，教我们真正地发现孩子。

《有吸收力的心灵》，是集蒙台梭利的理论思想与方法经验的大成之作，呈现出了蒙台梭利的革命性教育观念。本书中，蒙台梭利从儿童的心理和生理特点出发，结合实际的现象和自身所得经验，揭示出了大自然赋予儿童的内在发展力量，阐释了儿童具有吸收能力的心智特点，思考着儿童与成人、儿童与社会、儿童与自然的关系，具有一定的启发性。本书体现的是蒙台梭利后期的一些教育思想，其中一些理念超前于她的教育界和心理界的同行，特别是，书中提出了人类自身的自然发展的重要作用，提出了孩子的知识是通过他们在自己所处的环境中吸取经验获得的，以及教育必须与人类自身的实际相符合等。本书对儿童发展和传统教育的思考与分析，对于家长、教育工作者、心理学家及所有研究儿童和社会的人都具有非常重要的价值。

本书编委会

2011 年 12 月

目　录

序 言

1911年2月，哈佛大学教育学院亨利·W. 霍姆斯教授建议，将我的这本著作《早期教育法》从意大利文译成英文。这是我教育生涯中的一件最重要的大事，我曾把它视之为非常荣幸的事而期待着。今天已成为现实。

《早期教育法》的意大利版没有序言。这里所要讨论的3~6岁儿童的教育方法，仅仅是一项工作的开端，其原则和方法如能得以发展，将会同样适用于以后教育阶段。此外，我还认为"儿童之家"所获得的方法，似乎可以提供一个研究人的实验领域，或许将促进一门提示人类本性其他奥秘的学科的发展。

在本书从意大利版问世到英文译本出版前的这段时间里，我和我的学生们有机会将所论述的方法在实际运用中的某些细节加以简化，并阐述得更为准确严谨；同时补充了有关纪律方面的观察材料，作为美国版的新增两章内容。实践证明，本书所阐述的方法是有生命力的，有必要在不久的将来进行科学合作推广。承蒙S. S. 麦克洛先生在他声誉卓著的杂志上推荐，我的方法在美国引起了广泛讨论；事实上，已有许多美国人专程来罗马参观我那小小的学校，亲自观察这些方法的实际应用。由于他们的鼓励，我希望我在罗马的工作将成为有效又有益的一个合作中心。

谨向那些把我的著作介绍到美国的哈佛大学的教授们和麦克洛先生所办的刊物的同人，以及伦敦的 World's Work 的编辑表示感谢。希望本书所介绍的方法能在美英两国儿童身上产生效益，如此才足以表达我的感激之情！

第1章　新教育和教学方法

我们应该培养教师的科学家精神，而不是简单的操作技巧。也就是说，我们要培养的是教师的“精神”，而不是“技巧”。

我并不是想写一篇介绍有关科学教育学的专题文章，只是想根据我不完整的记录提供一种实验结论，十分明显，这种实验结论能为新型科学原理的实际应用开辟道路，近些年来，这些新型科学原理正在逐步推动着教育工作的变革。

在过去的10年中，随着医学的进步，人们已经讨论过很多有关教育学发展趋势的问题，这些讨论已经超越了纯理论阶段，并要求把结论建立在实证结果基础之上。从韦伯、费克纳到冯特，生理学或实验心理学已成为一门新科学，就像过去的形而上学心理学为哲学心理学奠定了基础一样，这门新科学也将会给新教育学奠定基础。应用于对儿童的身体研究的形态人类学，也将是促进新教育学发展的一个强有力的元素。

尽管有这些发展趋势，但到目前为止科学教育学还没有建立，也没有一个明确的定义。我们所谈论的科学教育学只是一种模模糊糊而实际还不存在的东西，它还不过是一种科学的直觉或者科学的暗示。借助于19世纪实证科学和实验科学，科学教育学必将冲破云雾展示在世人面前。人类通过科学进步建造了一个新的世界，也必然通过新教育学来发展，但在这里我不想进一步讨论这个问题。

几年前，一个著名的医生在意大利建立了一所“科学教育学学校”，其目的是培养在教育界已感知新运动的老师。这所学校在两三年里就取得了巨大的成功，吸引了来自意大利各地的教师前来参观学习。这所学校还得到了米兰市政府的捐赠，得到了许多科学仪器。而且，这所学校创办开始就有很多有利条件，得到了许多人的援助，因为人们希望通过实验，建立起一门“发展人的科学”。

这所学校之所以受到欢迎，在很大程度上要归功于杰出的人类学家朱塞佩·塞吉所给予的热情支持。30 多年来，塞吉一直在意大利的教师中积极地倡导一种以教育为基础的新文明。他说：“今天，在我们的社会中，人们感觉到必须要重建教育方法。需要为这项事业，为人类的复兴而奋斗。”在他《教育与训练》一书一篇演讲稿的摘要中，他鼓励这个新运动。他认为应以教育人类学和实验心理学为指导，对受教育者进行系统研究。

塞吉说：“好多年来，我一直在为形成一种指导和教育人的观念而奋斗，我对它考虑得越久，就越觉得它正确、有用。我想，为了建立一种自然而合理的教育方法，我们必须要把人作为个体进行大量的、精确的、合理的观察，特别是在幼年时期，因为这是奠定一个人教育和文化基础的关键时期。”

塞吉还说：“测量头部、身高，决不是意味着我们在建立一种教育学体系，但是它却为我们指出了通往这种体系所要走的道路。我们要去教育一个人，就必须对他有准确的了解。”

塞吉使许多人相信：如果具备了人类个体的知识，那么教育人的方法就会很容易获得。但是，正如经常发生的那样，塞吉的追随者对他的这种说法在思想上产生了混乱，一些人的理解只停留在文字的表面，一些人的理解则曲解或夸大了他的说法。他们混淆了对学生进行实验性研究和对学生进行教育这两者的区别。他们认为，对学生的实验性研究是通往对学生进行合理教育的道路，通过这种研究，学生本人的教育就会自然地得到发展；以为实验研究就是教育，而把教育人类学命名为科学教育学。这批塞吉的“信徒”举着“记录卡”

(一种记载学生的家庭、体格、健康状况等情况的表格) 的旗帜，认为这面旗帜一旦牢固地插到学校这个阵地上，就会赢得胜利。

因此，所谓的“科学教育学学校”，其实只教会教师掌握人体测量方法，使用仪器来收集学生的心理学数据，他们认为这样就是把一支新型科学教育学的教师队伍建立了。

应当说，在这场运动中，意大利跟上了时代的步伐。法国、英国，特别是美国，在人类学和心理教育学研究的基础上，在小学开始了相应实验研究，希望找到学校的再生之路。但是，这种研究很少有教师参与，绝大部分都是由对医学而不是教育学更感兴趣的医生进行的。通过实验，他们对心理学或人类学作出了贡献，但这种实验和研究实验结果并不是为建立科学教育学而有针对性地准备的。总之，人类学和心理学还没有针对性地解决学校儿童教育方面的问题，也没有科学训练出来并达到真正科学家水平的教师。

事实上，学校想要取得真正的进步，就需要把理论和实践相结合。这种结合会把科学家直接带入学校这一重要领域，与此同时，还能提高老师的水平。克里达罗在意大利创办的教育大学为了实现这一崇高理想，正脚踏实地地工作着。其目的是提高教育学的地位，使它从过去从属于哲学的分支科学成为一门真正的独立科学，并像医学那样具有广泛而多样的研究领域。而且，教育卫生学、教育人类学和实验心理学，也将成为科学教育学的分支学科。

作为隆布罗素、德·乔万尼和塞吉的祖国，意大利在这一运动中取得了值得引以为荣的成就。隆布罗素、德·乔万尼和塞吉都是人类学发展的开拓者，他们分别开拓了犯罪人类学、医学人类学和教育人类学。他们三人都是各自领域公认的权威，在科学界发挥了积极的作用。他们不仅培养了大量优秀的学生，而且给公众做了广泛的普及教育工作。他们是祖国的骄傲。

然而，我们今天在教育领域所从事的工作，是为了全人类的利益和文明。在如此伟大的事业面前，我们都只有一个祖国，那就是全世界。在这一极为重要的事业中，所有的人，哪怕只是种尝试而未取得成功，也都值得我们尊敬。因此，在许多教师和教育督学的努力下，意大利很多城市都建立了科学教育学学校和人类学实验室。虽然这些学校和实验室在未成规模之前就被摒弃了，但仍然具有很重要的价值，并为人们认识科学教育学，开启了探索之门。

虽然这些尝试性研究都不成熟，而且人们对尚处在发展阶段的新科学还不是很理解，但每一项伟大的事业都是从不断的失败和完善中诞生的。如果我们要建立培育后代的真实而有生命力的教育方法，我们就必须走出自我。

想用实验科学的方法来培训教师并不是一件容易的事。即使我们尽可能用最正确的方法帮他掌握人体测量学和心理测量学，我们也不过是创造了一些“机器”，其用处也很令人怀疑。实际上，如果我们按照这种模式指导教师进入实验，那么我们将只会停留在理论上。过去按照形而上学的哲学理论培训出的教师，只知道某些权威人士的思想，只会照搬书本，不会灵活运用。理想的教师不仅要熟悉教学仪器，而且还要能操作这些仪器。除此之外，他们还要掌握一系列的实验知识和技能，并且学会用简单的和机械的方法进行这些实验。

但是，即使他们都做到了这些，本质上他们还是没有太大差别，因为最本质的差别不在于外部技术的掌握上，而更主要的是存在于人的内在精神上。目前我们培养的新型教师，还没有能够完全进入科学实验领域，还处在真正的实验科学的大门之外。他们还未能更进一步，达到真正科学家的水平。

那么，怎么样才能称为科学家呢？当然，他并不是只懂得去操作物理实验室所有仪器的人，也不是只懂得能够安全、灵巧处理各种化学反应的人，也不是只懂得制作显微镜来观察标本的人。也许科学家助手的操作水平要比科学家本人熟练，但他们不能被称为真正的科学家。真正的科学家对神奇的自然充满了热忱，那些实验方式只不过是他们揭示人类生命奥秘和真谛的手段。真正的科学家并非是只能够熟练地操作实验仪器，他们崇拜大自然，就像信徒们虔诚地笃守宗教的教规那样。真正的科学家就像中世纪的苦行僧那样，忘记了俗世的一切，全身心地投入实验室。他们当中有的因长期使用显微镜进行观察而瞎了眼睛，有的为了科学给自己接种结核病菌，有的为了迫切了解疾病的传播途径而处理霍乱病人的粪便，有的冒着生命危险试验易爆炸的化学品。这就是真正的科学家才具有的高贵情操。大自然乐于向这些真正的科学家展示自身的奥秘，让他们得到发现的荣耀，表彰他们的辛勤劳动。

我认为，我们应该培养教师的科学家精神，而不是简单的操作技巧。也就是说，我们要培养的是教师的“精神”，而不是“技巧”。比如，如果我们在对教师进行科学培训时只考虑让他们掌握科学技术，那么这些教师就无法成为专业的人类学家、实验心理学家或儿童卫生学家。我们现在所做的只是把他们引入实验科学的领域，使他们能够熟练地操纵各种仪器。然而，现在我们则希望通过教师自己的学校来帮助他们，使他们能够在内心意识到只有科学精神才能为他们打开广阔的大门。

实验仪器就如字母一样，就像我们想要了解大自然，就必须懂得如何使用它。正如一本展现作者伟大思想的书是由各种字母组成了它的文字，而大自然的奥秘则是由实验仪器来揭示。

我们现在假设一下，如果一个人只是学会了机械地拼写课本中所有单词，那么即使面对一本印刷得清晰无误的莎士比亚的剧本，他也只能机械地阅读剧本中那些单词；只会做实验的人，就像只能拼写出课本上的单词的人一样。如果我们也只是机械地对教师进行培训，那么他们也只能停留在技术水平上，而不会获得真正的科学知识。

我们必须设法使他们成为大自然的崇拜者和解读者。他们不仅学会了拼读，还能读懂莎士比亚、歌德、但丁作品所要表达的思想。可以看出，这二者有天壤之别。如果要达到后者的水平，前者仍然有很长一段路要走。然而，在这里我们犯有一个明显的错误，以为一个掌握了拼写的孩子已经知道了应该怎样阅读。是的，他能够读出商店门口的招牌和报纸的名称，也能识别他所看到的每个单词；如果他走进一家图书馆，也认为能够阅读那里的每本书籍，但他当真阅读的时候，他很快发觉自己只知道机械地去理解字面所表达的含义远远不够，还需要回学校重新进行学习。以前我们通过教授人体测量学和心理测量学而培训出来的科学教育学的教师，情况也是如此。

我们在这里暂不讨论培训真正科学教育学教师的困难，也不打算列出一个培训科学教育学教师的培养方案。让我们假设一下，假定经过我们充分的培训，已经培养出了能进行自然观察的教师，并且教师也具备了献身精神和科学态度。例如，那些昆虫学家会在夜间出发，走进树林和田野，他们或许会惊奇地发现他们所感兴趣的一些昆虫早就开始活动了。虽然这位科学家由于长途跋涉而变得困倦不堪，但他仍然全神贯注，完全没有意识到身上已沾满了泥浆和灰尘，也不在意雾水已经浸湿了他的衣服或骄阳在暴晒着他，只是为了不惊动昆虫，以便能观察到它们日常自然动作时的情形。我们再假定，这群教师已经达到了这位科学家的水平，虽然这位科学家半盲了，却仍在通过显微镜观察一些微生物的活动，发现这些生物能彼此回避，以自己的方式来选取食物，并具有某种初级意识。然后，这位科学家通过电的刺激来扰乱它们呆滞的状态，观察它们是如何聚集在正负极的；接着他还用光的刺激来进一步实验，观察它们的趋光性。他通过观察得到了这些情况以及一些类似的现象，并始终思考着一个问题：这些昆虫避开和趋向刺激物是否同它们彼此回避或选择食物的特性相同——换句话说，也就是它们对刺激物产生不同反应的原因是它们具有某种初级意识，而不同于磁铁那样同性相斥、异性相吸。再让我们假设一下，这位科学家发现已经是下午 4 点了，并且他还没有吃午饭，他也很清晰地知道自己一直是在实验室而不是在家里，他为之很高兴，因为如果几个小时前回家吃饭了，一些有趣的观察就会被打断。

让我们设想一下，如果一个教师不需要通过科学训练就已经对观察自然现象具备了这样的兴趣，在工作时达到了忘我、痴迷的境界，这非常好，但还不够。事实上，教师的特殊使命不是观察昆虫或细菌，而是要培育人。他不是根据人们在日常生活中的习惯来对人进行研究，也不是像研究昆虫的科学家那样早上醒来就开始观察昆虫的活动。教师要激发的是人的觉醒。

我们希望培养教师对人研究的兴趣，这种兴趣的特点是：观察者和被观察的这两个个体必须具有内在的亲密关系。而这种亲密关系不存在于动植物学家与他们所研究的自然形态之间。一个科学家如果没有牺牲精神，是不会喜欢上他所研究的昆虫或者化学反应。但人与人之间的爱是一件极其温柔的事情，它既简单又无处不在。我们每个人都拥有这种爱，爱并不为某个受过教育的智力阶层所特有。

为了说明第二种培养模式，即精神培训，让我们设想一下进入耶稣基督第一批弟子的头脑和心灵，当他们听到耶稣基督给他们描述一个比地球上任何国家都还伟大的天国时，他们很虔诚、天真地问耶稣：“主，谁是天国最伟大的？”耶稣听了后便摸着一个小孩的头，这个小孩正用崇敬而虔诚的神情望着耶稣，然后回答说：“谁能像这个孩子一样，谁就将成为天国中最伟大的人。”如果有一个虔诚的信徒记住了耶稣说的话，用崇敬、爱戴的心期盼达到这种伟大的精神境界，开始细心观察这个小孩的每一个表现，但即使把这样的观察者放到一个满是孩子的教室中，他也不会成为我们希望培养的那种新型教师。但是，如果我们的教师能把科学家自我牺牲精神和基督教徒虔诚与热心灌输到自己的心灵中，那么他们就将会成为真正的教师。他将从这个孩子身上学会如何完善自己，成为一名真正的教育者。

让我们来看另外一个例子，考察一下教师的心态。一位精通实验、有观察经验的植物学家或动物学家，为了研究自然环境中的“某种真菌”而去野外进行精心的观察，回到实验室后又借助显微镜和其他一切实验设备做进一步的研究。实际上，他是一名真正的科学家，既懂得研究大自然的重要意义，又精通利用现代实验科学所提供的一切手段。

现在再让我们设想一下，这位科学家因为工作有独创性，被安排到一所大学对膜翅目昆虫做进一步研究。让我们假设，当他到达工作岗位之后，有人给他看了一个装着许多美丽的蝴蝶标本的玻璃盖盒子，这些蝴蝶翅膀张开着，被大头针固定着，一动不动。这位科学家看到这会说，这不过是个小孩子的玩意儿，并不是科学研究。不夸张地说，他觉得这些蝴蝶标本其实是孩子们追逐蝴蝶，并用网子捉住了它们这个游戏的一部分。这种材料与这位科学家要进行的实验完全没有关联。

如果我们把一位按照我们观点和科学方法培训出来的教师安排到一所公立学校里，那么也会遭遇类似那位科学家所遇到的情况，因为公立学校里的孩子们由于有严格的约束，不能自然地表现他们的个性特点。在这样的学校里，孩子们就像盒子里被大头针钉住的蝴蝶标本一样，也被固定在课桌旁，张开着他们所得到的乏味、一点意义也没有的知识翅膀，然而实际上这种翅膀已经失去了能力。

教师们只准备好科学精神还不够，我们还必须有能进行科学观察和实验的学校。如果在学校里诞生了科学教育学，学校必须允许自由，孩子可以自然地表现自己。只有这样，才是一种根本性的改革。

我想，没有人会肯定地说这一原则已经在我们教育学和学校中存在。有一些教师受卢梭教育思想的启发，呼吁把自由还给孩子们，并提出了一些不可实行的原则和模糊的愿望。但这些教育工作者实际上还并不真正了解自由的真正含义。他们往往把鼓舞人们反抗奴隶制度的那种自由，或者社会自由的概念与真正的自由概念等同起来。虽然社会自由是一种更高的概念，但它仍然有限制。“社会自由”就像是雅各在梦中所看见的一级级天梯。换句话说，它只是部分的解放，如一个国家、一个阶级或一种思想的解放。

然而，教育学所包含的自由概念要宽泛得多。当 19 世纪的生物科学为我们提供研究生命的方法时，就已经显示了这种自由。所以，如果说过去的教育学预见或者模糊地表达了在学生接受教育前要对学生进行研究，要让学生自由自在地展示出他自己的个性，但实际上能够获得这种不清晰的和模糊的直觉思想，还得靠上个世纪实验科学的贡献才成为可能。我们在这里是要阐明我们的观点，而不是要进行辩论或讨论。如果今天有谁说自由的原则已经进入了教育学，那么我们一定会笑话他，认为他就像站在装着蝴蝶标本的盒子面前的那个孩子，坚持说：“蝴蝶还能飞。”束缚的教育思想一直存在在教育学中，所以学校也一样盛行。学校固定学生的桌椅就是最好的例证。我们仍然继续着早期唯物主义者的教育学思想，勤劳地搬运着“石头”去修葺已破烂不堪的学校，这一切都是徒劳的。最初学校里只有一些长窄不一的板凳，学生们只能挤坐在这些板凳上。后来，通过科学改进了这些板凳，并注意到了人类学的贡献。学校开始根据孩子的年龄和身材设计课桌，并计算桌凳之间的合理距离，使孩子的脊柱能保持直立而不变形；学校还计算座位间应保留的宽度，并彼此隔开，让每个座位上只能勉强坐下一个人，这样的设计使学生根本无法舒展身体。学校这样设计，是为了把学生与他的邻座隔开，不能随意活动，并且可以被教师看见。这样还可以防止教室里出现不道德的行为。在教育中只要一谈到性教育原则就会被人们认为是可耻，认为会玷污孩子们纯真的心灵。面对这样的状况，我们还能说什么呢？而且我们还利用科学帮助我们改进桌凳，限制孩子们的活动。

一切是这样安排的，当孩子坐在座位上时，桌凳迫使他采取一种被以为是有利于他身体的舒适坐姿。学校安排的座位、脚凳和课桌的位置，在孩子们学习时让他们不能随意地站起来，分配给他的那一点空间也只能让他坐直身体。教室里的桌凳就以这些方式不断发展完善着。每一个所谓科学教育学的崇拜者都设计这种科学的“桌凳”。不少国家都为它们设计的“课桌”自豪，还为它们颁发专利。

当然，毫无疑问，建造这些板凳都具有一定的科学性。人体测量和年龄诊断，参考了人类学；研究肌肉参考了生理学；考察直觉的反应参考了心理学。此外，最重要的是，在防止学生脊椎变形时参考了生理卫生学。这些桌椅的确是科学的，但它只是对儿童进行了人类学研究后才建造出来的。可见，这就是我们机械地照搬科学的一个实例。

我相信，不用多长时间我们就会对这种做法感到吃惊。不可思议的是，人们现在已经注意到了婴幼儿卫生学、人类学和社会学的研究以及人类普遍思想进步，竟然没有能更早地发现学生课桌的这种根本性错误。如果我们再考虑到最近几年来，几乎所有的国家都在开展保护儿童的运动，那么我们会更加惊奇不已。

我相信，不用多长时间人们就很难再相信关于这些科学板凳的描述，反倒人们或许会以惊奇的眼光用手来摸一摸这些曾经为了防止学生脊椎骨变形的桌椅。

这些科学桌凳的发展显示学生们一直受到一种制度的束缚，在这种束缚制度的支使下，他们即使生来强壮、腰板挺直也会驼背！从生物学观点来看，脊柱是人骨骼中最主要的、最基本的、最原始的一部分，是我们人体最坚韧的部分。它经历过与沙漠雄狮、猛犸象的拼搏，经历过艰辛而沉重的采石炼铁，现在竟然被学校的枷锁压弯了。

很难理解，正在世界各地蓬勃发展的社会解放运动的曙光还没有照到学校，所谓的科学竟然成了学校的奴役工具。然而，科学板凳的年代也就是劳动阶层要求从奴役的劳动枷锁下获得解放的年代。

很明显，解放运动已表现在社会生活中的每一方面。大众领袖把社会解放作为他们的口号，劳工阶层不断呐喊；科学和社会主义出版物也声援他们的行动，报刊中充满了这样的文章。营养不良的工人要求的不是补品，而是要改善经济条件以防止营养不良。矿工们每天都要弯腰工作，他们得了腹股沟疝，但他们需要的不是腹带，而是减少工作时间和改善工作条件，使他们能够像其他人一样过上健康的生活。

就在同一社会时代，我们发现，孩子们正在不卫生的条件中学习，这妨碍了他们正常发育，甚至连脊柱都发生了变形，我们对这种可怕的现象做出的反应却是想要设计一种科学的板凳来予以矫正，这就好比给矿工提供腹带或给吃不饱的工人砒霜。

不久前，有一位女士认为我会赞同该学校的一切科学创新，她自得地向我展示了一种用来保护学生的“紧身”装置。她发明了这个东西，认为可以解决板凳所带来的问题。

外科有治疗脊椎弯曲的手段。我想提的是“悬垂疗法”，这种方法通过把孩子的头和肩用整形器械定期吊起来，并通过孩子自身的重量来伸展并拉直他的脊柱。在今天我们的学校里，这种“紧身”装置竟然大受欢迎。这是不是意味着，我们应该给学生开一门悬挂的课程了？

所有这一切都是我们把科学方法机械地应用到落伍的学校所产生的必然结果。很明显，为了防止学生脊柱受到影响，合理的方法是改变他们的学习方式，不能让他们长时期保持一种有害的姿势。孩子们最需要的是给他们自由，而不是去改进什么板凳结构之类的。

即使这种固定的座位有利于孩子的身体发育，但因为这些座位没法挪动，所以在打扫卫生时不便清理，很难打扫干净，教室反而容易成为卫生的死角。由于孩子们脚踏的地方被固定不能移动，他们脚上从大街上带来的污垢很快就会布满脚凳。现在，人们家庭中的内部陈设都变得更加轻便、简单了，人们可以很轻松地移动它们以便打扫和清洗灰尘。但是，学校好像没有跟上社会的这种变化。

我们应当想到，在这种束缚的条件中成长的孩子，骨骼都发生了变形，那他们的精神世界又会怎么样呢？当我们谈到帮助劳动大众时，人们总是以为要帮助他们解决像贫血或疝气之类的痛苦就可以了，而没有想到他们还有遭受奴役的苦难心灵。我们都知道，当一个人已被饥饿折磨得奄奄一息时，他的灵魂就会受到压抑，甚至会被毁灭。奴役是人类进步的沉重负担，人类要前进，就要摆脱这种负担，因为拯救人的灵魂比肉体更加迫切。

那么，当教育孩子的问题摆在我们面前时，我们应该说些什么呢？

我们深知教师的不易。在教室里，他需要向儿童的脑中灌输各种各样的知识。为了能很好地完成这个任务，他认为有必要用纪律约束他的学生，并强迫他们集中注意力。于是，奖励和惩罚成为每位教师的工具，每个学生都被迫成为教师忠实的听众。

我认为这些奖赏和惩罚，简直就是进行精神奴役的工具。在学校里，它们不是被用来减轻学生身体的畸形，而是在制造畸形。用奖赏和惩罚激起的努力，是被迫的而不是发自内心的，并不会带来儿童的自然发展，就像职业赛马骑师在上马之前会给他的马一块糖，或车夫用鞭子抽打他的马以让它对他的命令有所反应。这种情况决不会使马儿像在草原上那些自由飞奔的骏马那样雄伟壮观。

那么，在教育中我们要给学生套上枷锁吗？

诚然，我们都是戴着社会枷锁的自然人。但是如果让我们放眼看一下历史进程，那么我们将会发现这枷锁在一点点地放松。换句话说，自然或生命正在逐渐地走向胜利——奴隶的枷锁被仆人的枷锁替代，而仆人的枷锁又被工人的枷锁替代。

一切形式的奴役都会一点一点削弱和消失，甚至是对女人的性奴役。人类文明的历史，就是一部进行征服和解放的历史。我们应该问自己，我们现在到底处在什么文明阶段。奖励和惩罚是我们文明进步所必须的吗？如果我们已经超越了那一阶段，那么我们现在还用这种手段，只会是一种倒退，而不是带领他们前进。

在政府部门和它的职员之间的关系中，也存在着类似于学校的这种情况。为了国家的利益，职员们每天辛苦地工作，但他们感觉不到或看不到他们的工作对国家有什么好处，他们没有意识到国家是通过他们日常的工作才完成运转的，而且全国人民都是他们工作的受益者。他们意识中的好处就是职务的晋升，好像学校里的孩子从低年级升入高年级一样。一个看不见自己的工作所具有的真正伟大目标的人，好像学校里一个被降级的小孩，被放到了一个低于他真实水平的班级中。人的尊严被损害了，人被降格为一台只有加油才能运转的机器，因为机器是死的。就像装饰打扮或渴望获得勋章、奖章，都不过是一种外界的刺激，只能短暂照亮黑暗荒芜的小路。

我们在用一样的方式来奖励学生。职员担心不能提升而被迫留在岗位上做着十分乏味的工作，正如学生害怕不能升级而被迫学习一样。上级的责备和老师对学生的批评一样，修改职员起草的需紧急执行的文书和教师给学生差劲的作文打一个坏分数一样。它们真的很相似。

但是，如果政府的行政部门不能使国家伟大，到处贪污腐败，那么在雇员心目中就失去了人所应追求的真正伟大的含义，只知道去谋求通过奖赏和惩罚所带来的那些眼前的东西。国家之所以强大，就在于她有众多有公正品格的工作人员反对贪污腐败，并遵循自己正直诚实的品性。就像社会生活中的生命战胜贫困和死亡并取得胜利一样，自由的本能也会克服所有的障碍，取得不断的胜利。

正是一种潜伏在人心灵中无限的生命力，推动着世界前进。

但是，真正做出伟大事业的人，从来不是为了那些所谓的“奖赏”，也不会害怕“惩罚”而却步。如果在一场战争中，一支规模庞大的军队的成员只是为了升官，获得奖励，或者完全是因为害怕惩罚而不得不参战，那么当它们遇到一支规模弱小、却充满真正爱国热情的军队时，胜利将属于后者。如果一支军队的英雄主义已经没有了，那么奖赏和惩罚所起的作用也只不过为它带来腐败和怯懦。

人类的所有胜利和进步都要靠人的内心力量。

因此，一个年轻人如果依着自己的兴趣把医学当做自己的使命，那么他就有可能成为一个伟大的医生。但是，如果他仅仅是为获得一笔遗产，或是如意的婚姻，或者根本是为了其他物质利益而学习，那么他将永远无法成为一名真正的大师或一名伟大的医生，这个世界也永远不会因为他的工作而前进一步。需要利益刺激的人永远无法成为医生。每个人都有自己特殊的品性，或许还比较淳朴，但肯定是有益的，而这种惩罚奖励制度可能使人放弃他的天性，选择一个错误的道路，并迫使自己沿着这条路走下去。人的本性可能就会被扭曲、减少，甚至泯灭。

我们总是不断重复说世界在进步，我们必须敦促人们去争取进步。但是，进步总是来自于新事物，既不是来自任何人的预见，也没有任何奖赏，甚至还要充当殉道者。

一个正常人的心灵因充实而完美。惩罚通常被认为是一种压迫的形式，也许会对那些本性邪恶的人有作用，但这样的人并不多，也不会影响社会前进的脚步。如果我们不愿受法律的震慑，只要法律给我们规定的就可以了。但是，我们并非因为害怕法律而忠诚老实，我们之所以不抢劫、不杀人，是因为我们热爱和平，因为我们的生命的自然倾向引导我们向前不断发展，让我们远离那些罪恶的行径。

如果不涉及伦理学或形而上学方面的问题，我们可以断言，一个违法者在犯罪之前知道惩罚的存在，就会感觉到法律对他的威慑。他能无视法律的威慑或者被引诱而入罪，他自欺欺人地认为能够逃脱法律的制裁。他的脑海肯定也出现过犯罪与惩罚之间的斗争。不管刑法能否有效地阻止犯罪的发生，但无疑是为有限的犯罪者制定的。绝大多数公民都是诚实的，不会有任何方面的法律威胁。

对于一个人来说，真正的惩罚是丧失了自我。这种情况经常出现在那些志得意满的人身上——一个我们认为非常幸运的人，可能就遭遇这种惩罚。一个人往往看不清自己所处的位置。

正是在这里，教育有所帮助。

今天，我们还在用课桌、物质奖赏和惩罚来奴役学生的身体和精神。这样做的目的是让他们保持安静，遵守纪律。这会把他们带向哪里呢？真的难以预料。

我们对儿童的教育经常是向他们灌输学校计划中的教学内容，而这些内容都是官方教育部门编订的，并且还用法律的形式确定了下来。

面对如此无视孩子们的内心成长的情况，我们应该反思，否则将无地自容。

塞吉说得好："今天，社会迫切需要重建教育和教学方法。为这项事业而奋斗，就是为人类事业而奋斗。"

第 2 章　蒙台梭利教育法的源起

> 事实上，在我们的教育体系中，经验的作用非常显著，这一点已经得到充分的证实。尽管截止到目前教育体系尚没有完全建立，我们所建立的这种教育体系也并不十分完善，还不能实际应用到所有从小学一年级开始就进行孩子们管理的学校中。

倘若我们要开发一种先进的教育学体系，就必须另辟蹊径，走一条与旧式教育学完全不同的道路。这就要求学校与教师同步改变教育观点。对教师而言，教师的角色将转变成一名观察者，使她熟悉我们的实验方法，要想达到这种目的，她需要在学校内进行大量的实验和观察。我们所倡导的科学教育学就是使学生有足够的自由空间，让孩子的个性得到充分的发展。如果说这种新的科学教育学是对个体的研究，那么观察的对象就应该是完全自由的孩子。

实验科学有很多门类，每一门分支学科都是作用于它自身应用的结果。例如采用隔离研究细菌，细菌学由此产生，而犯罪人类学、医学人类学、教育人类学之所以能取得长足的发展与进步，归功于研究者把人类学应用到罪犯、精神病患者、临床病人和学者等不同群体的人的身上。因此，从研究的出发点来看，实验心理学要求对实验所用的技术十分严格，必须通过反复实验，才能取得正确的结果。每一个实验得出的结论，都要进行详细解释，在解释过程中要做到公正、科学、严谨，不得有任何偏见。比如，大脑与智力密切相关，倘若我们要对某个人的大脑进行观察，无论他聪明还是迟钝，都不能带有任何偏见。

如果想让实验心理学服务于社会，那么就要放弃以前的信念。换句话说，实验心理学忌讳教条思想，而许多人在儿童心理学的研究上，极有可能存在教条思想，从而导致我们在研究上出现偏差，不能准确研究出儿童心理的种种动机。我们清醒地看到了这种弊端，在研究儿童心理变化时，使研究对象完全处于自由状态。如果我们还想从儿童的自然行为中得出某些科学的结论，建立科学的适合儿童成长的儿童教育学，那么我们仍要放弃教条思想。

要想科学地构建儿童心理学和儿童教育学，并非是一朝一夕的事情，这就需要每一名研究者通过实验得来数据，战胜各种偏见和落后的思想。

可是，我们要面临很多的问题，例如怎样建立一种与众不同的实验教育学方法。科学教育学的分支很多，例如卫生学、人类学和心理学等学科，但这些学科都有一定的局限性，仅仅是对个体的特殊研究，这是一个不争的事实。可喜的是，目前的研究工作中有部分与实验教育学使用的方法有关，它是我在“儿童之家”两年的工作经验所得到的成绩。对于儿童教育学而言，我仅仅开了一个头而已。我相信这些尝试性的研究，有可能会成为启发人们持续开展这项工作的动力。

事实上，在我们所倡导的教育体系中，经验起到非常大的作用，这一点早已得到充分的证明。尽管截止到目前，儿童教育体系并没有得到完善，我们所建立的教育体系也需要改进，它现在还不能应用到对孩子们的管理中。

当然，我说这项研究来自于过去的两年工作经验，这句话或许不太确切。实际上，“儿童之家”使用的这种教育体系，已经有很长的时间了，它是从畸形儿童教育学演变而来。

15 年前我是一名助理医生，就职于罗马大学精神病治疗诊所，由于我经常去精神病院挑选研究对象，使我对智障儿童的研究产生了浓厚的兴趣，那时那些智障儿童没有专门的居所，他们都住在普通的精神病院里。当我完成正常的医院工作后，就把注意力转移到对智障儿童的研究上。就这样，我与智障儿童结下了不解之缘。

在此期间，我阅读了爱德华·塞贡针对智障儿童所设计的特殊教育方法，并且掌握了他的整套教育思想。爱德华·塞贡的“教育疗法”针对耳聋、中风、白痴、佝偻等精神性疾病疗效显著，当时爱德华·塞贡的这种教育思想在外科医生中广泛流传。人们普遍认为，把教育学和医学结合起来，对治疗疾病有很大的好处。可以说，这种理论是时代的产物，代表着医疗科学的进步。正是有了这种思想体系做指导，体育锻炼治疗疾病的方法流行起来。然而我却不这样认为，我觉得智障儿童的智力低下主要是缺乏正确的教育，而不是一个医学问题。后来，在研究怎么治疗和教育智障儿童的医学大会上，许多人也发出了不同的观点，他们不认同体育锻炼能帮助智障儿童恢复智力。1898 年，教育学大会在意大利的都灵举行，会上我发表了一篇题为“精神教育”的演讲，表达我对智障儿童治疗的观点，会后我的观点在外科医生和教师中产生了强烈的反响。

盖都·巴克西里在未成为我的导师前，是位伟大的教育部长，他曾拜访过我，他让我给罗马大学的教师们讲一堂有关智障儿童教育的课。从那以后，我又在州立行为心理学学校讲授过有关智障儿童的教育课。

在那所学校里，我天天给儿童讲课。他们在小学里被认为是无可救药、头脑愚钝的差等生。后来，通过慈善机构，成立了一所医学教育学院，我们除了接收公共学校的儿童外，还接纳罗马所有疯人院里的智障儿童。

在同事们的热情帮助下，我用了两年多的时间为罗马的教师们设计出了一种特殊的教育方法，用来观察和教育那些发育不完全的智障儿童。我不但培训教师，更为重要的是，为了研究出一种教育智障儿童的方法，我在伦敦和巴黎住了一段时间后，就全身心地投入儿童教育的工作中去。

从某种意义上说，我就是一位小学教师，直接给孩子们上课。那时课程安排得很紧，每天从上午 8 点到晚上 7 点都需要上课，几乎没有休息的时间。那两年的教育实践，我获得了第一个教育学方面的学位。在我刚刚接触到有缺陷儿童方面的工作时，我就充满了信心，坚信我所使用的方法在教育智障儿童方面有显著的效果。我相信，与人们正在使用的方法相比，我的教育原理更合理，更适用于缺陷儿童。我使用这种方法，使智障儿童的智力得到显著提高。我对这方面的情感投入相当深厚，它已深入我的内心，当我离开那里，寻找更为有效的治疗智障儿童的方法时，那段不同寻常的教育几乎控制了我的思想。我深深地相信，如果把相同的方法应用到正常儿童身上，也会产生奇特的效果。

从那以后，我开始研究矫正教育学，并且希望能够从事正常儿童教育学及其原理的研究。为此，我走进一所大学的哲学系，成为一名学生。尽管那时我还不知道我的想法是否能实现，但是我被一种伟大的信念所鼓舞。为了实现这种信念，我毅然放弃了其他待遇好的工作。

智障儿童教育起源于法国大革命时期一位外科医生伊塔的工作，那位外科医生是耳疾的奠基人。他是第一位尝试对人的听觉进行教育的人。他曾经在佩雷拉与巴黎的聋哑人机构中进行实验，他成功地让有耳疾的人完全恢复听力。后来他又用 8 年时间去照管一位智障男孩。他的方法在治疗人的听觉能力上取得了良好的效果，他还把那些方法扩展到治疗人体所有的感知官能上。

伊塔的教育学著作也非常有价值，它详细描述了伊塔的教育经验和教育成果，凡是读过他作品的读者都承认，这些教育经验和教育成果是人们在实验心理学方面进行的最早尝试。不过，正是爱德华·塞贡建立了真正的智障儿童教育体系。爱德华·塞贡最初是一位教师，后来改行成为外科医生。他把伊塔的教育经验作为自己研究的出发点，对疯人院里智障儿童进行了长达 10 年的研究，并把这种经验应用到巴黎的鲁·皮加勒的一所小学里。1846 年，爱德华·塞贡在巴黎出版的一本名为《智障儿童教育中的心理卫生治疗》的书中，第一次阐述了这种方法。后来，塞贡移民到了美国，他在美国创立了很多用于教育智障儿童的教育机构。在总结了自己 20 年的工作经验后，也就是 1886 年，他在纽约再版了《智障儿童教育中的心理卫生治疗》，并加入了许多新的研究内容，来阐述他的教育方法与教育理论。第二版的标题与第一版迥然不同，为“智障及其生理学方法治疗”。可以这么说，第二版是第一版的升级版。在第二版中，塞贡详细解释了他的研究成果，并把这种教育方法称为生理学方法。在这本书的标题中，他没有再提到只是用于“智障教育”的方法，他主要陈述的是用心理学方法来治疗智障。

当我还在精神病诊所当医生助手的时候，我怀着浓厚的兴趣阅读了爱德华·塞贡著作的法文版。20 年后它的英文版才在美国纽约出版。尽管这本书以英文形式出版，但它在英国的销售并不理想，这让我想到，人们并没有真正理解塞贡的教育体系。事实上，尽管所有涉及智障儿童的机构在它们的出版物中都不断引用塞贡的教育方法和教育理论，但是，它们所讲述的却与塞贡的教育体系差别非常大。

我发现，应用在智障儿童身上的教育方法，基本上或多或少与应用到正常儿童身上的教育方法有相似的地方。尤其是在德国，尽管在智障儿童学校的教育博物馆里摆放着许多各种特殊的教学仪器，但实际上这些仪器很少拿出来使用。

我曾经在比色特待过一段时间，了解到那里的老师手中尽管拿着塞贡编写的法文课本，但他们并没有按照课本上的教育方法去授课，只是使用了他的教学仪器。他们的教学纯粹而机械，每位教师仅仅执行相应的规章条例。不仅是德国，我去的其他地方，包括伦敦和巴黎，我所期待的那种全新的教育方式和教育经验根本没有付诸实施。

对欧洲的教育方法研究后，我开始在罗马进行长达两年的智障儿童教育工作。在这两年中，我采用塞贡书中的方法进行教学，并在伊塔的实验中得到很多启发。

在吸取塞贡和伊塔教育经验后，我的视野得到扩大，并且在他们的实践基础上，我制造了大量的教学仪器，可以说在任何机构都没有见过如此完整的教学仪器，它们能够帮助教师出色地完成教学任务。

对智障儿童的教育，需要有足够的耐心和方法，那些放弃智障儿童的教育工作者，他们的行为我可以理解。通常情况下，人们存在这样一种认识，教师与被教育者的地位相同，这就在情感上打击了智障儿童教育工作者，也就是说，智障教育工作者与智障儿童在同一个地位上，所以就有很多人离开了自己的工作岗位，寻找其他的职业或到其他学校从事正常教育。我却不这样认为，我觉得从事智障儿童的教育工作者，比普通的教师更伟大更神圣，更应该值得尊重。那些放弃智障儿童教育的人，失败的原因主要是没有唤醒那些儿童的心灵，没有鼓励他们使用教学仪器。

在这个问题上，我与塞贡有着相同的看法。我在对塞贡工作进行彻底的研究以后，真正认识到他所使用的第一台仪器是心灵教学仪器。实际上，他在出版的那本法文书的结尾部分曾经介绍过他的研究工作。他在书中说，教师在工作前要做好充分的准备，如果按照固有的旧式教育方式对智障儿童进行教育，那将是一件徒劳无益的事情。书中，塞贡还对培训智障儿童的老师有着殷切的期待，他要求老师们和善、声音悦耳，时常观察智障儿童的每一个行为细节，尽最大可能吸引孩子们的注意力。他说，智障儿童教育者必须使自己的声音和举止具有足够的吸引力，用这种吸引力唤醒智障儿童脆弱而疲惫的灵魂，引领他们树立信心和面对生活的勇气。

与智障儿童的心灵保持一致，是智障儿童的教育宗旨。我正是遵循了这一原则，真正理解了爱德华·塞贡教学实验的精彩。这些被人们正确理解的实验，是真正最有效的教育工具。通过应用这些实验，我得到了惊人的成果，同时我也感悟到，鼓励、舒适、情爱、尊重等都是来自于人的心灵世界，我们给予它们越多的自由，我们就会得到越多的生命活力。如果没有这种精神上的激励，那些智障儿童对任何最完美的外部刺激都会视而不见。

理解了那些教育的精髓后，我开始进行新的实验。我在这里不想做过多的介绍，但我必须要说明一下，我正在尝试一种教学生进行阅读和写作的全新的教学方法，这是儿童教育内容的一部分，而这种方法在伊塔和塞贡的著作中，都不是太完善。

我成功地提高了许多智障儿童的阅读能力和写作能力，还带他们到公共学校与正常儿童一同参加考试。他们的成绩非常理想，都成功地通过了考试。

看到这些成果的人，都感到不可思议，这对我来说再也平常不过了。那些来自于精神病院的智障孩子们之所以可以和正常的儿童同场竞技，原因就是他们的教育方式与众不同。在他们的心灵发展过程中，他们得到了特殊的帮助和关爱，而正常儿童的心灵发展往往受到忽视，并在不经意中受到了阻碍与抑制。我常常这样设想，如果把这种对智障儿童教育的特殊教育能够应用到正常儿童的教育上，那便是一件非常有意义而且很伟大的事情。那么，我的朋友们所谈论的“奇迹”就不会再出现了，也就是说，那些所谓的“奇迹”也就变得再平常不过了。一旦正常儿童通过这种特殊的教育方式得到全面的发展，那正常儿童与智障儿童之间的差距将会继续存在，他们之间出现的鸿沟，在一定时间内不可能弥补。当然，智障儿童教育有很大的提升空间，只要我们去努力研究和开发，智障儿童与正常儿童之间的智力差距将会一点点地弥补过来。

当人们还在用羡慕的眼光称赞我在智障儿童教育方面所取得的进展时，我却开始进行新的研究，我的研究项目是什么原因导致普通学校里的那些健康儿童的智力还停留在一种很低的状态中。

关于智障儿童的社会适应性与正常人的差距，所有人都发现了这一点，于是许多人说：“对于智障儿童的教育，仍有许多工作要做，还需要付出更多的努力，才能使我们的智障儿童得到更好的改善！”

我对塞贡的教育方法深信不疑，在我对智障儿童进行教育的实际工作中，用实际情况证明了这一点。尽管如此，我仍然继续研究伊塔和塞贡的著作，并把伊塔和塞贡的著作翻译成意大利语，整个过程我都亲手进行抄写。

我选择亲手抄写的原因是有时间斟酌每个字的含义，使我能真正领悟作者的精神。当收到1866年出版的塞贡英文版著作的副本时，我刚刚完成他那本600多页厚的法文版著作。在这本书中，有关新型教学实验方面的内容不多，但有一部分描述经验哲学方面的内容。塞贡对正常儿童进行了长达三十多年研究，他认为对个体研究要建立在生理学方法的基础上，通过分析研究对象生理和心理的种种现象，然后再制定相对应的教育方法。塞贡相信，这种方法的前途很光明，一定会为人类创造美好生活指出一条路。

在我看来，塞贡不仅是一位伟大的教育学家，也是一位伟大的心理学家，他就好像旷野中呐喊的先驱者，呼唤人们改变教育模式，最大限度地开发孩子们的智力。

这个时期，我在哲学系主要学习实验心理学。意大利的大学基本分布在都灵、罗马和那不勒斯三个地方，而实验心理学也是最近设立的学科。我在学习的同时，还利用业余时间，到附近小学里开展教育人类学的研究，以这种方式来研究正常儿童教育中所应用的组织方法。我的这项工作，让罗马大学添加了教育人类学方面的课程。

长久以来，我一直想把教育智障儿童的方法应用到正常儿童的教育上，却没有找到一个理想的机构来进行实验。1906 年年底，我刚刚回到米兰，在米兰举行的一个国际展览会上，作为委员我给科学教育学和实验心理学领域的人颁奖。这时，一个机遇降临了，艾多阿多·塔拉莫邀请我组建儿童学校。艾多阿多·塔拉莫是罗马优质建筑物协会的局长，优质建筑物协会很有名气，他们在罗马拥有 400 多栋公寓。

有关组建儿童学校，我们做了大量沟通，觉得这是一项很有前途的事业，它一方面解决了儿童的教育问题，另一方面也给我提供了研究场所。于是，我答应了艾多阿多·塔拉莫的邀请，经过规划、筹备到建设，1907 年 1 月，第一所学校在圣洛伦佐区的一座大型公寓住宅里建立起来，我们还给这所学校取了一个很好听的名字——儿童之家。

1907 年 1 月 6 日，第一所“儿童之家”正式成立。肯迪达·奴西特里负责这所学校的全面工作，我则对这所学校进行管理和监督。

同年 4 月 7 日，第二所“儿童之家”也在圣洛伦佐区挂牌成立。1908 年 10 月 18 日，我们的“儿童之家”在米兰市的工人居住区落地生根，慈善家协会的工厂负责给我们制造教学仪器。11 月 4 日，我们的“儿童之家”走进罗马。随着“儿童之家”的影响与扩大，瑞士马上行动起来，1909 年 1 月，该国开始对国内的儿童收容所和孤儿庇护所进行改造，他们放弃了福禄贝尔教育体系，转而使用我们在“儿童之家”的教育方法和教学仪器。

“儿童之家”的重要性有两个方面：一方面，它的办学方式很独特，这种独特指的是在住宅区建立学校，这说明具有社会重要性；另一方面，独特的教育方法具有教育的重要性。

今天能取得如此的成绩，我首先要感谢塔拉莫先生，他让我把智障儿童的教育方法充分应用到正常儿童的教育上。这里，我所说的正常儿童有年龄界限，通常为 3 ~ 7 岁。

其实，正常儿童与智障儿童的智力在婴儿期没有什么两样，他们的生命体征基本相似，很难分辨出智力是否出现问题。

对于婴儿而言，他们为什么走不稳路，原因很简单，他们的肌肉运动还不能自我协调，还无法自我完成一些动作，例如脱衣服、拿东西等日常生活举动。他们的感觉器官同样也如此，例如眼睛也没有发育完全，缺乏适应性及调节能力。语言是人类最基本的工具之一，人们利用它表达内心想法，增进友谊，实现愿望。可以说，语言在人类发展中起到巨大的作用。语言的发展变化，直接关系着人类本身的发展与变化。那些非常年幼的婴儿存在着语言的缺陷，是生理发育的基本特性。所以说，注意力不集中、身体站不稳等，是正常婴儿和智障婴儿所共有的特性。普雷耶对儿童心理做过大量的研究，他认为，由疾病引起的语言缺陷和正常儿童发育过程中所表现出来的语言缺陷是相同的。

由于智障儿童与正常儿童在婴儿期有很多相似之处，开发智障儿童智力的教育方法同样适用于正常幼儿。通过大量的观察，我发现儿童暂时性的缺陷变成永久性缺陷，主要原因是监护人对儿童的发育没有引起足够重视。3 ~ 6 岁是孩子发育的重要阶段，一旦出现反常现象，监护人一定要认真对待，否则儿童就会出现永久性缺陷，例如语言缺陷、视力缺陷、走路缺陷等。

而我把智障儿童教育应用到正常儿童身上，在“儿童之家”得到了证明，证明它是正确的、科学的。我的教育方式不是一种形式的应用，它是塞贡教育法的升华，凡是看过塞贡著作的人都会很容易地看到这一点。不过，有一个事实可以肯定，这两年的教育实验为正常儿童的教育奠定了坚实的实验基础，它代表了伊塔和塞贡毕生的事业。

塞贡从他老师伊塔那里继承了这项事业，对于我个人而言，塞贡的第二本书出版 30 年后，我才开始利用他的教育思想和教育方法，服务于“儿童之家”里的孩子们。在这 10 年中，我把他们的教育方法在“儿童之家”里付诸实践，与此同时我在吸收他们思想精华的基础上，对他们的事业进行传承和创新。

从伊塔、塞贡到我，我们在这条路已经走了整整 50 年。在这 50 年里，我们理论联系实践，为儿童教育摸索出一套成功而宝贵的经验。

这种经验在“儿童之家”里得到验证，值得我们单独撰写一本书来详细记录它。事实上，“儿童之家”通过理想化的教育方式，解决了很多教育问题和社会问题，为学校现代化改革提供了一部分依据。

第 3 章　孩子们想要的理想家园

家本身在充当家庭主妇的角色。也许会有这么一天，住户们只要付给经营者一定数量的钱，就能换回舒适的生活环境所必需的东西，换句话说，管理部门将会变成家庭的管家。

生活在中产阶级以上的人，无法体会到穷人到底有多穷。那些人可能会说，我们在一些文学作品中读到过，或者在舞台剧上看到过。但我要告诉你，文艺作品存在大量的虚构，它的真实性会大打折扣。如果有一天，你双脚真正踏进贫民窟，我想你的灵魂会得到震撼，他们的苦难生活用惨不忍睹来形容一点也不过。

先让我们设想一下吧！如果现在有人对着你们大喊："走，让我们去看看那些挣扎在饥寒交迫中的家庭吧。因为幸福很快就要降临到他们的家庭中，他们将会和我们一样过上幸福生活，他们有自己的工作，他们的孩子像我们的孩子一样得到良好的教育，他们在休假时会像我们一样到世界各地去旅游……这不是一种想象中的生活，这样的生活对他们而言真的要实现了，我们正在实施一种拯救贫困和罪恶的道德工作，长期生活在那里的人们，正在从罪恶、郁闷和无知的阴影中走出来，昔日那些蓬头垢面的孩子们，也正在拥有属于自己的'家'，他们正在步入一个崭新的时代，那是一个人们不再为贫困与不幸而悲痛的新时代。在那个崭新的时代里，罪恶、悲惨和不幸都成为过去，再也不会出现在生活中。”

我所讲的这些，就是想让你们知道，家对他们具有伟大的意义，家里的每一个房间里，都摆放着美好的东西，他们是家的小主人，可以完全支配自己。这个家就是建立在圣洛伦佐贫民区的“儿童之家”。

圣洛伦佐区是一个非常“著名”的地方，当地的报纸每天都会刊登一些发生在这里的恶性事件。尽管如此，仍有很多人不熟悉这个居民区的起源。

城市规划的初期，人们并没有打算在这里建立一个居民区。而实际上，圣洛伦佐区也并不是一个真正意义上的居民区，它是一个贫民的居住地。这里居住的基本上是低收入的、失业的工人，刑满释放的人等，可以说这里鱼龙混杂，治安混乱。

1884～1888 年期间正是建设大热潮时，圣洛伦佐区也被列入其中。地方政府在这里建起了房子，这些房子不但不符合社会标准，也不符合卫生标准。所谓的房子，也不过是地面上一英尺一英尺地垒起来的墙，然后再在墙上搭起棚子。当时，没有人会关心这些房子的质量问题，它们的坚固与否与建设者没有一点关系，因为有钱的人根本不会住在这种房子里。

1888～1890 年大风暴爆发时，这些房子几乎遭到了毁灭性的破坏。后来随着人口的增长，人们对房屋的需求也随之增长，这些房屋又逐渐被出租出去。可是那些精明的投资者根本不愿出资修缮这些破败的房子，例如哪个墙上出现个窟窿，他们就随便找些泥土填充进去；哪个屋顶破了，他们随便找来一块塑料板盖在上面。因此，这些初建时就不合格不卫生的房子，情况就变得愈发的糟糕。就这样，你走了，我来了，我去了，他又来了，如此往复，这个地区变得越来越落后，最后沦为名副其实的贫民窟。

当初这些房子就不是为有钱人建造的，它们的面积实在太大，每栋套房有五六个房间，有的甚至达到七八个房间。当然啦，租金相对于其他的出租房的确便宜了很多，可是对于居住在这里的任何一户穷人家庭来说，都是一笔昂贵的支出。有些兜里有点钱的租客，干脆租下整个套房，做起了二房东，从穷人身上搜刮油水。例如，房客以每月 8 美元的价格租赁一个有六个房间的套间，这样他就摇身一变成了二房东，他将六个房间简单清理一下，再以每间每月1.5美元或2美元的价格，转租给那些只能承担这个租金的房客。二房东为了追求利益的最大化，他们甚至还会把原先的房间隔成两间，或者干脆把走廊也利用起来，租给更穷的房客。就这样，二房东的收入每个月就能达到15美元或更多，远远超过了他所付出的租金。

他这样做，一方面获得一定的经济效益，另一方面解决了自己的生存问题。不仅如此，二房东在房客们处于极端贫困的时候，向房客们放高利贷。例如2美元的贷款，每星期需要支付的利息就高达20美分，相当于年利率的500%。穷人本来就穷得叮当响，温饱问题都无法得到解决，高利贷的存在只能使穷人更穷。

我们在这些地区调查时，还发现其他许多亟待解决的问题，例如拥挤混乱、治安差、暴力犯罪等情况。当地报纸披露了这样一个情况：在一个贫困的大家庭里，成年男孩和成年女孩同睡在一个房间，在仅有的狭小空间里，房间的角落里还住着妓女。妓女与嫖客之间的肮脏交易，一览无余地暴露在孩子们的面前。这不是一个个案，具有一定的普遍性，那些目睹妓女肮脏交易的成年男孩们，纯洁的心灵受到了污染，罪恶、邪念便在他们心中萌芽，于是犯罪、抢劫便在他们中间发生了。

这种凄惨的生存环境，无论是谁，第一次进入这样的屋子时，都会感到恐惧和惊讶。当时我们就好像进入一个阴暗的世界，印象最深刻的除了黑暗还是黑暗，即便是中午，也很难看清房间里的摆设。

当我们推开一扇虚掩的房门，渐渐适应了昏暗后，才大致看到床上蜷缩着一个人，那个人瘦得皮包骨，只有一双充满渴望的眼神证明他还活着。在这样的环境下，我们发放生活救济金时必须点燃蜡烛，不然就看不到。遗憾的是，每当我们向他们问起以后有何打算时，许多人总喜欢含糊其辞，而不愿配合我们做调查。当我们考虑孩子如何在这样的环境下学习时，家对孩子们来说，简直就是一个黑暗的茅屋角落里铺着的稻草垫子，这样的环境严重影响了孩子的成长，更别说学习了。通过详细考察后，我们首先想到建立流动图书馆，这样生活在这里的穷人就可以在家里阅读。我们计划送一些书给他们中的一部分人，希望通过书本中提供的知识，一步步提高他们的认识和生活水平。我们还希望他们通过阅读这些书籍，从中懂得一些关于卫生、道德和文化方面的知识。但是我们的想法与他们的愿望相去甚远，他们中的许多人根本没有阅读的习惯，根本不把阅读当成改变现状的一种方式。其实，这不能完全怪罪他们，造成这种尴尬局面的原因很多，目前急需解决的是他们的实际生活问题，改善他们的物质条件，只有吃饱了，穿暖了，住得舒服了，文化水平才可能随之提高。

关于出生在这个地区的儿童，我们不得不根据现状改变想法，他们一睁开眼睛就看到的是一个阴暗、潮湿、肮脏的世界。由于长期生活在阴暗笼罩的环境中，他们的身上总是脏兮兮的，根本不懂得如何讲卫生。再说了，即便想讲卫生，条件也不允许，一个套间的水原本只供三到四个人使用，而现在却要承担20个或30个人的用水量。这远远超出了当初的设计，面对如此大的负荷，甭说洗脸、漱口、洗澡了，连饮用水都不够！

我们把意大利语中的“家”（casa）提高到英语中近乎具有神圣意义的“家”（home）的地位。家是一个温馨港湾，只有至亲的人才能进入。现实状况却大相径庭。许多人没有“家”（casa），他们所面对的家就是被涂得面目全非的墙壁，人类行为中最隐私的生活行为都被曝光示众，丝毫没有一点儿独立的空间。的确，任何有良知的人来到这里都会心寒，这里没有隐私，没有谦逊，没有亲切感，甚至没有阳光，没有空气，没有水！

然而，在这样恶劣的生存环境中，我们却喊着“家是普及大众教育的必要条件，它作为必备设施，是社会建设的坚实基础”的口号进行宣传。现在看来，当初的这种宣传方式是多么的苍白无力，它不是实事求是的改革者，而更像是喜欢幻想的诗人。所幸的是，后来我们做到了。

面对这样的状态，我认为街头的环境比那里更有秩序、更清洁，空气更新鲜，阳光更明媚，生活在那里的穷人还不如露宿街头。但现实是残酷的、严肃的，这些街道经常发生流血事件、争吵事件，甚至发生不可思议的恶性事件。报纸上经常报道：妇女被醉鬼丈夫追打；年轻的女孩遭抢劫；老翁被车撞倒，肇事者逃之夭夭；执法者睁一只眼闭一只眼，任地痞无赖寻衅滋事……我们还听到了一件难以置信的事情，说一位可怜的妇女被一个醉鬼强奸后，扔进臭水沟里。天亮后，附近的孩子聚在水沟旁，不但没有施救，反而像一群食腐动物围着死尸一样，大喊大笑，恣意嘲笑这个可怜的妇女，甚至用脚去踢她伤痕累累的身体！

这种极度残忍的事件，说明社会的道德体系已经到了崩溃的边缘。政府当局把贫穷的人赶到这里，把他们隔离起来，这种做法多么令人发指啊！关于隔离，以前曾发生过，但以前的隔离与眼前的隔离有本质的区别。中世纪时，患麻风病的人被隔离了；天主教徒隔离过犹太人区的希伯来人……但是从来没有这么大张旗鼓地把贫穷看做危险和可耻而对穷人进行隔离。穷人的家散落在富人的家的中间，两者形成强烈的反差，这样事情通常发生在文学作品中。可事实上，我上小学时，老师在道德教育课上就经常举这样的例子：善良的公主常常帮助隔壁木屋里的穷人，或者富人家的孩子常常给居住在顶楼的生病的老妇女送食物。

现在，这一切都像神话故事，不是真实的。穷人做梦也不会梦到从富人邻居那里学到礼仪，穷人再也不能奢望在他们急需帮助的时候得到富人的帮助。当局为了掩盖事实真相，把穷人从有产者的居住区驱赶出去，让他们远离有产者，不给他们房子住，让他们在绝望中实施犯罪，然后再把他们绳之以法。当局的这种做法，实在令人不可思议，任何一个有社会责任感的人都能够清醒地意识到：严重危害城市的传染区，不是外来因素造成的，而是我们亲手创造出来的。施政当局想建立一个美好的光明的城市，但这种歧视行为却是最大的丑恶和疾病。

当我第一次走过这些街道时，那种感觉好像置身于一个刚刚经历过重大灾难的城市中。我好像看到了与命运抗争所留下的阴影。他们是城市的弃儿，他们是无辜的，他们苍白的脸上写满了恐惧，他们目光呆滞，失魂落魄地走在寂静的街道上。这种孤寂与贫穷意味着这个社区的生活已经崩溃，好像它不属于这座城市的一部分。这里没有车水马龙声，没有小贩沿街的叫卖声，更没有街头流浪艺人的琴声，甚至没有贫民区特有的喧闹声，整个街道充满了忧伤、凄凉、恐惧、疑惑，然后是死一般的寂静。

看着坑坑洼洼，地上堆满垃圾的街道和歪歪斜斜、破烂不堪的门阶，我们甚至想到这里曾经发生过大水灾，洪水冲走了这里的泥土。当看到千疮百孔的房子，我们改变了想法，把这里想象成刚经历过一场大地震……是的，就是这样惨不忍睹，这个社区实在太穷了，连一个最普通的卖日用品的商店都没有。而仅有的是一家廉价的酒店，门庭冷落，里面散发出一股劣质的酒味。看到这一切，我的眼眶湿润了，没有哭的勇气，我们深深地感到，人们所受的最深重的苦难并不是来自于自然界，而是来自于与罪恶密不可分的贫穷。

穷人为摆脱贫穷挣扎着，一天天一年年，不停地挣扎着，报纸上暴力事件和不道德的犯罪，震撼着每一位慈善工作者的心灵和良知。每种苦难形式，都会有相对应的解决方法，我们也带来了解决方法：挨家挨户宣传卫生准则、改造旧房屋、建立“儿童之家”、办社区诊疗所……我们的蓝图宏大，但收效甚微，充其量不过是一种悲痛的表达。

而罗马住宅改善协会所从事的慈善事业，恰恰满足了这种贫穷社区的迫切需求。根据协会总干事爱德华·塔拉莫的计划，协会工作正以高度现代化的操作模式进行着。爱德华·塔拉莫的计划具有首创性、全面性、切实可行性，在意大利或世界其他地方都是独一无二的。

这个协会三年前在罗马成立。它的计划是首先取得城市的地产权，然后对地产进行改造重建，改善居民的居住条件和生活环境。幸运的是，圣洛伦佐区的大部分房子就包括在罗马住宅改善协会购买的第一批地产中，现在协会已经在那里建设了 58 栋标准房屋，占地面积达到 30000 平方米，整个工程量包括底楼和 1600 个小套间。就这样，成千上万人的居住条件得到改善。新的房子建好后，罗马住宅改善协会下一步的工作就是按照最现代的卫生、道德以及建筑标准改造那些老旧、破乱的房屋。改建那些不合格的旧房屋，会给他们带来利益和增值空间，而卫生和道德状况的改变，自然就提高居民的生活环境。

为此，罗马住宅改善建筑协会制订了一系列的计划。由于房源紧缺，很难一次性腾空一栋房子，分步进行十分有必要。因而，整个改建工程进行得比较缓慢。到目前为止，他们在圣洛伦佐区仅仅改造了三栋房子。以后的改造计划如下：

1. 拆除建筑中的那些用于出租的临时搭建房。说得详细点就是，新的工程中要拆除旧建筑中那些阻挡中心庭院的部分，拆除那些阴暗的、潮湿的、通风差的套间，从而使其他房间有充足的空气和光线。

2. 增加每栋房屋的楼梯数量，重新布置房间的格局。把一个有六七个房间的套间改造成为带厨房的一居室、二居室或三居室。

房屋改造工作的重要性要从两个方面考虑：一是经营者的经营思路；二是承租者的切身利益。增加楼梯的数量，能够减少墙壁和台阶的损害。房客们会更加爱惜这些建筑设施，从而使承租者养成清洁、有序的好习惯。增加楼梯的数量，可以减少房客们的接触机会，就不会发生以前那种愚昧行为，这样就大大提高了居民的道德水平和健康指数。每个家庭都被分开，家与家之间有了相对独立的空间，这从根本上解决了转租所带来的过分拥挤和不道德行为。

对于经营者而言，收入也有所提高，以前一个由六间房组成的套房每月的租金是 8 美元。改建后，把它分成三个小的带厨房的一居室，房东的利润自然就增加了。

现在看来，当时房改消除了不良的影响，它的道德意义非常巨大。不仅降低了拥挤和男女混杂的局面，还第一次给生活在这里的人带来了家的亲切感。

罗马住宅改善协会的计划并没有由此停止。这些房子不仅仅能让住户享受到明媚的阳光和新鲜的空气，还为他们提供了良好的秩序和优质的后勤保障。不过，如果住户想享受这样的服务，就需要承担相应的责任，例如上缴相应的爱护房屋税和善意税。住户入住前，要和协会签订相应的合同，保证自己的房屋整洁干净，保护楼道里所有墙壁的清洁。对于那些保持房子良好环境的住户，协会给予口头表扬或一些物质奖励。这样一来，所有的住户都一起努力搞好卫生，最后就有可能完成这样的简单任务：保护完美的生活环境。

协会的做法，直接改变了住户们的生存观，大家共同珍惜自己的家园，只需要少量的维修工就可以正常维护那些房屋。

我们这个试点值得人们深思。人们用爱心一起建造家园，并保持家园的整洁。为此，协会在院子和大厅的周围都种上了花草树木，这样他们的生活环境就变得更加美丽了。

幸福生活是每一个人追求的目标，他们为拥有这样的新社区而自豪，正是这种自豪感使所有住户更加细心地照顾这里的房子，从而去追求更高更文明的生活质量。他们不仅住在房子里，而且知道怎样居住，怎样爱护他们的房子。

初步的房改产生巨大的效应，住户们从爱惜房屋渐渐开始关注个人卫生。罗马住宅改善协会最为重要的一项改革措施，就是对浴室设备的改造。未建造前，老房子里没有公共浴室，房改后每个套房里都建设有公共浴室，浴室里有浴盆和淋浴喷头，随时供应热水和冷水。所有的住户都享有浴室的使用权，大家可以轮流洗浴。毫无疑问，这就大大提高了人们清洁卫生水平，他们的健康相应就得到提高，那些恶劣的习惯也就随之消失了。

但是，当罗马住宅改善协会努力维护大楼时，遇到了一个先前没有想到的困难，就是如何安置这些学龄前儿童。父母外出工作时，孩子们被迫整天留在家里。这些小孩子不像他们的父母那样爱惜自己居住的房子，他们是无知的捣蛋者，趁着大人不在家的机会，在墙壁上和楼梯上乱涂乱画。这种情况的出现，使我们推出另一项改革，它的费用由住户间接承担，用住户上缴的“爱护房屋税”创办“儿童之家”——一个专门为学龄前儿童建造的家。母亲就很放心地把孩子托付在“儿童之家”里，可以全身心地投入工作中去。如果住户拒绝缴纳“爱护房屋”和“善意税”，他们就无权享受这种待遇。“儿童之家”墙上贴的制度规定：每天在孩子送到“儿童之家”前，母亲有义务把孩子收拾得干干净净，孩子的教育由母亲和教员承担。

如果孩子的表现破坏了“儿童之家”的教育规定，那么孩子就会被送回到父母那里，接受父母教训，从而使他们懂得要好好珍惜这么好的机会。那些平时生活质量差、爱打架、行为粗鲁的父母必须要做出调整。换句话说，父母必须要尊重“儿童之家”给他的孩子带来的良好教育。

只要父母们拥有望子成龙的“美好的愿望”，愿意按照协会的要求去做就可以了，因为每一位“儿童之家”里的每一位教员都做好了准备，并且很愿意教这些孩子学习知识和生活技能。规章制度规定，母亲每周至少要与女指导员交流一次，及时了解孩子的一些情况，接受女教员提出的有益建议。这些建议会对孩子的健康和教育起到极大的启蒙作用。

在这样的社区里，女教员的角色很特别，在孩子面前充当母亲的角色，在成年人眼中，她是有文化有教养的人，是这个社区居民学习的榜样。她必须住在社区房子里，与管教的学生生活在一起。以前，生活在这些近乎是粗野的人中间，没有人敢在夜里进入这些房子。女教员们除了教学，还要用自己的行动改变他们的生活状态。这样的教员就是真正的传教士，是生活在他们中间的道德女王。只要她有足够的技能和热情去工作，她就会在工作上取得前所未有的成就。

这个社区很现代，简直就像生活在梦中一样。在此之前，曾有人尝试过走到穷人中间，与他们生活在一起，去教育他们、影响他们。这样的想法很幼稚，这样的工作很不切实际，除非穷人的房子有良好的卫生条件，让他们可以过上更好的生活；除非这些住户向着美好的目标共同努力，否则这个目标就不可能实现。

居住区之所以变得很现代，“儿童之家”的存在是一大亮点。它不仅是可寄托孩子的理想场所，还是一所教育孩子的好学校，“儿童之家”采用的教育方法，是建立在教育学基本的原理上。

“儿童之家”十分重视孩子们的身体发育和身心健康，这里的教师从人类学的角度观察每一个孩子，了解孩子成长过程中所遇到的种种困难，然后再根据实际情况做出相应的教育。我们开设的语言训练、系统感官训练以及适应生活的训练等，组成了我们的教育基础。所以，我们的教学工作有明确的目的性，而且需要非常多的教学用具丰富我们的教学内容。

在这里，我不可能一一详细讲述。但我必须提到的是，学校里已经建设了浴室，可以为孩子们提供洗热水澡或凉水澡，他们在这里可以学会洗手、脸、脖子、耳朵。倘若有可能，罗马住宅改善协会还会免费为孩子们提供一块空地，让他们在上面学着种一些日常食用的蔬菜。

我有必要再次重谈，“儿童之家”作为教育机构在教育学上取得的进步与成果。对孩子最成功的教育是：学校和家庭保持一致。事实上，这个原则接近理想化，不太现实。不管怎么说，学校与家庭有一定的距离，学校是学习的地方，家庭是生活的地方。在教育孩子方面，要求家庭与学校同步进行，还要与社会紧密相连。而我们“儿童之家”做到了，我们把“儿童之家”建在居民区里，把学校当成居民区的集体财产，我们要把老师完成教学任务的整个过程，都展现在每一个孩子的家长面前。

“儿童之家”的这种集体所有的概念很新颖独特，前景非常美好，并且具有很大的教育意义。

既然“儿童之家”是住户们的集体财产，由他们交纳的部分房租来维持正常运行。生活在这里的母亲们有权去观察、评价那里的生活，“儿童之家”的所有教员们也热忱欢迎她们。教员们就是用这样的方法，不断地去反思并帮助他们自已的孩子进步成长。母亲们都喜爱“儿童之家”，也很尊重那里的女教员，她们经常会在教师窗台上放些糖果或鲜花，以表示对教师的感谢。

孩子们在“儿童之家”里经过三年的训练后，基本掌握一些生活技能，智力水平也得到提高，母亲们把孩子送到普通小学接受高一级的学习，孩子们会在学校里表现得很优异，这与“儿童之家”的前期教育有很大的关系。母亲们为拥有这样一个有教养、成绩优秀的孩子而高兴。

“儿童之家”取得的另一个成绩与科学的教育法有关。截至目前，教育学仍然建立在人类学的基础上，它仅仅涉及了教育改革中的一些现实问题。人以生物体存在，却活动在社会中。人在受教育的过程中，社会环境（长期生活的家庭）起到至关重要的作用。科学的教育法如果不能改善孩子的成长环境，那么孩子就不能得到一个良好的教育。我认为，只有在居民区宣传先进的教育理念，才能彻底解决新一代成长的环境问题，才有可能实际运用科学教育法的基本原理。

迈出家庭教育社会化的第一步，是“儿童之家”的另一个成功之处。“儿童之家”让居民们亲眼看到，孩子寄托的地方就在他们的屋檐下，这让居民们有一种安全感，觉得把孩子放在这里既安全又能学到知识，是一件非常有益的事情。

孩子交给“儿童之家”，是生活在居民楼中母亲们的特权。这种特权，在过去的社会中，只有家里有钱的女士们才可以把孩子放在保姆或女佣那里，自己出去工作或去娱乐消遣。但现在不同了，居住在这种经过改建过的居民楼的妇女们，也可以像以往那些贵妇人一样，骄傲地说“我已经把儿子留在了保姆和女佣那里了”。此外，她们还可以像骄傲的公主那样说，“孩子的健康我不用担心，我的家庭医生会照料他们，指导他们健康成长”。生活在这里的妇女，就像英国和美国最先进阶级的母亲一样，她们有孩子的“成长登记表”，女教员和医生为母亲们在上面详细登记孩子的成长和健康状况。

可以这么说，我们的“儿童之家”在意大利或其他地方都是独一无二的。它的意义十分深远，也符合时代的需求。“儿童之家”担当起了帮助母亲们照顾和教育孩子的责任。的确是这样，现在社会和经济的发展，使许多普通家庭面临诸多的压力，这就要求女性走出家门出去赚钱。“儿童之家”所带来的好处不单单表现在劳动阶级，它也辐射到中产阶级中，给那些脑力劳动者带来好处与实惠。教师、教授为了获得更多的收入，经常利用课余时间给私人上课，她们的孩子则留给粗鲁的、无知的女佣来看管。事实上，对“儿童之家”最初的需求来自一些高级阶层的人士，他们纷纷来信，希望在他们生活的社区里也能进行这种有益的改革。

相信不久的将来，在我们的社区里会出现职能共有化的现象，也就是说我们可以为更多的家庭提供服务。那些许多长期困扰妇女们的问题得到解决，她们会变得更加自信，对自己的未来更加充满信心。有人不禁会问，妇女走出家门，那么家会变成什么样子？我很负责任地告诉这些心存疑虑的人，家的功能不再是单一的模式，它将会被转化，家将承担以前妇女们行使的责任。

以“社区医务所”为例。许多个世纪以来，妇女的地位一直低于男性，男人可以一天到晚甚至常年在外工作劳动，而妇女似乎为家而生，是家人的护士，整天料理家人的日常生活，有了“社区医务所”后，妇女生存空间得到很大的提高，就不需要天天陪在生病的亲人旁，她可以出去工作，她的职责将由“社区医务所”的专业人员承担，她只需下班或休息时来探望亲人就行了。

新的社区出现后，每个家庭的卫生状况也得到了很大的改观，这与我们实施的消毒和隔离有关。在以前，当穷人的孩子得了某种传染病后，把他隔离起来，防止传染进一步扩大，是一件非常困难的事情。但是现在不同了，有了“社区医务所”后，得传染病的人就可以到“社区医务所”进行隔离治疗，其他的人也不用担心自己被传染了。

除了这些，我们要做的事情还有很多，比如成立社区食堂。住户早上不想做饭，就到社区食堂订餐，食堂专职人员很快就会把饭准时送到需要者的家庭里。这样的做法，实际上在美国已经成功试行了，它给中产阶级带来很多的便利，他们不需要再进厨房做饭了，这样就大大地节省了时间。

事实上，妇女走出家门所带来的家庭损失，社区改革很好地弥补了这一块。社区把学校、公共浴室、医院等全部集中到一起，减轻了妇女们的负担，她们在工作中创造的价值远远高于在家庭付出的劳动。

集学校、公共浴室、医院、食堂等一系列的集体模式，彻底改观了整个社区的面貌，昔日那些罪恶和危险的地方，如今已经成为教育中心、文化中心和娱乐中心。除了为孩子们兴建学校外，还为居民们建立了俱乐部、阅览室等相关的辅助设施。这些辅助设施对生活在社区里的人有非常大的帮助，尤其是那些男人们，他们就可以在里面打发晚上的时间。社区俱乐部就像“儿童之家”一样，在社会各阶级中都切实可行。这些俱乐部会促使赌博、酒吧间等社会上的消费场所关门，大大提高了人们的身心健康。我相信，不久的将来协会就会在圣洛伦佐区建立这样的俱乐部。俱乐部一旦建好以后，居民们的业余生活就变得更加丰富多彩，他们可以在里面读书看报，还可以邀请一些社会上的知名人士来这里做演讲。

目前存在一个这样的事实：由于社会变化和经济状况的原因，妇女们离开家去赚钱。在我们的社区里，不必担心家庭因此而解散。我们设立的服务机构，充当了家庭主妇的角色。也许会有这么一天，住户们只要付给经营者一定数量的钱，就能换回舒适的生活环境所必需的东西，换句话说，管理部门将会变成家庭的管家。

可以这么说，这个“住房”（house）经过演变后，会包含英语单词“家”（home）更崇高的含义。而家不再是由墙壁组成，它有生命，有灵魂，它像母亲一样伸开温柔、宽容的双臂去拥抱她的每一位亲人；它是道德和幸福的制造者，它关心、教育、哺育着孩子。在家里，疲惫的工人可以得到充分的休息，再以崭新饱满的精神和积极的心态去迎接生活。他在这里能找到家庭的幸福与快乐。

获得新生的妇女们，就像破茧而出的蝴蝶，不再是男人的附属品。她们将像男人一样，成为一个独立的人、一个自由的人；成为一名社会工作者，与男人并肩出现在工作中。她们将像男人一样，在改建过的住所里得到幸福和充分的休息。

她们同样享有被人爱的权利，不再是一个供人享乐和消遣的玩物。她们的工作将变得有意义，不再做任何奴役性的工作，她们是时代的宠儿，她们对社会的发展同样也能作出巨大的贡献。

“儿童之家”的规章制度

罗马住宅改善协会在××号居民楼建立“儿童之家”，凡是居住在该居民楼的居民家中的学龄前儿童均可入学。

“儿童之家”的主要目的是：为那些外出工作，孩子无人看管的父母提供免费服务。

“儿童之家”重点关注儿童的学前教育、身体健康、心理发展情况等。我们将根据孩子的年龄采取合适的教育方法。

“儿童之家”聘请女教员、医生和保育员各一名。

“儿童之家”的计划和时间表通常由女教员来安排。

凡是本居民楼内3～7岁的儿童均可入“儿童之家”。

凡是愿意享受“儿童之家”这种优惠待遇的家长，无须另外缴费，但他们必须履行以下义务：

1. 家长必须保证孩子卫生干净，在规定的时间把孩子送到“儿童之家”。

2. 家长要尊重“儿童之家”的女教员及所有工作人员。在儿童教育方面，母亲每周至少和女教员沟通一次，向女教员反映孩子在家中的表现，同时母亲还应听取女教员的建议和意见。

凡是发生下列情况，孩子将被开除：

1. 那些卫生差，没有梳洗或穿着脏衣服就被送到“儿童之家”的孩子。

2. 那些屡教不改，经常犯错的孩子。

3. 家长应该尊重“儿童之家”里的工作人员，配合工作人员的工作，如果家长对“儿童之家”里的工作人员行为粗鲁，给“儿童之家”造成伤害，这样家长的孩子，“儿童之家”拒绝接收。

第 4 章 “儿童之家”的教育方式

许多世纪以来，人们认为摇篮对于新生婴儿、学步椅对于刚学走步的孩子来说都十分必要。他们也认为，学校里有必要把桌子和椅子固定在地板上。所有这些都基于这样的一个观点：孩子们应该在固定不动的环境中成长。

当我知道我已经是“儿童之家”里的一名幼儿教员时，我非常希望把这个班级当做儿童心理学的研究场所。我赞同冯特的看法，认为“儿童心理学还不存在”。事实上，关于儿童期的实验研究，例如普拉尔和鲍德温，仅仅把两三个孩子作为对象进行研究。而且，那些心理测量仪器也要在对孩子进行测试之前必须大大地改进和简化，因为孩子们不会主动担任实验对象。

要想研究儿童心理，只有通过外部观察的方法才能够进行。我们必须放弃对儿童进行内心记录的念头，因为内心记录只能通过实验对象自身内省才能反映。有关用于教育学研究的心理测量仪器，迄今为止还局限于触觉研究时期。

我还打算尝试其他研究，同时还要保持自己研究的独立性，并且不带任何的偏见，也就是说要摆正心态，客观真实地去面对研究过程中所发生的种种事情。冯特的一个主张是我研究的核心部分，他的主张是“实验心理学所有研究方法可以归结为一种方法，那就是对实验对象进行详细的记录观察”。

对儿童进行研究，我们一定要考虑到另一方面：儿童发育的研究。在这里，我也保持相同的标准，但是不坚持任何区分孩子年龄段的教条主义。

人类学研究

对于儿童身体发育的研究，我的第一个想法就是定期对儿童进行人体测量的观察。

为此，我设计了一种人体测量仪器，它的范围为0.5～1.5米。我们可以把一个高30厘米的小凳放置在人体测量仪器的地面台上，来测量儿童的坐姿高度。后来，我对人体测量仪器加以改进，在立柱的两侧标上刻度，这样既可以测量立高，也可以测量坐高。在测量坐高的那一侧，把零刻度指向30厘米，也就相当于放置的小凳子的高度。立柱两侧的指示刻度要相互独立，我们可以同时测量两位儿童。这样就能够避免经常挪动凳子带来的不便，同时也避免了不同刻度换算的麻烦。

人体测量仪器完善后，我决定每个月都测量儿童的高度：坐姿高度和立姿高度。为了使这些定期测量尽可能准确地反映他们的发育状况，同时也为了研究工作更具规律性，我规定，必须在孩子满月当天进行这些测量。为此我设计了以下的登记表：

日期	姓名	9月		10月		……
		身高	坐高	身高	坐高	……
1						
2						
3						
4						（续）
5						
……						

每个日期数字对应的空格，登记每位儿童的出生日期。这样教员就清楚哪

天测量哪些孩子，并把测量后的结果填写到相应的空格里。用这样的测量方法，我们就可以获得一张非常准确的儿童体重登记表，而且不会让教员们感到负担过重。

有关儿童的体重，我安排他们在洗澡前用浴室里的磅秤每周称量一次。假设一个班级有 50 个学生，那么把这些孩子们分成 7 批，每天有 3～5 个孩子洗澡，利用孩子洗澡就可以测量了。当然，理论上我们要求孩子每天洗澡，但要达到这一目标，需要一个大浴室或更多的小浴室，不过目前的条件还不能满足。

我认为测量身高和体重应该是女教员来做的事，事实上也是我们应当在校园内必须要做的事情。我让一位已经成为儿童人类学专家的内科医生为孩子们进行检查，同时，我自己也会进行这种检查。

内科医生需要对孩子进行综合检查，目的是使这些测量简单便利和有规律性，我设计并印制了以下体检表：

人　体　记　录

身高	体重	胸围	坐高	身高指数①	体重指数②	头部			
						周长	前后直径	左右直径	头部指数

如上所见，这些体检表很简单。我把体检表制作成这样，就是希望医生和女教员可以自由独立地使用它们。按照这种方法，记录就会有序进行，同时操作的简洁性和体验表的清楚性将保证我们顺利进行这些基本的观察。根据医生的成长登记表，我建议每年进行一次以下的测量：头围、胸围、头部指数、体重指数和身高指数。关于怎么选择这些测量的信息，可以参阅我的论文《人类教育法》。这些测量要求医生在孩子满一岁的那个星期或者那个月内进行，如果条件允许，最好在生日当天进行测量。我们学校每个班级最多有 50 名孩

① 身高指数指立姿与坐姿身高之比。
② 体重指数指身高与体重之比。

子，他们的生日分散在365天里，这样医生就能根据孩子的生日进行测量，工作负担也不重。

进行这些人体测量，对于孩子们也有教育的意义。当他们离开“儿童之家”，就可以清楚地回答以下问题：

你的生日是星期几？

你的生日是几月几日？

你的生日是什么时候？

而且通过这种测量，他们会养成做事有条理的好习惯，这一点对他们很重要，他们还会形成自我观察的好习惯。实际上，孩子们对测量十分感兴趣。一听到老师说要量身高，他们就会马上脱掉鞋子，兴高采烈地跑到测量器的地面平台上站好。他们的站姿非常标准，教员只要操作指示器，读出结果就行了。

医生除了用普通器械进行测量外（测径器和金属码尺），还要对孩子们的肤色、发色、肌肉、淋巴腺及血液等其他生理体征进行观察。如果发现有病症的孩子，医生会向家长详细描述病理症状，例如佝偻病的前期症状，少儿麻痹症的前期症状，视觉或听觉缺陷的前期症状等。如果医生觉得有必要，会到孩子的家里去，给孩子的家做一次全面的清洁检查，并给父母提出一些治疗建议，从而使他们避免湿疹、耳炎、发烧症状、肠功能紊乱等疾病的干扰。

我们的工作还可以得到居民诊疗所的大力协助，他们可以对孩子进行治疗和持续观察。

我发现，诊所里医生对病人进行的常规询问，并不适合在我们学校里使用，因为居住在这里的家庭成员大部分是非常健康的。因此，我要求女教员们从她们与孩子母亲的交谈中，收集一些与孩子相关的信息。女教员必须了解到孩子父母的教育程度、生活习惯、工作状态等信息，并从这些收集的信息中了解每个家庭过去的情况，这种做法大多基于让·布莱采用的次序。当然，这种方法只有当女教员同孩子们居住在同一幢楼房里才可以进行。

医生还有一个责任是告诉母亲怎样对孩子进行卫生清洁，这些对孩子的成长都非常有用。女教员应当是这些事情的中间人，因为母亲们相信她，她可以把医生的建议转达给母亲，这样母亲们就会很自然地采纳那些有益的建议。

创造良好的教育环境

观察方法，必须包括对孩子形态发育的系统观察。但是我重申一下，虽然这种观察非常必要，其方法的建立并非基于这种特殊的观察。

观察方法是建立在一个根本的基础上——学生自发表现的自由原则。

当看到这些时，我首先想到的是环境问题，这包括教室的设备。我常常想，作为学校环境的重要部分，我们应该建一个带有花园的大操场。至于如何使用这些户外空间，它应该与教室直接相通，这样孩子们就能自由出入。我将在后面详细叙述。

学校设备的改动就是撤掉那些多余的课桌、课椅或固定的椅子。我制作了一些结实的八边形桌子，它既稳定又轻便，两个 4 岁的孩子就能搬动它。这些桌子是矩形的，可以容纳两个孩子。如果孩子们坐紧一些，这张桌子可以容纳三个孩子。不过，也有一些只可容纳一个孩子的小桌子。

我还设计和制作了一些小椅子。刚开始时，我计划用竹质椅子，但是以往的经验表明，竹质椅子对孩子的衣服磨损非常大，为此我改用全木质椅子。这些全木椅子非常轻便，而且外形美观。除此之外，我还在每个教室配备了许多舒适的小扶手椅。

学校的另一类设备就是小脸盆架。它们非常矮，即使 3 岁的孩子也能用。这些小脸盆架外面漆成白色防水瓷釉。盆架除了有一些较宽的放白色瓷盆和带柄杯子的上下架子外，侧面还有放肥皂盒、指甲刷和毛巾等物品的小格子。教室里还有一个容器，用来盛放倒出来的脏水。如有可能的话，我们还会为每位孩子配备一个小橱柜，目的是给孩子一个独立的私密空间。

我们还为每个教室配备一排存放教具的橱柜。橱柜的门要容易打开，孩子们负责照管这些教具。这些柜子顶上将放一些植物盆、小鱼缸或各种各样的给孩子随意玩的玩具。教室内还有很多黑板，挂得非常低，连最小的孩子都能在上面画画。每块黑板旁边都有一个装粉笔的小盒子和一块擦黑板的白布。

在黑板的上方挂着许多漂亮的图画，这些图画都是孩子们喜欢的简单景色，其中有一幅图画是拉斐尔的“圣母像”，是我们“儿童之家”的象征。其实，“儿童之家”不仅仅代表了社会的进步，还代表了人类的普遍进步。它与妇女观念的提高、妇女的进步以及保护子孙后代密切相连。在这幅美丽的图画中，拉斐尔向我们展示了一位圣母怀抱着比她自己还要伟大的婴儿。从拉斐尔的图画中，我们能够领悟到人性是人们对母性的敬意：母性，是人性中最崇高的神；母性，是自然界中最圣洁的神。除了美好的象征意义以外，这幅图画的价值还在于它是拉斐尔的得意之作。如果有一天，在全世界的不同地区都建立了“儿童之家”，我希望所有“儿童之家”学校的每个教室里都挂上拉斐尔的图画，并且可以自豪地说，最早建立“儿童之家”的国家是意大利。

当然，孩子们还不能理解“圣母像”的象征意义，但他们可以从中间看到比在其他普通图画里面更加美好的东西，他们看到了爸爸、妈妈和小孩。孩子们长期与这幅图画相伴，能够唤醒他们心灵的宗教情感。

这就是我为孩子选择的教育环境。

我知道那些习惯于旧式教学方法的人会站出来反对，他们认为孩子们在学校里到处乱跑，会打翻小桌子，会制造噪声，会造成混乱。这是人们长期以来存在的一种偏见，没有确实的根据。

许多世纪以来，人们认为襁褓对于新生婴儿、学步椅对于刚学走步的孩子来说都十分必要。他们也认为，学校里有必要把桌子和椅子固定在地板上。所有这些都基于这样的一个观点：孩子们应该在固定不动的环境中成长。这种想法源于那些奇怪的偏见，也就是在实施任何教育活动时，必须保持一种特殊的姿势，就像我们祈祷时必须保持一种特殊姿势一样。

我们的小桌子和各种各样的椅子都非常轻，很容易搬动。我们允许孩子选择最舒服的位置。这种自由不仅仅是外部象征，也是一种教育方法。孩子们把椅子翻倒在地板上制造出噪声，这种噪声影响到其他的孩子，经过老师提醒后，他就会改正自己的缺点，以后就不会把椅子翻倒。如果孩子绊倒在固定的椅子之间，孩子就不会注意到自己的过失，他们认为绊倒是椅子造成的，责任不在自己。因此，我们采取不固定椅子位置的教育方式，就为孩子提供了改正错误的机会，孩子把椅子弄翻倒之后，他可以小心翼翼地把椅子放回原位，同时也表明孩子学会了自我控制的能力。

在旧式教学方法中，纪律是许多的条条框框，监护人是纪律的实施者，会要求孩子必须这样，不能那样。在这种旧式教学过程中，孩子是被动的、机械的，孩子们保持不动和安静状态，只能是在监护人的监督下完成。这种压迫式的不动和安静，严重阻碍了孩子的思维和行动的发展。当他一旦处在板凳和椅子都不固定的环境中时，他不把这些桌椅翻倒就不能走动。在“儿童之家”就不是这样了，孩子们的不动和安静，完全是自发的，教师不会强迫孩子。“儿童之家”中这种自由式的教育环境，最大限度地给孩子提供活动的空间，他们的思维就会变得灵敏，他们的举止就会变得文雅，而且逐渐明白了有些事情能这样做，有些事情不能做的道理。他在这里获得的能力对他一生都有用。

在米兰，“儿童之家”的女教员在教室窗户下做了一个可放小桌子的狭长架子，桌子上可摆放金属几何模型。但是这个架子很窄，孩子们选择模型时，常常把小桌子碰落到地板上，桌上的金属模型也被摔得砰砰作响。女教员打算把架子加宽些，可是木匠迟迟不来。就在等待木匠的那段时间里，她发现孩子们已经学会了小心去取那些模型，小桌子再也没有被碰落到地板上。

看来，孩子们已经克服了狭长架子的不足。外界设备的简陋或者不足，有助于增强孩子的主动性和灵敏性。这就是我们应用于“儿童之家”的教学方法的惊奇之一。

其实，一切都合乎逻辑，都被事实证明。毋庸置疑，对于每个人来说，就像“哥伦布的鸡蛋”那样简单。

第 5 章　孩子的纪律与自由

孩子们学会了走动而不是坐着一动不动，那他就不是为学校而学习，而是为自己的将来谋生。他会通过自己的习惯和实践变得聪明能干，在社会或社交活动中谈吐自如、举止得体。塑造孩子性格的环境，不仅仅局限于学校，还可以延伸到社会环境中。

观察教学法是建立在孩子自由的基础上。所有的纪律必须通过自由来实现。这是一个长期奉行旧教学法的人很难理解的重要原则。一个人如何才能在自由的班级里维持纪律呢？当然，在我们“儿童之家”的教育体系中，纪律的概念同普遍接受的纪律观念不同。如果纪律建立在自由的基础上，那么纪律本身必然具有灵活性。我不认为，一个人只有当他像哑巴一样不说话或像瘫痪病人一样不动弹才是守纪律。在我看来，这样的人，只是一个失去自我的人，而不是一个守纪律的人。

只有当孩子能遵循生活规则时，他才能管住自己的行为，我们认为他才是一个守纪律的人。这样的纪律具有灵活性，但它不容易被理解，还不容易被采用。它包含了一个伟大的教育原则，这个原则不同于旧式教育中那种不容辩驳的、绝对的高压政策下的“不许动”的原则。

如果教员想让孩子终身受益，并在潜移默化中不断完善他们的自制能力，那么她就要有目的地引导孩子遵守纪律。孩子们学会了走动而不是坐着一动不动，那他就不是为学校而学习，而是为自己的将来谋生。他会通过自己的习惯和实践变得聪明能干，在社会或社交活动中谈吐自如、举止得体。塑造孩子性格的环境，不仅仅局限于学校，还可以延伸到社会环境中。

当然，孩子的自由不应该超越集体利益，也就是说在集体利益的范围孩子可以自由活动，比如孩子在一个大房间里活动，这个大房间就是孩子的集体利益，孩子在这个大房间内是自由的，一旦孩子走出房间，那么孩子的行为就超出了集体利益，教员就会以提醒的方式，限制孩子外出的自由。从行为方式上讲，他们要达到我们制定的教养的标准。因此，我们必须认真观察孩子是否有冲撞或激怒他人的行为，是否有粗鲁或者不礼貌的行为。至于其他的行为，不管表现为怎样的方式，教员一方面允许，另一方面继续观察。这一点很重要。在我们的教育体系中，教员是被动的观察者，而不是主动并施加影响力的观察者。她的被动性带着一种好奇心，而且必须尊重她所观察到的一切。教员必须理解和遵守观察者的立场：灵活性就体现在现象中。

这一原则非常适用于学校中那些首次展示自己心理的孩子。人类在幼年期所表现出来的智慧就如同初升的太阳或含苞待放的花朵。我们一定要尊重孩子个性的初次绽放。无论任何方式的教育，它的目的就是帮助生命得到充分的发展，让生命变得更加精彩。要想达到这样的效果，我们就有必要去避免那些抑制自发行为和任意强加的行为。对于那些没有进行科学观察训练的教员，我们就有必要对他们进行系统的训练和培训，让他们适应这种全新的教育方法。那些已习惯了旧式教育方法的人思想过于模式化，更应该接受这样的训练和培训。我在学校里给教员们培训和训练的过程中，更能清楚地认识到：旧式教育和新式教育之间存在巨大的差别，这种差别分别来自思想上和行为上。即使是一个能够理解新教育原则的教员也会发现，在付诸实践时也会困难。她不明白她要从事的新工作是如此的被动，就像地球在太空中高速旋转的时候，天文学家只能够坐在望远镜前一动不动一样。为了去研究它、探索它或指导它的活动，我们有必要去观察和理解它。我认为，这种想法很难被人理解并付诸实践。

只有经过训练，教员才能够成为学校中一名合格的自由活动组织者。因为长期以来，教员的职责就是抑制孩子的自由行为，当一个旧式教育的教员刚到我们的“儿童之家”时，她没有让孩子保持安静和次序。当时她看上去很尴尬，还表露出请求人们原谅的表情，并期望那些在场的目击者证明她是清白的。我们不断向她解释，告诉她孩子开始时出现混乱是必然的。如果她还是不能够理解，我们就不让她再做任何事，只是看着孩子。她却说，如果是这样的话，那我还不如辞职，因为她觉得自己不再是一名教员。

这个从旧式教育学校里出来的教员感觉自己很空虚，也对自己很不自信，她开始询问相关人员，问他们是否适合新的工作。事实上，由于没有经过科学系统的训练和培训，不懂得我们新式教育的方法，她自然就会在很长一段时间内感到困窘和无助，这一点可以理解。但是，这位教员擅长实验心理学，她在这方面有丰富的科学文化知识和广泛的实践经验，经过一段适应期后，我们深信她能够胜任这份工作，创造她生命中的一个新的奇迹。果然不出所料，渐渐地，她做得越来越好了，终于胜任了那份工作。

诺塔利在批判小说《我的百万富翁叔叔》里，讲了一个旧式纪律教育方法的例子，该例子生动地描述了这位“叔叔”小时候做过很多调皮捣蛋的事。后来他被限制在一所学校内。在学校里，人们叫他“福福”。他在这里第一次感受到自己想做善事的心灵经历。当他接近美丽的小福费塔时，发现她没有吃午饭，她十分饥饿，他的内心深处第一次被感动了。

“他向四周看了看，又看了看饥饿的福费塔，站起来拿出自己装饭的小篮子，一句话没说，把篮子放在她面前。”

“没等福费塔说话，他就飞快地跑开了。他不知道自己为什么要这么做，他低下头，突然大声哭了起来。”

“我的叔叔不知道如何解释自己抱头大哭的原因。”

“他第一次看到一双满含泪水的善良的眼睛，那一刻他被感动了，同时他感觉自己非常惭愧，惭愧自己竟然在一个饥饿的人面前吃东西。”

“他不知道该怎么表达内心的冲动，也不知道该怎么请求她接受装午饭的篮子，更不知道怎么找借口证明提供午饭给她是正当的，他只能让自己幼小的心灵承受第一次深深的感动。”

“小女孩福费塔感到非常困惑，她飞快地跑向他，非常温柔地挪开他掩住脸的双臂。”

“不要哭，福福。”她轻轻地对他说，好像在恳求他。她好像在温和地同她喜爱的布娃娃说话，她的脸充满慈爱和专注，举止温文尔雅。

“接着，小女孩吻了他。我的叔叔更加感动，他张开双臂搂着她的脖子，仍然沉默着，哭泣着。最后，他深深地吸了一口气，擦掉了脸上和眼睛里的泪痕，脸上露出开心的笑容。”

“就在这个时候，刺耳的声音从院子里传来。”

“喂喂。你们两个在那里干什么，快进教室，说的就是你们两个，快点回到教室里！”

“那个说话的人，是他们的教员。她用粗野的行为粉碎了叛逆者第一次的激动，她就像在处理两个孩子打架一样。”

“现在所有学生都回到教室，每个人都必须遵守规则。”

我发现“儿童之家”实验学校的老师在最初日子的行为，就像上面讲到的一样。他们要求孩子“不许动”，忽略了观察和识别他们行为的性质。有这样一个故事，一个小女孩把她的伙伴们叫到身旁，她站在伙伴们中间一边讲话一边打手势。教员立即跑过去，抓住她的手臂，告诉她不要动。但是我在一旁观察了这个小女孩，发觉她在扮演别人的教师或母亲的角色，教他们如何做早祷，如何向圣人祈祷和画十字架。那时，她俨然把自己当做一名教员。还有一个例子，讲的是一位小男孩，他经常做一些无组织无纪律的捣蛋行为。有一天，他非常小心地开始搬动桌子，教员看到后，就让他站在那里不要动，原因是他弄出的噪声太大。这是孩子第一次想好好表现，这本应该值得尊重，但是他的行为影响了其他的孩子。通过教员教导后，从那以后，不管是搬动任何小东西或者在他自己的桌子上摆放任何东西，他都像其他孩子一样，安安静静、高高兴兴地去做。

在“儿童之家”里，经常发生这样的事情，当女教员把用过的教具放到盒子里，一位孩子就会走近，拿起教具想模仿教师。但教员的第一反应就是让孩子回到座位上，她对孩子说：“不要乱动，回到你的座位上。”孩子的想法很简单，只是想通过这样的方式来表达他们想成为有益的人。对于女教员来说，这次是教会孩子东西要摆放有序的一个好时机。

有一天，一群孩子有说有笑地围成一个圈，圈中央是一盆水，水里浮着一些玩具。有一个 2 岁半的小男孩，他独自待在圈外。很显然，我们看到他充满了好奇。我在一旁静静地观察着他。他首先走近那些孩子们，想挤进去，但是他的身体不够强壮，挤不进去。挤不进去，他便站在那里，脸上的表情显得非常有趣。我当时希望有一架照相机把这个情景照下来。他看到一张小椅子，他打算把它放在孩子的后面，然后爬到椅子上。他开始向椅子走去，脸上流露着希望。但是就在这个时候，教员抱起他，把他举过其他孩子的头顶，让他看到了那盆水，并且还说：“来，可怜的孩子，你也可以看到。”

毫无疑问，小男孩看到了浮在水中的玩具，但他却不能享受到用自己的力量克服困难所得到的快乐。看到水盆中的玩具并不算什么，而他先前为此所作的努力将开发他的内心智慧。在这个例子中，教员的行为阻碍了孩子的自我教育。这个小家伙原本打算让自己成为一位征服者，但他的征服欲望被教员的一双手臂代替了，让他无法感受到征服所带来的喜悦。

当教员被动接受我的观察方法后，他们开始同意孩子的自由行为。我发现，有的孩子把脚放在桌子上，有的孩子把手指塞进鼻孔里，有的孩子推搡他们的伙伴，有的孩子脸上挂着愤怒的表情。看到这些，我只好去干涉一下，向他们指出孩子哪些行为绝对要阻止，哪些行为要逐渐制止，以及他们可以做的行为。只有这样，孩子们才能慢慢地辨别清楚好与坏。

一旦使用这种维持纪律的方法，我们就应该这样做下去。教员们最初执行这样的教育方式时比较困难。为了能够遵守纪律，孩子必须学会辨别好与坏，而教员的职责就是观察孩子们有没有混淆好与不好、坏与不坏的能力。旧式教育常常混淆这些概念。我们所做的一切，就是建立一个积极的纪律、工作的纪律和有益的纪律，而不是一个不动的、被动的和顺从的纪律。

当所有孩子在教室里自觉地走来走去，做一些有益的、富有智力的活动，在我看来，这样的孩子才是真正遵守纪律的孩子。

在那些普通学校里，教员让孩子一排一排地坐着，给每个孩子分配一个空间，并告诉他们安静地坐着，整个教室就像集会一样井然有序。以后我们也可以达到这样的效果，这是集体教育的开始，因为有的时候我们必须要求全体安静地坐着，就像我们参加音乐会或讲座。

当建立起个性化纪律后，我们会安排孩子各就各位，让他们回到自己喜爱的位置，并保持秩序。我们尽量让他们明白一个道理——这样的安排看起来很不错，这样的次序很好，房间的布置也非常好，他们为此应该保持秩序，并且保持教室的安静。后来，他们做到了，就安安静静地待在自己位置上了。这是一种教育的结果，而不是强迫的结果。让他们明白这个道理，让他们明白集体主义原则，这才是最为重要的。当他们明白了这个道理后，他们以后就再也不会不加思考地站起来大声说话或者坐到另外的位置上了。即便他们这么做了，也是因为他们想站起来，或想大声表达自己的心声等。换句话说，他们要离开那种安静有序的状态，去做一些自发的行为。孩子的这一行为，我们可以理解。当他们知道有些行为被禁止后，他们就产生新的记忆，去记住并区分好与坏。

随着时间一天天地过去，孩子有序的活动将变得更加日益协调和完美。实际上，他们已经学会了自我反省的能力。孩子们明白了有序的道理后，又通过我的观察，我发现，孩子们从无序行为过渡到了自发的有序行为。

孩子们经过这样的训练以后，他们就可以在一定程度上选择自我行为。这种倾向一开始与不自觉的无序活动混淆在一起。可以这么说，只要一直进行下去，孩子将能够清晰地表现自己的个性。

也有一些孩子，他们安静地坐在座位上，显得毫无兴致或者昏昏欲睡。有的孩子可能会离开自己的位置，同其他的孩子去争吵、打架或打翻木块和玩具。后来则有另外一些孩子开始做明确的行为判断，例如把一张椅子搬到另外一个地方，然后坐在上面，或者把一些不用的桌子搬过来，对它们进行重新排列。

由于孩子天生具有不独立的特性，在他们的成长过程中，监护人时常要限制他们的行为，也就是说要禁锢他们的某些行为，而在“儿童之家”里，我们必须采用以自由为基础的教育方法，来帮助孩子克服这些束缚。换句话说，对他的训练应当用合理的方式帮助他减轻约束他活动的社会镣铐。

独立性

没有独立就没有自由，所以我们必须指导孩子自由的表现和积极的行为，使之通过活动来达到独立。小孩子从断奶就开始努力走上独立的道路。对于他们而言，断奶的标准是什么呢？实际上就是不依赖母乳，孩子可以用食物来代替母乳。这样的话，孩子的生存方式增多了，他能够在一定程度上选择自己的食物了。

不过，他仍然具有依赖性，因为他还不会走路，还不知道怎么洗衣服和穿衣服，他还不会用清楚简单的语言要吃的。在很大程度上，他仍然处于被控制的阶段。当到了 3 岁时，他就能够在很大程度上独立地表现自己了。现在，我们之所以还没有彻底认识独立的深刻含义，那是因为我们居住的社会仍然存在着奴役性。在现代文明社会里，只要有仆人存在，生活中就没有真正意义的独立概念。仆人不依赖我们，而是我们依赖他们。在奴隶制社会，自由的概念也是被扭曲的，被弄模糊了。

我们默认仆人作为社会结构的一部分，那些需要仆人帮助的贵族，才是真正有依赖性的无能的人。瘫痪病人不能脱鞋是由于病理因素，王子不会自己脱鞋则是社会因素，但是在现实生活中，他们却被归结为同一原因。

有效训练孩子的活动，必须帮助孩子在独立的道路上前进。必须帮助他们学会走路，学会跑，学会上下楼梯，学会捡起掉落的东西，学会自己穿衣服和脱衣服，学会自己洗澡，学会清楚地讲话，并且清楚地表达出自己所需要的东西……我们有责任帮助他们，使他们达到自己的目标。所有这些都是独立教育的一部分。

我们习惯侍候孩子。这是在奴化他们，因为这会抑制他们有益的、自发的活动。我们通常认为孩子像木偶，我们像对待洋娃娃那样给他们洗澡，给他们喂饭，给他们穿衣服……我们在做这些时，却没有站在孩子的立场上想一想，或者问一问他们的感受是什么，我们为孩子做出的一切，孩子乐意接受吗？其实，大自然赋予了孩子们进行各种活动的身体条件和学会怎么去做的智力因素。正当的做法是，我们去帮助他，帮助他去做一些有益于身心健康的活动，而不是代替他行使他亲近自然、征服自然的权利。举例说明，如果一个母亲在喂养孩子的过程中，仅仅用勺子把饭送到孩子的嘴里，而不去给孩子示范，如何拿勺子，如何把饭送到嘴里，那么这样的母亲就不是合格的母亲。她把他当做洋娃娃一样看待，她用自己的行为伤害了孩子，剥夺了孩子学习生存的基本机能，而不是把孩子当做大自然委托她照管的一个人来看待。

相信每一位做过母亲的女人都知道，教一个孩子自己吃东西、自己洗衣服和穿衣服是一件非常单调乏味且困难的工作。这需要付出比喂养孩子、给孩子洗衣服和穿衣服更多的耐心。不过我们不要忘了，前者是教育者的工作，后者则只是仆人般的简单的低微的工作。这样的工作尽管对母亲而言很容易，但对孩子却没有一点益处，因为它关闭了孩子自我学习的大门，并在孩子成长的道路上设置了重重障碍。

这类父母采取这种态度所带来的后果非常严重。那些拥有仆人的贵族不仅越来越依赖仆人，最终贵族会成为仆人们的奴隶，由于他们的肌肉不运动，将变得越来越虚弱，最后丧失了活动的自然能力。他们自己什么都不会做而只会发号施令，他们的思想会变得非常沉重和迟缓。当有一天，这个人清醒地意识到自己的处境后，想重新获得独立时，他会发现自己已经再也没有能力独立了。如果特权阶级的孩子想使用特权，我们应当向他们的父母告诫这些危险性后果。

东方女性喜欢穿裤子，而西方喜欢穿裙子，这是不争的事实。前者所接受的“不许动”的教育比后者更多。这样的教育方式，不仅导致了男人要为自己工作，还要为女人工作。妇女白白浪费了她们的自然力和活动力，并在奴役中衰退。她们不仅被人养着，服侍着，而且作为人的个性也在一点点地消失。作为社会成员的一分子，她们完全成了不重要的人。在我看来，她们放弃了她们在生活中保护自己的能力和资源。

有这样一个例子。一辆载着爸爸、妈妈和孩子的马车，正行驶在乡间的小路上。突然一帮土匪出现在他们面前截住了他们，并大声喝道："要钱还是要命？"面临这样的突发情况，马车里的三个人表现出三种不同的方式。男人是一位神射手，手里有一把左轮手枪。他迅速拔出手枪进行反抗；孩子有两条自由轻快的腿，他哭喊着，拔腿就跑；而这名妇女既没有枪，又跑不动，她被这个场面吓呆了，晕倒在地上。

上述三种不同的反应，与这三个人各自所处的自由程度密切相关。

所以说，奴役和依赖的危险性不仅仅在于它们造成了"生命被白白地浪费"，还导致了人的软弱无能，并且它们使得正常人的个性发展明显出现了堕落和退化，这实在令人感到遗憾。在这里，尤其要谴责那些盛气凌人和飞扬跋扈的行为，这样的例子在生活中有很多。对于有飞扬跋扈习惯的人而言，他们照样也有软弱无能的一面。飞扬跋扈的人是想让别人来为他服务，以达到征服别人的目的。这些人情绪状态的外在表现就是飞扬跋扈。所以，我们经常看到，主人对待仆人的态度冷酷无情，简直就像暴君一样，这就是奴隶主对待奴隶的心态。

有一位聪明而熟练的工人，他在工作环境中具有管理和指导的一般操作能力，因此他不但能够既好又快地制造出产品来，还能向车间提出一些合理化的建议。因此，这个工人就是他工作环境的主人，换句话说，他能够驾驭他的工作环境。当别人遇到问题而恼怒的时候，他会微笑以对，表现出良好的自我控制能力和较高的心理素质，而这种自我控制能力来自于他的自信，同时也是他工作能力的表现。可是，当他回到家里，倘若妻子做的汤不合他的口味或者没能按时开饭，这位能干的工人就会对妻子大发雷霆，斥责妻子。这位工人在家里的表现，一点儿也不奇怪。因为他在家里的角色出现了转换，他不再是一个能干的工人，而是妻子的丈夫，孩子的父亲。而这时能干的人是侍候他、为他做饭的妻子。在工厂里，他用自己的能力证明了自己，所以他是一个快乐的人。回到家庭，角色转变后，他的心态也就随之发生转变，对待侍候他的妻子时，也就变得飞扬跋扈了，也就在潜意识里挑妻子的毛病，对妻子发火。如果他也学会了做汤、做饭，那么他就没有任何借口向妻子发脾气了！一个人通过努力，能够满足自己的生活和发展所需要的一切事情，这样就征服了自我，并且在努力工作的过程中，增强了自己的能力，成为一个完美的人。

取消奖励和惩罚

我们一旦接受和建立起这些原则，奖励和惩罚就会自然取消。一个享有自由并自我约束的人，就会追求那些真正能激发和鼓励他的奖赏。当他的内心具有了人类的力量和自由时，他就能够迸发出强烈的积极性。

在我的经历中，经常遇到的事实也的确如此。在我参与“儿童之家”的最初几个月，就曾经发现老师们还没有学会实际运用有关自由和纪律的教育法则。其中有一位老师，当我不在时，她就采用她以前的旧式教育方法管教孩子们。有一天，当我意外走进教室时，看到班上一个最聪明的孩子的脖子上，用一条白色的带子挂着一块很大的希腊式银质十字奖章，而另外一个孩子则坐在教室中最显眼的一把扶手椅上。很显然，前一个孩子受到了奖励，而后一个孩子在接受惩罚。不过当我在场时，那位老师对孩子没有再进行任何干预。于是我没有出声，静静地坐在一个地方继续观察。

我发现，得到十字奖章的孩子忙个不停，他把自己用的东西从自己的桌子上搬到老师的桌子上。在来回走动的过程中，他都要经过受惩罚的孩子坐的地方。他胸前挂的奖章在走动的时候，不小心从脖子上滑下来掉到了地上，受惩罚坐着的孩子把奖章捡起来，提着缎带摇晃着，翻来倒去地看，然后他问同伴：“你的东西掉了，你知道是什么东西吗？”那位掉了奖章的孩子转过身，看了一眼那个小玩意儿，他的表情似乎在责怪打断他搬东西的人，也就是受惩罚的孩子，他说：“我不在乎它。”受惩罚的那个孩子说：“你真的不在乎吗？能让我戴一下吗？”他豪爽地回答道：“行，你戴吧。”语气好像是在说：“你别打扰我好吗？”

受惩罚的那位孩子小心地整理一下缎带，把奖章挂在自己胸前。这样他就可以欣赏奖章的式样和光泽了，接着他调整一下坐姿，把手放在扶手上，舒舒服服地坐在小椅子里，神情显得十分轻松与愉快。事情就是这样，也完全合乎情理。虽然十字奖章能够让那位接受处罚的孩子感到满足，却不能满足那位积极主动、内心充实、工作愉快的孩子。

有一天，我陪同一位女士参观另外一所“儿童之家”。这位女士给予孩子们高度的赞扬。然后她打开随身带来的一个盒子，拿出一个系有红色缎带，闪闪发亮的奖章给孩子们看。她问：“你们的老师会把这样的奖章戴在那些最聪明、最优秀的孩子的胸前吗？”

当时我觉得，没有必要用我的方法来指导这位来访者，因此就没有说话，示意老师接过盒子。这时，一位坐在小桌旁的很聪明的 4 岁小男孩皱着眉头表示抗议，并一次又一次地喊道：“别给男孩子！别给男孩子！”

这给了我们一个很好的启示。虽然谁也没有对他这么说过，这个小家伙已经知道，他属于班上最聪明的孩子之一。但是他并不希望受到这种奖励的伤害。由于他还不知道如何维护自己的尊严，他只好借助于男孩子的优点，不让那位女士把奖章颁发给男孩子！

至于惩罚，我们曾经多次遇到一些喜欢干扰别人的孩子，这种孩子不注意纠正自己的错误。这样的孩子应该立即接受医生的检查，如果检查结果证明孩子是正常的，我们就应该在教室的一个角落里放一张小桌子，让他坐在那里，起到孤立他的作用。这种孤立能够成功地使这样的孩子安静下来。在他的座位上他能够看到全体伙伴的学习情况，这对他来说比老师讲什么都更有效。渐渐地，他会明白，如果能成为忙碌伙伴中的一员，他将感到非常高兴，他就会愿意回去和其他孩子一样学习。我们可以用这种方法来教导那些不守纪律的孩子，使他们能够遵守纪律。被孤立的孩子应该受到特别的照顾，就像生病的小孩给予特殊照顾一样。我自己就是这样做的，每当我走进教室，首先就直接走向这位男孩，去关心他，好像他是孩子们中间最小的孩子似的。对于那些必须进行纪律教育的孩子而言，我并不知道他们的心灵会发生怎么样的变化。但可以肯定的是，经过纪律教育，这些孩子将会变得很好，而且这种良好的态势会持久下去。他们能够学会怎么学习和怎样表现自己，对此他们感到自豪，他们对老师和我也总是表现出亲切之情。

在教育学中自由的生物学观点

从生物学的角度来看，在儿童接受教育的前期，自由应该被理解为：儿童成长的环境必须最有利于其个性的发展。因此，无论从生理上来说还是从心理上来说，自由应该包括大脑的自由发展。这就要求教育工作者必须有一种对生命的尊重感，并由此深受鼓舞。当他带着极大的兴趣去进行时，他必须尊重儿童生命的发展。这样的话，儿童的生命就不再是一种抽象的概念，而是一个真实的生命。这里只存在一种生物形式：鲜活的生命个体。对于每位被观察的个体，都必须对他们进行教育。我们应该这样来理解教育，也就是说利于儿童生命的正常发展的教育。儿童在生理成长过程中，也伴随着心灵成长。所以，一个生命体由生理和心理构成。我们既不能损坏也不能抑制这两种正在成长的神秘力量，但是我们必须等待时机。儿童教育工作者都知道，这种力量的表现形式会陆续展现出来。

环境是生命现象的第二个重要因素。环境既可以为生命提供良好的发展空间，也可以阻碍生命的发展，它还可以改变儿童的生命表现。从纳格利到德夫利斯都认为，两大生物分支是动物和植物的发展。他们认为，内在因素是生物种系和个体变异的基本因素。物种和个体发展的原因都起源于内部因素。儿童成长并不是因为营养，不是因为呼吸，不是因为适宜的温度条件，他成长的根本原因在于潜在的生命力在发展，这种发展可以看得见，这是因为他生命的胚胎，正按照生物遗传的规律发育壮大。青春期的到来，并不是因为孩子的欢笑、跳舞和做体操或者良好的营养，而是因为他已经到了一个特定的生理期。生命本会表现它自己，也就是说，生命可以自我创造。而生命的发展又受到某些无法逾越的规律，这种规律限制和束缚了生命本身的发展，如果物种的固有特性没有改变，只会出现某些变异。

德夫利斯在他的物种突变理论中提出了这样一个概念，他非常明确地指出了教育的限制性。我们可以改变与环境有关的因素，借此影响物种与个体之间的可变因素，但是我们无法影响到物种的突变。生物突变恰好被一些生命起源的神秘因素所制约，并且这种神秘的制约力量，对生物体的影响远远超过了环境因素对生物体所产生的影响。比如，一个生物种类不会通过自我适应现象而突变或改变成另一个种类。另外，一个伟大的天才必定不会被任何外部条件所遏制，也不会被任何错误的教育形式所限制。

环境对个体生命的影响越强，个体的生命就表现得越发充满活力。而环境有正反两方面的作用，它有助于生命的成长，也能够使生命窒息。在热带地区，棕榈树的种类繁多，因为那里的气候条件有利于它们的生长，但是另外有许多动物和植物的种类由于不能适应这种气候而在热带地区灭绝。

生命很神圣很伟大，就像至高无上的上帝，他通过不断地克服前进道路上的重重困难，永远向前发展。无论是生物种类还是生物个体，只有那些生命力旺盛的生物，才能不断地前进，并最终成为胜利者，这是一个永恒的真理。

第6章 怎样给儿童上课

关于启蒙课对孩子产生怎样的影响，我想做一个形象的比喻。就像一个人一边走过树林一边沉思，这样的时刻宁静而幸福，任凭自己的心灵世界自由地舒展。突然，远处传来一阵悠扬的钟声把他从思绪中唤醒，这使他更为强烈地感到置身在美丽的环境中。

如果在学校里推行自由制度，学生便可以自由自在地展现他们的个性和爱好。根据这一点，我们为孩子准备好了学习环境和学习用具（孩子们用来学习的物品），教师不要把自己的作用局限于对孩子们的观察，而且还必须参与实践。

在我们所用的方法中，上课和实践要保持高度一致，也就是说，理论必须联系实践，理论在实践中得到检验，实践在理论的支撑下变得更加完善。教师对实验心理学的方法了解得越深刻，就越知道怎样对儿童进行有益的培训。一个教师要想熟练掌握教学方法的基本原理，并学会应用这种方法，老师们至少要参加“儿童之家”的培训班。培训中，最困难的部分就是怎样进行纪律训练。

“儿童之家”创办之初，孩子们根本就不懂得集体秩序这一概念。后来通过纪律训练，孩子们才逐步学会了如何分清好与坏，并且在他们的头脑中建立了集体秩序的概念。刚开始的时候，教师不应该让孩子们在一起上课。事实上，教师也很少给孩子们上集体课。因为孩子们在刚开始时，最需要自由，我们没有必要强迫他们安安静静地待在教室里听老师讲课，或者看老师在做什么样动作。实际上，集体授课并不很重要，现在我们基本上已经取消了集体授课的方式。

上课要简单、明白和客观

由于上课是针对个体展开的，因此，把复杂的东西变成简单，是一种贡献，也是给学生上课的首要特征。但丁曾给教师们提出过一个建议，他说："让你说的每句话都要算数。"意思是，教师上课时废话越少，讲授的内容就越是精彩。教师在准备上课时，应该考虑和衡量每句话是否有价值。

"儿童之家"给学生上课的另一个特点就是简洁明了。教师必须省略去那些不合事实的内容，注意在讲课时要掌握分寸，拿捏得恰到好处，千万不要得意忘形。这也包括在简单这一特点之中。第二个特点和第一个特点密切相关，教师在选用词语时，要尽量做到简单易懂、符合事实。

第三个特点是要客观。讲课时，教师要收敛自我的个性。要把每一件事情讲得精彩些，吸引孩子的注意力。还一定要保持事情的真实性。教师应该认识到，简练易懂的授课内容就是对客观对象的解释，以及怎样让孩子能够听懂听明白。

教师在上课时，授课的基本指导方法必须是观察法，这其中包括让孩子得到并了解自由的概念。因此教师应该观察孩子是否对观察的对象感兴趣，以及他是怎样对它感兴趣的。对它感兴趣的时间能够保持多久等，甚至去注意观察孩子的面部表情。需要特别注意的是，教师在观察的过程中，不要违背自由的原则。如果她侵犯了孩子的自由，就会使孩子的努力变得不自然、不真实、不舒服，孩子就会产生逆反情绪，那么她就再也无法了解孩子的自然行为是什么了。

如果教师严格地执行简单明了和客观真实的授课方法，而孩子们还是没有理解讲授的内容，还不能够接受教师对客观对象的解释，那么就要求教师必须注意两件事情：第一，不要再重复课堂的内容；第二，不要让孩子感到没有听懂就像犯了错误一样。

我可以举几个例子来说明。让我们做这样的假设。老师希望教会一个孩子识别两种颜色——红色和蓝色。她先将红色给孩子看，于是说：“看这个！”然后还提高声音并且特别慢而清晰地说：“这个是红色。”接着把另一种颜色给孩子看，说：“这个是蓝色。”为了让孩子能够理解颜色的概念，老师就对孩子说“请把红色的给我”或者说“把蓝色的给我”。如果孩子在学习的过程中犯了错误，这时老师就不应该重复和坚持了，她应当对孩子表示友好，比如给孩子一个微笑，然后将两种颜色拿开。

一般老师认为，这样授课过于简单。也许他们经常会说，谁都知道那么做！确实是这样，这就又有点像克里斯托夫·哥伦布的“鸡蛋理论”了。但是实际情况是，并不是每个人都知道如何去做这种简单的事情（即简单地上课）。一个人要想控制自己的行为，使自己的行为符合标准，并且简单、明了、客观，实际上是一件非常不容易的事情，尤其对那些已经习惯了用旧式方法教学的老师来说更是如此。那些老师经常会对孩子说一些多余的话，有时甚至是假话。

例如，在一所公立学校教课的一位老师经常来我们这里上集体课。这位老师在上集体课时，对那些简单的东西都要作特别详细的解释，并要求孩子认真听课。并不是所有孩子都很愿意听她这样讲课，这时这位老师可能会以这样方式说：“孩子们，你们猜我手里握有什么东西？”她明知道孩子们猜不出来，但她还是多此一举。她这样做的原因，主要是想通过一种错误的方式来吸引孩子的注意。然后她可能还会说：“孩子们，你们外面的天空多么蓝呀！你们以前看过吗？你们以前看过夜晚空中闪烁的星星吗……你们看我的围裙，知道它是什么颜色吗？它的颜色看起来和天空的颜色一样吗？你们再看看我手里的颜色。它是和天空、围裙一样的颜色。它们都是蓝色的。现在看一下你们周围，看看你们是否能找到蓝色的东西。你们知道樱桃的颜色是什么样的吗？还有壁炉里燃烧的木炭是什么颜色？”等诸如此类的话。

这样一来，当孩子们猜了以后，脑子里会转着一大堆概念：天空呀，围裙呀，樱桃呀，等等。孩子们很难从这些让他们困惑的词语里，简单明了地分辨出哪个才是这堂课的主要内容，即识别红和蓝两种颜色。这对他们来说，要具有这种选择和分辨能力，难度非常大，几乎不可能达到。

我曾经参加过一堂数学课，课堂上老师教孩子们 3 加 2 等于 5。为达到目的，老师使用的道具是算盘，上面用细线拴着彩色算珠。比如，她在算盘上面的一排拨了 2 个珠子，在下面的一排拨了 3 个珠子，最后在底下一排拨了 5 个珠子。我不太清楚那堂课最后进行得怎么样，但我知道那位老师在上排除了串有两个珠子外，还串了一个穿蓝色的作跳舞状的小纸人，她用班上一个孩子的名字给这位小纸人命了名，说："这是玛丽丁娜。"然后，又在另外 3 个算珠边上添上一位不同颜色的纸人，取名为"吉金娜"。我不太明白那个老师后来是如何完成这堂课的。但可以肯定，关于小纸人她讲了很长一段时间，还要把它们移来移去。这种方法在孩子面前不会起到多大的效果，因为在移来移去小纸人的过程中，孩子糊涂了，即便最后孩子能够明白 3 加 2 等于 5，孩子也会费很多脑筋。

在另外一堂课上，一位老师想教孩子如何识别噪声和乐音。她是这样安排的，先给孩子讲一个很长的故事。正在讲故事的过程中，忽然，与她配合的人重重地敲起了门。于是那个老师停下来，大声地喊道："发生了什么事情？出了什么问题？孩子们，你们知道那个敲门的人做了什么吗？我实在无法再继续讲故事了，我现在记不起来了。我只得离开了。……孩子们，你们知道发生了什么事情吗？你们听到了什么吗？现在你们已经理解了吗？这就是噪声，噪声。……喔！我真愿意和这位小婴孩一起玩（一边拿起一个她放在桌面上的打扮好的曼陀铃）。是的，可爱的婴孩，我真想和你玩。你们看到我手臂里抱着的婴孩了吗？"几个孩子回答道："它不是婴孩。"其他的孩子说："它是一个曼陀铃。"这位老师继续说道："不，不，它是一位婴孩，真的是一位婴孩。我喜欢这位小婴孩。现在请你们保持安静。我好像听到这位婴孩的哭叫声。可能是他在说话，或许他正想叫爸爸和妈妈呢。"然后这位老师把手放在桌面，弹了一下曼陀铃的琴弦。"听！你们听到小婴孩在哭吗？你们听到他大声的呼喊吗？”那些孩子喊叫起来：“它是曼陀铃，是你弹了琴弦，是你弹了它。”那位老师于是说：“安静，安静，孩子们，请安静。听我下面要说什么。”然后她拿出了那个曼陀铃并弹了几下，说：“这就是乐音。”

如果孩子能从这样的课堂中来理解噪声和乐音的区别，这真是既可笑又荒谬的事情。孩子可能会产生这样的印象：老师只是想开一个玩笑，这位老师太笨了，那是因为她一旦被噪声打断，讲课就没有了头绪。因为她误把曼陀铃当成了小婴孩。最可能的是，通过这一授课方式，老师自己的形象留在了孩子的心中，而讲课的内容和对象却被孩子忽视了。

让这些根据旧式教育方法备课的老师把课上得简单明了，是一件非常不容易的事情。曾经有一次，当我把教材充分而详细地解释完后，我叫一位老师用几何板镶嵌的方法来教孩子区别正方形和三角形。老师的任务很简单，就是把木质的正方形和三角形分别嵌入刚好能容纳它们空间的地方。她本来应当让孩子看着并和她一起把木块和空框架很好地吻合在一起，同时在示范的过程中，告诉孩子哪个是正方形，哪个是三角形。可没想到的是，那位老师却叫孩子们摸一摸这些正方形木块，在孩子摸的过程中，那位老师说：“这是一条线——这是另外一条——又是一条——这还有一条线。这个木块一共有 4 条线，请你们用手指数给我看，然后告诉我一共有几条线。还有角，数数这些角，用你们的手指去摸摸它。瞧，也有 4 个对吧。好好看一下这一块，这就是正方形。”那位老师的做法很烦琐，我不得不纠正她的错误，告诉她这样做不是在教孩子认识几何形状，而是在教他们关于边、角、数字等的概念，这和她要在课堂上教给孩子们的东西根本不是一回事儿。那位老师听完我的纠正后，极力为自己辩解，说：“这本来就是一回事儿呀！”我没有和她进一步辩解，不是一回事儿就不是一回事儿，一个是几何分析，另一个是算术，怎么会是一回事儿呢？对于孩子来说，记忆中可能有一个关于四边形形状的概念，但是孩子不知道怎么数到 4，因而并不能理解关于边和角的数目。边和角本身是一个实际不存在的抽象概念，而只有在一个有形的木块上面才能够体现出来。那位老师的详细解释不但让孩子感到困惑，而且将具体和抽象两类不同的东西（物体形状和数学表达）连接在了一起。

我对那位老师说，如果一位建筑师给你看一个你所喜欢的圆形屋顶。他有两种方法让你看他的作品：他可以让你注意优美的线条、协调的比例，然后带你走进建筑物，一直走上圆屋顶，使你充分欣赏到各结构部分的相对比例。这样你对圆屋顶的整体印象就会建立在对结构各个部分的总的了解上。另外一种方法是，他让你数窗户，宽或窄的檐口，还认真给你画图样，介绍他的建筑风格，他还向你解释静力学原理，写出计算原理及计算所必需的数学公式。在第一种情况下，你能够获得关于这个圆屋顶形状的印象；在第二种情况下，你可能了解不到什么，而且你离开时有可能留下这种印象：这位建筑师像在和同行交流。如果我不直接对孩子说“这是正方形”，然后让孩子触摸这个正方形以建立关于几何形状的概念，而是对他做一番正方形木块的几何形状分析，这样的做法和上述第二种情况的结果是一样的。

如果在教孩子几何平面图形时也教给他们数学概念，这样会促使孩子早熟。但我们不能相信，孩子因为太小还不能理解几何的形状。相反，孩子看到正方形的窗子和桌子并不难。这些形状，就出现在他们日常生活中。我们要让孩子们注意一定的形状，是加强他们对已经获得的关于形状的印象，并且把这种形状在大脑中形成一个固定的概念，好像当我们无意中在看着湖岸时，突然有位画家说：“湖岸的倒影多美啊!”听他这样说，我们无意识中看到的景色，就像突然被阳光照亮，深印在脑海里一样。

这就是我们对孩子的职责：在他们前进的道路上，我们时刻不要忘记带给孩子们光明，给他们做出正确的指引。

关于启蒙课对孩子产生怎样的影响，我想做一个形象的比喻。就像一个人一边走过树林一边沉思，这样的时刻宁静而幸福，任凭自己的心灵世界自由地舒展。突然，远处传来一阵悠扬的钟声把他从思绪中唤醒，这使他更为强烈地感到置身在美丽的环境中。

激发生命，让孩子的生命自由地发展，这是教育者的首要任务。在进行这样一种细致而高尚的工作时，需要有高度的艺术性，要把握时机和恰到好处，这样才不致造成干扰和偏差。孩子们的心灵正在充分发展的过程中，他们的生命依靠自己的力量，而我们只能是帮助他们。这种艺术必须以科学的方法作为指导。

如果老师用这种方法触摸每一位学生的心灵世界，那她就是一位伟大的神灵，唤醒和激发他们生命的本能。她可以占据每位学生的心灵世界。她的一个手势、一句话都可以影响孩子们。每位学生都表现得朝气蓬勃。孩子们喜欢她，熟悉她，服从她。有一天，老师会惊奇地看到，所有的孩子都对她亲切而友好。孩子们一旦看到她的手势，都会心甘情愿而热心地去做，因为是她让他们的生命充满了活力，所以他们希望从她那里继续获得更多的能量。

所有这些现象都已从以往经验中得到了证明。这也是为何让那些参观“儿童之家”的人产生惊奇的主要原因。我们就像是用魔力帮助学生建立起集体纪律的信念。那些2岁半至6岁的孩子，不管是生活在一起还是单独的时候，都知道怎样很好地保持安静。如果老师轻声地对孩子说：“请大家站起来，踮起脚尖在房间里走几圈，然后再静静地回到自己的位置上。”所有的孩子听到后，都会站起来，并尽可能地不出声，按照老师的话走了几圈以后，又回到自己的位置上。

在有关纪律的问题上，我们的做法与克里斯托夫·哥伦布的“鸡蛋理论”有点相同。一个乐队指挥家必须训练乐队的成员，以便他们能非常和谐地完成演奏，而作为个体的每位演奏家，在他准备听从无声命令（指挥棒指挥）前，必须把自己的演奏水平提升得非常熟练而完美。

公立学校所采用的教育方法，就好像一个乐队指挥家在教队员练习不同的乐器和嗓音，但结果却节奏单调而且杂乱无章。

我们发现，社会上最守纪律的成员都是经过严格训练的人，他们表现出很高的素质。而训练和完美就是通过和其他人的接触逐步完善的。一个集体的完美无缺，不可能来自那些缺乏表现力的团体，也不可能来自单靠那种强制下的集体。

在儿童心理学方面，偏见高于实践中了解的真实现象。直到现在，我们还一直希望借助强制性的力量，借助法规的强加，而不是从内心深处去征服儿童，以便更好地去指导他们。可见，我们并不真正了解孩子的生活。如果我们取消那些限制他们的人为行动，取消那些强迫他们遵守纪律的粗暴手段，那么他们就会向我们展示出儿童的天性，这种天性是儿童生命中最本真最可贵的部分。可惜的是，很多旧式教育严重阻碍了儿童的发展，禁锢了儿童的生命力、创造力和想象力。这是一件非常可悲的事情。

另外，儿童的温顺、可亲，使我们认识到，人处在幼年时期，仍然受到各式各样的束缚和不公正待遇的压迫。儿童对知识的渴望非常强烈，远远超过了对其他事物的爱，这使我们不禁想到一个真理：人类永远都存在着一种不断征服的思想与激情，正是这种思想与激情，让人类本身从奴役的枷锁里解脱出来。

第 7 章　孩子实际生活的练习

"儿童之家"是培养孩子的园地，是他们人生的起点。我们要求孩子在学校里待那么长时间，目的不是让他们像其他学校的学生那样，机械地去学习再学习，是让他们在这里以愉快的心情，接受我们的辅导和教育。

学校建立起来以后，如何安排学习和活动计划是很实际的问题。制订作息时间表应该考虑两方面：一是上课时间的长短；二是学习和生活活动的时间分配。

我一直认为"儿童之家"应该和"低能儿童学校"一样，上课时间相对较长。一整天的时间都安排有活动。对于生活在工人住宅区里的穷人家的孩子，我建议冬天上课时间从早上 9:00 到晚上 5:00；夏季为早上 8:00 到晚上 6:00。如果我们按照有利于孩子成长的原则考虑，这么长的时间非常有必要。孩子要度过这么长的上课时间，至少应该给他们有一小时的午睡时间，但是实际上存在困难。目前，我们只能够让孩子在自己的座位上休息。但我想，过不了不久，我们就会有安静而遮光好的房间，让孩子们躺在吊床里午睡。在罗马的"儿童之家"里，由于孩子离家不是太远，可以把他们送回自己的家里午睡。

我们还必须考虑到，孩子上课时间长，不但需要午睡，还要准备午饭。更重要的是，像“儿童之家”这样的学校，办学的宗旨就是帮助和指导孩子在 3 ~ 6 岁这一重要发育期，能够更好地成长。

“儿童之家”是培养孩子的园地，是他们人生的起点。我们要求孩子在学校里待那么长时间，目的不是让他们像其他学校的学生那样，机械地去学习再学习，是让他们在这里以愉快的心情，接受我们的辅导和教育。

在我们的教育方法中，第一步必须唤醒他们。我们要唤醒他们的注意，唤醒他们内在的生命，唤醒他们和别人一起创造生活的激情。做一个不太恰当的比较，当我们做实验的时候，就必须像进行实验人类学或心理学那样，把仪器准备好（环境应该和仪器的要求一致）后，还必须准备好实验的对象。从整个教育方法考虑，我们的工作必须为孩子将来适应社会生活方式做准备。

我们建立第一个“儿童之家”后，制订的时间表并没有完全被执行，因为教材分发的时间安排得不妥当，不适合自由式的学习体系，而是从生活实践练习开始的。

我必须承认，这些练习是原始方案中仅有的已经被证明是完全合适的部分，它不会再有任何变动。这些练习获得了成功，应用到所有的“儿童之家”中。

练习的基本内容依次如下：清洁、秩序、体姿、会话。

孩子到学校后，首先进行清洁检查。如果有可能的话，我们的教员当着孩子妈妈的面进行检查，包括孩子的手、指甲、脖子、耳朵、牙齿，还要检查孩子的头发是否整洁。在检查过程中，如果发现他们的衣服破了，撕坏了或者弄脏了以及缺少纽扣，鞋不干净等，教员就应提醒孩子下次要注意。这样就能够促使孩子养成注重个人形象和仪表的好习惯。

在“儿童之家”内，要求孩子经常洗澡，并不是每天都要洗澡。为了满足孩子的洗澡，每班都设有清洗架、水瓶、盆等相关物品。在孩子洗澡中，教员还会教孩子如何清洗身体局部。比如，让他们学习如何洗手和清理指甲。有时我们还教孩子们洗脚，教他们刷牙、漱口，尤其是如何掏耳朵和怎样用清水洗眼睛。在我们的精心指导下，孩子们渐渐地就可以独立洗澡了。

个人卫生检查后，老师就让孩子们戴上围裙，然后开始检查教室，查看教室的一切物品是否整洁，教孩子怎样把角落里的灰尘打扫干净，怎样使用打扫教室的各种工具，例如抹布、刷子和小扫帚等。如果教室内不清洁，孩子们就使用工具把教室清洁得干干净净，然后他们再各自回到自己的座位上。老师开始向孩子们讲解正确的坐姿：保持安静，两脚搁在地板上，双手放在桌子上，头部不许偏向一边，保持身体端正。孩子们按照正确的坐姿坐好以后，便开始唱圣歌。唱圣歌前孩子们要起立，从站起来唱圣歌到唱完圣歌坐下，老师要求孩子们无论是站立还是坐下，尽量不要发出声响。通过这样的方式，孩子们就能够学会在走动时保持安静。

最后，我们有一整套如何培养孩子们的举止和保持优雅的练习，例如见面和分手时的礼仪。互相敬礼，拿东西的时候要轻拿轻放，接受别人递来的东西时怎样保持礼貌等。老师会让孩子们观看那些收拾好的房间、就座时保持安静的班级，甚至一个孩子做的优雅动作等，教师让孩子们观看时，语气尽量保持平静。

我们就是用这样的起点，对孩子进行自由式教育。通常情况下，老师不会对孩子的行为做出好坏的评价，而是给他们建议和指导，告诉孩子哪些动作不规范，需要如何改正，正确的做法是怎么样的等一些日常生活中的小事情。

老师以这种自由教育的方式，讲完孩子的表现和教室的布置以后，下一步就是和孩子们聊天，问他们昨天做了什么事情。在问这样的问题前，教师格外提醒孩子们，不要让他们谈论自己家庭里的私事，只是报告他们的行为、游戏和对父母的态度等。教师可以这样问孩子，独立上楼时是否把自己身上的衣服弄脏了，和朋友谈话时是否有礼貌，是否帮妈妈干活，是否把学校里学到的东西表演给家里人看，是否在大街上玩耍等。

这种聊天通常在星期一进行，通过聊天，教师就知道了孩子在双休日大致的活动情况，如果孩子表现得比较优秀，教师给予赞赏；如果孩子有些地方做得不好，教师就给予指导，告诉他该怎样做、不该怎样做。像聊天这样的话题，可以提高孩子谈话的积极性。

第 8 章　儿童的饮食

在“儿童之家”的饮食安排中，还可以和“生活实践练习”联系到一起，给孩子们提供一些具有重要教育意义的练习。

儿童的膳食问题应当与他们的生活实践联系起来。

在一些落后的街区，儿童健康标准的知识并没有普及到每一个家庭，为了促进儿童身体能够全面发育，学校就应该担当起儿童饮食健康的任务。儿童需要的食物，必须适合儿童的体质。尽管处在住宅区内的“儿童之家”的孩子能够回家用餐，但是我还是建议组织机构在学校内建立儿童食堂。另外，即便是富裕家庭的孩子，在科学烹调还没有普及到家庭为孩子做标准的饭菜以前，学校提供儿童的饮食也很有必要。

幼儿饮食的基本点是脂肪和糖分。脂肪可以给儿童的有机体储备物质营养，糖分则可以帮助儿童有机体组织在形成过程中，起到促进增长的作用。

调制儿童食品时，应该把营养食品制作成小细块，因为儿童的咀嚼能力还没完全发育好，肠胃消化食物的能力同样没有完全形成。因此，汤、菜泥和肉丸是儿童饮食中的常备菜肴。

牛奶和鸡蛋最适合 2 ~ 3 岁的儿童，这些食物含有丰富的蛋白质，2 岁以后也可以适量地喝点肉汤。3 岁半以后儿童就可以吃肉，经济条件差点的家庭可以给孩子吃蔬菜。同时，水果对儿童来说也是很好的营养食品。

下面我具体介绍一下怎样准备儿童的食品，这对孩子的母亲们非常有用。

幼儿食用的肉汤

适合年龄段为 3 ~ 6 岁，稍大的孩子可以吃一些普通的肉汤。

按 1 克肉加 1 毫升汤的比例，并把肉放到冷水中，不加任何香料，盐要适量。把肉煮 2 小时，撇去浮在表面的油，添加黄油；如果没有黄油，可以用橄榄油代替，忌用人造黄油。肉汤现做现吃，这样新鲜。饭前 2 小时把汤炖在火上，因为汤凉了，化学物质开始分解，对孩子有害，容易引起腹泻。

汤

这里推荐一种很容易做而且对儿童非常有好处的汤。用盐水或肉汤煮面包，在里面多加些油调味。这种做法适合经济条件差些的家庭，它的营养成分十分均衡。与此类似的可以用黄油烤面包丁做成的汤，同时可以把面包丁泡入黄油的肉汤里。

通心面条

最好用黏性强的通心面，它比其他食品更容易消化。这种食物，一般只有家境非常好的人才能用得起。经济条件比较差的家庭，可以用面包渣做肉汤，这比肉汁的干粗粉面条汤要好得多，因为干粗粉面条汤幼儿最不容易消化。

最适合儿童食用的汤，当数用蔬菜泥（蚕豆、豌豆和扁豆等）做成的汤。目前在商店里都能够买到适合做这种汤的蔬菜。先把相关的食材放入盐水中煮烂，去皮，冷却后过滤。也能够在去皮后直接挤去水分，然后添加上黄油，慢慢搅拌成泥，注入开水，注意搅散不使结块。

菜汤也能够加入猪肉调味。倘若不用肉汤的话，可以在蔬菜汤里添加含糖的牛奶以代替肉汤。

我极力推荐孩子吃肉汤或牛奶熬成的大米粥，或者吃添加有黄油（不是乳酪）的玉米粥。但要值得注意的是，玉米粥应该长时间熬烂。

较穷的家庭如果没有条件让孩子喝到肉汤，可以喝面包煮汤和添加有油的米粥，也同样对孩子的成长有好处。

牛奶和鸡蛋

这些食物含有大量容易消化的蛋白质，还含有促进机体组织吸收的酶，所以这类食物特别有利于孩子的生长。如果食物保持新鲜，营养没有损坏，那么就更加容易被吸收了。

刚挤出的鲜奶和母鸡刚下的鸡蛋，最容易被吸收。牛奶、鸡蛋煮后，反而会失去其特殊的可吸收性，使营养价值降低成一般的蛋白质食物。

所以，“儿童之家”目前正在建立供应儿童需要的特殊奶场，整个环节实行无菌生产。奶牛的生活环境也非常清洁，挤奶前，奶头、挤奶员的手和盛奶容器都经过严格的消毒，最后还要对容器进行密封。如果远程运输的话，挤奶后立刻对奶进行冷藏。儿童最好是能喝上刚挤出来的奶，因为刚挤出来的牛奶没有细菌，也无须煮沸消毒，同时营养成分没有受到破坏。

鸡蛋也是如此。给小孩吃鸡蛋最好是鸡刚产下的蛋，等孩子吃完后，让孩子到室外活动，有利于鸡蛋的消化。如果达不到这样的条件，则须选择新鲜的鸡蛋放入水中稍煮（蛋黄未凝固）食用。

肉类

严格地说，各种肉类都不适于小孩食用，即使是按照孩子的年龄来准备不同的制作方法也不适宜。例如，3 ~ 5 岁的孩子只能吃少量的绞得很碎的瘦肉，5 岁的孩子可以完全用牙齿把肉嚼烂。但是，我们应当教孩子如何细嚼慢咽，因为孩子喜欢囫囵吞食，这样的话可能引起消化不良和腹泻。

这就是“儿童之家”为什么提倡集体膳食的原因。这样孩子的饮食可以得到合理的照料，并且能和“儿童之家”的教育体系互相联系。

最适宜儿童食用的是新鲜的嫩肉，鸡肉是首选，其次是嫩牛肉和容易消化的鱼肉（鲽鱼、梭子鱼和鳕鱼）。

4 岁以后，孩子的食谱里可以有牛肉片，但不要吃不容易消化和含脂肪太多的肉，例如猪肉、阉鸡、鳗鱼、金枪鱼等。儿童食谱中一定不要出现软体类和甲壳类的食物，例如牡蛎、龙虾等。

用瘦肉糜、面包渣、牛奶和鸡蛋做成肉丸，放入黄油中炸，也是儿童健康的食物。另外一种很好的食物是肉糜、水果蜜饯加鸡蛋和白糖搅拌后做成丸子。

5 岁的孩子能够吃烤鸡脯肉，偶尔也能够适量吃一点用嫩牛肉制成的烤肉饼和一般的烤牛肉片。

尽量不要给孩子吃煮的肉，煮肉会失去多种营养，而且还不容易消化。

补脑食品

4 岁以后，孩子除了吃肉以外，还可以吃脑髓，牛、羊内脏以及鸡肉等炸成的肉饼。

奶制品

对于儿童来说，各种乳酪都不应列入儿童的食谱中。如果一定要吃的话，3 ~ 6 岁孩子吃的唯一奶制品是鲜黄油。

牛奶蛋糕

牛奶蛋糕应当现吃现做，一定选用新鲜的牛奶和鸡蛋。如果没有这样的条件，最好不要做。

面包

从上面各种汤食的制备中可以看到，面包对儿童来说是一种不错的营养食品。但也应该有所选择，因为面包屑不太容易消化，但可以让它干后做成面包肉汤。倘若只是给孩子吃面包，那么最好给孩子吃面包皮或一条面包的两端，这样有利于孩子肠胃的吸收。如果经济能力允许，要经常给孩子吃面包，因为面包是一种上等的营养食品。

面包有多种含氮物质，淀粉含量也很丰富，唯一不足的是缺少脂肪营养成分。我们知道，饮食的三种基本成分是：蛋白质（含氮物质）、糖分（淀粉）和脂肪。由于面包缺少脂肪，因此在给孩子吃面包时，要给面包涂上黄油，这样的话，面包里的营养成分就均衡了。所以说，黄油面包用来做早餐是一种很好的食品。

绿色蔬菜

特别要提醒广大家长们，儿童不宜吃生的蔬菜，如沙拉、绿叶植物等，必须要煮熟吃。实际上，不管是熟食还是生食，我都不太赞成食用。但是菠菜是个例外，可适量地食用。用土豆做土豆泥，多加点黄油，是不错的辅助营养食品。

水果

对儿童而言，并不是所有水果都适合儿童食用，也就是说，有一些水果比较适宜儿童食用。就像牛奶和鸡蛋一样，倘若水果是新采摘的，更有助于营养物质的吸收。

可是，一般城市里不容易买到新鲜的水果。因此即便不是特别新鲜的水果也不妨可以考虑。由于不是所有的水果都适合孩子，所以更应该考虑水果的成熟度、果肉的硬度、甜度和酸度等情况。桃、杏、葡萄、黑醋栗、橘子和柑子等适合生食，对孩子的成长有好处。其他水果，例如梨、苹果、李子等应该煮熟或制成果酱来给孩子食用。

无花果、菠萝、海枣、瓜类、樱桃、核桃、杏仁、榛子以及栗子等，不太适宜儿童食用。

在准备给孩子吃水果时，必须清除掉不易消化的部分，例如果皮。还有的部分可能被孩子咽下而产生危险，所以在吃前也应当去掉，例如果核。

4～5 岁的孩子，应该教会他们削果皮和去果核。可以慢慢试着给孩子一个水果，让他们自己知道怎样吃。如果他们在吃的过程中，出现不当行为，这个时候，作为监护人要及时提醒，告诉孩子消毒、去皮、去核等相关知识。

烹饪水果，要遵循两个步骤：首先是煮，然后加糖。

除了煮食外，水果可以制成果酱和果冻。果酱和果冻味道都很好，但只有富裕阶层的家庭才能享用。虽然儿童可食用果酱和果冻，但如果是果脯之类的，建议不要让孩子食用。

调味品

儿童的饮食卫生中要严格限用调味品。前面我已经指出，儿童食物中的主要调味品是糖、油类和食盐。此外，可以适当添加一点儿有机酸（醋酸、柠檬酸），即醋和柠檬汁。柠檬汁适用于调制鱼类、炸肉饼和菠菜等。

芳烃类蔬菜，如蒜、芸香等其他调味品，也适合儿童食用，这些调味品能杀灭肠道和肺内的细菌，并有驱肠虫作用。

但胡椒、豆蔻、桂皮、丁香，特别是芥末，禁止儿童食用，这些调味品不利于儿童的健康成长。

饮料

儿童在成长过程中，需要大量的水分，因此，监护人每天要给儿童提供充足的水分。饮料中最好的补充水分的饮用品是新鲜的纯净矿泉水。富裕的家庭，可以给孩子喝微带碱性的食用矿泉水。

众所周知，发酵型饮料有刺激神经、引起兴奋的功效，但这样的饮用品对儿童有害，避免孩子喝这样的饮料。酒类和咖啡型的饮料，儿童绝对禁止饮用。茶水最好也不应让孩子喝。

酒对儿童身体的危害作用很大，不仅抑制发育（导致幼稚症、白痴），而且还可以引起神经系统疾病（癫痫、脑膜炎）、消化器官疾病和新陈代谢疾病（肝硬化、消化不良、贫血）。

大麦和麦芽炒制后用水煮，适合儿童饮用，特别是巧克力添加牛奶冲饮，那更是儿童的上佳饮品。

膳食分配

膳食分配是儿童饮食的一个问题，其中一条原则就是孩子的饮食必须严格定时，这样可以保证孩子消化良好，保持身体健康。这个原则必须在监护人中得到推广和普及。有一种偏见在人们中流行（那是对孩子最有害的愚蠢的母爱）：很多人认为，要想使孩子健康成长，就得不断地给孩子吃食物。我们无论是在大街上、马路旁还是休息场所，经常看到孩子习惯性地随时随地啃着面包或别的什么食物，他们的饮食简直毫无规律。可是大家想过没有，孩子的消化系统还特别脆弱，毫无节制的饮食极有可能损害孩子的消化系统，因此比成年人更加需要节制饮食。我认为，“儿童之家”把学日延长，对孩子的培养极为有利，这样可以有效地指导孩子的饮食。孩子们在规定的时间内进餐，其他时间不许吃零食。

“儿童之家”每天会供应两餐，主餐在中午，下午4点左右有一次点心。主餐有汤、荤菜和面包。

下午4点的用餐是面包（或黄油面包）夹果酱、巧克力、蜂蜜、乳蛋糕等。薄脆饼干、软烤饼、煮水果等也可以。最合适的点心应该是牛奶泡面包，或者是煮鸡蛋加面包卷，也可以是一杯牛奶加一勺麦林粉。麦林粉易消化，营养丰富，可口味美，它不仅适合婴儿，同样也适合较大的儿童。

麦林粉的主要原料是大麦面和小麦面，这两种面粉含有人体必需的丰富的营养成分。食用时，把麦林粉溶解于热水，添加一些新鲜的鲜牛奶即可食用。

早餐和晚餐，孩子可在自己家里吃。晚餐要少吃，因为晚餐不久，孩子就要睡眠，倘若吃得太多，孩子不运动，不利于消化，影响孩子的健康。我们应当向孩子的母亲建议怎样给孩子们进餐，让她们配合“儿童之家”的保健工作，这样才有利于孩子的健康。

家庭经济条件好的孩子，早餐可吃牛奶加巧克力，或者牛奶加麦芽糖和饼干，吃抹黄油或蜂蜜的烤面包则更好。家庭经济条件稍差的孩子，可以喝一杯新鲜的牛奶，外加适量的面包。

晚餐时，建议餐桌上有一道汤菜（孩子一天应喝两次汤）、一个煮鸡蛋或一杯牛奶，或者加牛奶的大米粥、黄油面包、煮水果等。

关于食物营养成分的比例计算，实际上用处不是太大。建议父母们可以参阅有关保健的文章。

对于建立在贫穷地区的“儿童之家”，建议给孩子多喝蔬菜汤。贫穷地区的“儿童之家”还应该有自己的蔬菜种植园，园里尽可能地多栽种供食用的蔬菜，这样可以现摘现用。如果条件许可，种一些果树，这样孩子们就可以吃到干净新鲜的水果。当然啦，要是有饲养场地，那就更好了，可以饲养一些家畜家禽，以便得到鲜奶和鲜蛋。山羊奶可以让年龄较大的孩子来挤，但前提是要把手洗干净。在“儿童之家”的饮食安排中，还可以和“生活实践练习”联系到一起，给孩子们提供一些具有重要教育意义的练习。例如准备饭桌，铺桌布，学习使用各种物品和记住一些食物的名称等。关于这一点，以后我会专门介绍怎样提高这种练习的难度，并逐渐形成一套重要而实用的教学用具。

这里还要特别指明的是，孩子进餐时，必须要教会他们如何保持清洁。既要保持个人清洁，也要保持公共环境的卫生（比如不要把餐巾弄脏等）。

第 9 章　孩子的体格训练

儿童体形的初始阶段发育特征是躯干比下肢要发达。通常情况下，新生儿的身体躯干，从头顶到腹股沟的长度占整个身体长度的 68%，下肢仅为 32%。

我认为，很多人对体操的看法存在误解。在公立学校内，习惯上把体操当成一种集体性的肌肉训练，它的目的是让孩子学会一套规定的动作。这种体操的指导精神具有强迫性，它以强制性运动来代替本能运动。也就是说，孩子不想或不愿意学习某个体操动作，但是在公立学校里不行，孩子必须得学。我不知道选择这些强制性运动的心理学依据是什么。与它类似的运动也被广泛运用于医疗体操，它目的是让萎缩或麻痹的肌肉逐步恢复正常运动或能做正常运动。公立学校所采用的一系列胸腔运动，在医学上用来治疗障碍性肠道疾病的。让一群正常的儿童来仿效这些运动，我真的难以理解。不仅如此，我们还能够在体育馆里见到类似运动，就像杂技演员的基础性训练。我这样说，并不是要批评这类运动或使用这类运动的机构，我们“儿童之家”当然不会使用这类体育运动。当很多人听到我谈论幼儿园体操的时候，他们明确表示不赞同；当我谈论幼儿体育馆时他们就更加表示反对。实际上，如果我们“儿童之家”的体操训练和普通学校里的一样，别说他们不赞成，就连我们自己也无法说服自己。

我们必须把体操和一般的肌肉训练作为促进孩子生理发育的重要训练科目。当孩子出现发育迟缓或异常时，就应当鼓励他们去做有助于基本生活技能的运动（如穿衣、脱衣、扣衣扣、系鞋带、拿物品，如球、积木等）。假若存在一个年龄段的话，在这一时期使用体育锻炼来保护儿童，那么毫无疑问这个年龄段就是3～6岁。保健体操最适合这一阶段。

儿童体形的初始阶段发育特征是躯干比下肢要发达。通常情况下，新生儿的身体躯干，从头顶到腹股沟的长度占整个身体长度的68%，下肢仅为32%。在儿童身体发育过程中，这些相关的比例会发生明显的变化，比如，成年人为50%，个别达51%或52%。新生儿和成年人在体形上的差别，会随着年龄的增长而缩小。但是，儿童在成长的初期，躯干的发育仍然比下肢的发育要快。1岁儿童为65%，2岁为63%，3岁则为62%。

当儿童达到了入园年龄，下肢仍短于躯干，仅仅为身高的38%。当6～7岁时，躯干占身高的57%～58%，在这个阶段，儿童的身体不仅明显地长高（3岁时为85厘米，6岁则为105厘米），躯干与下肢的比例也发生了变化。这时下肢开始明显增长，这种增长主要来源于长骨两端软骨层的发育，通常来说，与没有完全骨化的骨骼有关。此时还没有完全发育成熟的下肢骨骼又必须承受比它大的不成比例的躯干。考虑到这方面的因素，我们不会以成年人的行走标准来要求孩子，更不会要求他们像我们一样步态平稳。如果一个孩子还不够强壮，站立和行走就会使他产生疲劳，下肢会因为不堪承受身体的重量而出现畸形，通常会形成罗圈腿，这种情况很容易在营养不良的穷人家庭的孩子身上出现，或者是骨化缓慢但又未患软骨病的孩子中发生。

倘若我们以成年人体能的角度来考虑孩子，那就是大错特错，因为儿童的身体有其年龄段自身的比例和特征。儿童一般会有向后仰或向前踢腿的倾向，这说明他们有与身体比例相适应的生理需求。幼儿喜欢爬行，这是因为他们的下肢太短。可是，我们往往以无知的方式强迫儿童去改变他们的这些自然表现，不让他们下地，不让他们伸腿等，强迫他们按照成年人一样走路，要求他们的步态像成年人一样，而且还找出一个冠冕堂皇的借口，说："我们不想让孩子变得任性，不想让孩子想干什么就干什么。”这是一个致命的错误，最容易造成罗圈腿。因此，我们最好是说服母亲们，让她们特别注意幼儿保健。也就是说，我们应该用体操来帮助儿童发育，让他们所做的一切运动都与生理要求相符合，只有这样才不会导致下肢疲劳，引发畸形。

通过长期对儿童的观察，我找到了一个帮助他们活动的好方法。这个方法简单介绍如下。教师组织儿童练习齐步走，领着他们在庭院和街心花园里转着玩或做游戏。这种花园的四周要围上栅栏，即每隔一段距离打上一个桩，在木桩上平行拉几根粗铁丝；在栅栏的下部设立小凳子，孩子走累了就可以坐在上面休息。这时，总会有一些2岁半到3岁的孩子落在队伍后面。很显然，他们累了。他们不坐在地上也不坐在小凳子上，而是跑向矮小的栅栏，用双手抓住最上面的一排铁丝，然后把双脚放在最下面一排的铁丝上，就这样脚踩着铁丝，在上面走来走去。他们愉快地看着仍在绕圈子的其他伙伴，眼睛里闪烁着无比欢乐的光芒。的确，这些沿铁丝走来走去的孩子，以实际行动解决了我的一个难题。那就是，他们沿着铁丝斜着身子走动时，他们的下肢在得到锻炼的同时又不用承受整个身体的重量。要是在儿童健身房里也设置这种器械，就能使儿童像在铁丝栅栏上所做的运动一样，从而满足了他们在地上爬行和踢腿的需要，也就满足他们身体发育的需要。所以，我建议在儿童游戏室里也设置这样的小围栏。具体做法是：把小木棍平行横穿在一排排立柱中间，这样孩子们在上面玩耍的同时，也可以心情十分愉快地看到同一屋子里其他孩子玩耍的情况。

体育馆里的其他器械也可以按这样的理念来设计，也就是说，为儿童的活动需要提供一些适宜的器械。塞贡就发明了一种可以锻炼下肢的器械，特别是用来增强体弱儿童的膝关节。这种器械叫篮椅，它是一种坐式秋千，有一个很宽的座椅。孩子坐在上面双腿向前伸出，也能够完全放在座椅上。座椅的四个角分别用绳子吊起来，这样可以来回晃动。座椅前面的墙上加一块木板。当孩子用脚蹬木板时，椅子就能够来回晃动起来，可以使孩子的下肢得到充分的锻炼。

还有一些体育器械，从保健的角度来看并不重要，却深得孩子们的喜爱。

现在简要介绍一下。

一种叫“摆球”，顾名思义就是一根绳子的末端挂着一个橡皮球，可以曰一个或多个孩子玩。孩子推动橡皮球，橡皮球就会摆动，以此用来锻炼双臂、脊柱，同时也训练用眼睛来估计处于运动中的物体的距离。

另外一种叫“走直线”，也就是说在地上用粉笔画上一条直线，让小孩儿沿着直线行走。这有利于引导儿童按规定的方向调整自己的运动方向。

再有一种游戏就是爬小圆梯。小圆梯由木头制成，呈螺旋状，一边有护栏，可以当扶手，另一边敞开着。这种游戏有助于培养孩子上下楼梯不用扶栏杆的习惯。还可以调节上下运动过程中的平衡作用。整个梯子不要过高，台阶要平缓。孩子们在这种圆梯中上上下下，可以使孩子得到在家爬楼梯时得不到的舒适锻炼，因为家里的楼梯是按成年人的身体比例设计的，不适合孩子的行走要求。而用来练习跳远的体育器械，是木质的低平台，上面用油漆画上若干条线，它的作用起到标示所跳的距离。另外，这种体育器械还有一段阶梯，配合平台使用，用来练习和测量所跳的高度。

我个人认为，绳梯也适用于幼儿园里的孩子。搭配起来使用，有助于完善许多动作，例如跪下、站起、前弯后仰等。若没有绳梯做辅助，儿童做这些动作时极有可能会失去平衡。

上面所说的所有运动对儿童的成长都有很大的帮助。主要表现在两个方面：一、掌握平衡；二、协调肌肉运动。当然，所有运动都可以增加肺活量；此外，这些运动还可以增强手的抓握能力。

因此，体育馆中应该设置一些基本运动器械，例如行走、投掷、上下楼梯、跪下、起立、跳跃等相对应的锻炼方式。

自由体操

我所说的自由体操与体育运动上的自由体操有很大区别，它不使用任何器械。这种体操分为两类：口令下的体操和自由游戏。

第一类，我建议采用齐步走，它的目的并非练习节奏感，而是练习孩子的平衡能力。练习时，最好随着脚步的节奏哼一些短小的曲子，因为这样能够提供呼吸运动，从而增强肺部功能。

除了齐步走以外，还有福禄贝尔的一些伴有音乐的游戏，这类游戏与儿童们经常玩的游戏十分相似。在自由游戏过程中，我们给孩子们提供皮球、铁环、装满豆子的小包或风筝。在树林，孩子们可以玩“小猫抢墙角”和其他简单的捉迷藏游戏。

教育体操

我们“儿童之家”把两类练习归纳为教育体操。这些练习是学校工作的一部分，比如，耕地、栽种植物、饲养动物（浇水、剪枝、喂鸡等)。这些活动要求多种运动之间的相互协调，比如，锄地、弯下腰栽种植物、起立等动作的协调。要求孩子们搬运物品到指定的位置，并且使用这些物品，能为孩子们提供了一个极为有益的锻炼机会。

播撒类似于玉米、燕麦等的小物体，以及开关花园门或开关鸡舍的门都是有益的锻炼。所有这些锻炼都需要在户外进行。在我们“儿童之家”的教育体操中，还包括一些增强手指协调性的练习。这样的练习为儿童以后的实际生活做准备，例如，穿衣服、脱衣服、解纽扣等都是增强手指协调性的练习。

这类体育教育的教具很简单：木质框架，每个框架上绷上两块儿布或皮革，缝上或者空出一排排扣眼和纽扣，或者挂钩和钩眼，或者带子和带眼或者拉链等。在“儿童之家”，我们有 10 种这样的框架，每种框架代表一种不同的穿衣和脱衣方法：

1. 框架上挂上两块比较厚的毛料织品，缝上骨质扣——大致等同于儿童的外衣；

2. 框架上挂上两块亚麻布，缝上珠型扣——大致等同于儿童的内衣；

3. 框架上挂上两块皮革，缝上鞋扣：孩子们使用纽扣钩连接这两块皮革——大致等同于儿童的鞋子；

4. 框架上挂上两块皮革，用鞋带系在一起；

5. 框架上挂上两块布（用鲸骨内撑），用带子系在一起——大致等同于意大利农妇穿的紧身围腰；

6. 框架上挂上两块呢绒布，用风纪扣连接在一起；

7. 框架上挂上两块亚麻布，用小挂钩和钩眼连接一起；

8. 框架上挂上两块布，用彩色的宽缎打成蝴蝶结连接；

9. 框架上挂上两块布，用绳子系在一起——大致等同于儿童内衣的系绳方式；

10. 框架上挂上两块布，用拉链连接在一起。

孩子们通过使用这些玩具，来了解穿衣服和脱衣服所必须做的动作，经过反复训练后，孩子们就可以独立完成这些动作，我们的目的就达到了。

当孩子们学会这些动作后，就希望马上能够在实际生活中运用这种能力，并为自己拥有这种能力而感到高兴和自豪。这种能力可以使他们早日学会谦虚和活跃，而那些无缘学习这种实践教育的儿童则发展得很晚。这种系扣的游戏，的确很受孩子们的喜欢，当10个孩子围在桌旁同时进行这个游戏时，他们的表情十分认真而严肃，就好像敬业的小工人在工作车间里工作一样。

呼吸体操

这种体操的目的是调节孩子的呼吸运动，也就是说，教儿童科学的呼吸方法。同时，它也有助于儿童养成良好的说话习惯。我们所采用的练习来自萨拉教授曾采用过的一本教材。我们“儿童之家”从他的论文《口吃的治疗》中选取了一部分简单的训练方法，包括有关呼吸运动与肌肉训练相协调的训练方法。比如：

双手叉腰，张开嘴巴，舌头平直。

深深吸气，伴随提肩，膈膜放低。

缓慢呼气，缓慢放肩，复原姿势。

教师应该选择或设计一些简单的呼吸体操，并且还要伴随一些手臂的运动等。

正确科学地使用嘴唇、舌头和牙齿的练习。也就是教学生在发某些基本的辅音时嘴唇和舌头该怎样运动，如何增强有关的口腔肌肉为发音做准备。这种体操为发音准备了元件，训练了语言器官。开始时我们是让全班的孩子们一起练习，然后逐一检查。我们让孩子们大声发出单词的第一个音节。当每位孩子都尽最大的努力后，我们再逐个叫起来单独重复。如果他发的音很准确，就站在右边。如果他的发音不准确，就站在左边。对于发指定的音有困难的孩子，我们就鼓励他多重复几遍。老师还应该记录下孩子们的年龄和发音时肌肉运动的缺陷。然后，教师可以摸一下孩子使用的那部分肌肉，比如摸一摸嘴形，或者让孩子张开嘴，伸出舌头，用手把孩子的舌头扶到他的上齿，告诉他这样发出的音才是正确的。

这类发音体操的基础练习如下，我们先让孩子练习下面的单词发音：pane – fame – tana – zina – stalla – rane – gatto。

在发 pane 时，我们让孩子们用力重复 pa，pa，pa，练习嘴唇的圆形收缩。

在发 fame 时，重复 fa，fa，fa，练习下嘴唇对着上齿的运动。

在发 tana 时，重复 ta，ta，ta，练习舌头对着上齿的运动。

在发 zina 时，练习上下齿的协调。

在发 stalla 时，重复整个单词，上下齿合拢，并将舌头（趋向外伸）贴在上齿上。

在发 rane 时，重复 r，r，r，练习舌头的弹动。

在发 gatto 时，注意发喉舌音 g。

第 10 章　孩子的自然教育

儿童的生命必然需要大自然的力量，那么他的精神生命也必然需要与天地万物的交融，从而可以直接从大自然的造化能力中吸取养分。可是，我们很多的母亲和教师，忽略了这一点，不懂得甚至没想到该如何帮助孩子与自然相融。

伊塔在他著名的教育论文《野孩子阿维龙的初步发育》中，详细讲述了一种庞大的、富有戏剧性的教育，他利用教育智障儿童的方法，把一个野孩子从原始自然状态中抢夺回来。

阿维龙是一位长期生活在大自然中的野孩子，是大自然养育了他。他从小就被抛弃在森林中，抛弃他的人以为他肯定会死掉，然而他竟然被自然救活了。他赤身裸体，在森林中生活了很多年，直到被一位猎人抓获，才被带入巴黎的文明生活。从他身上的累累伤痕可以看出，他曾和野兽搏斗过，曾从悬崖跌落过。由于缺乏交流，野孩子已成哑巴，从不说话。经诊断，他的智力十分低下。

对这样的小孩，首先应该给予积极的教育。伊塔是一位治疗聋哑患者的医生，并精通哲学，他采用适用于治疗听力缺陷的方法，对野孩子进行教育。刚开始时，伊塔认为这位野孩子所表现出来的低能特征，并不是由于他的生理器官退化造成的，而是缺乏教育所引起的。伊塔坚信赫尔的理念："没有人的工作，人就不成其为人。"也就是说，他相信教育可以创造奇迹，并且反对卢梭在法国大革命前的反教育学理念："凡是出自造物主之手的东西，都是美好的，而到人的手里，就变坏了。"卢梭这句话的含义是，教育是有害的，而且糟蹋了人。经过测试，当伊塔得知野孩子的智力非常低下，他并不服气，决定把野孩子改造成正常的人。

伊塔对这个野孩子的教育分成两部分。首先，想办法引导他从自然界走向社会。然后，再试图对他进行智力教育。这个小孩被遗弃后，在自然界中找到了一种幸福。他沉醉在大自然中，与大自然融为一体，伴随他的是雨雪、风暴、旷野，在常人眼中，是恶劣和不幸，然而却是他的伴侣和他的爱，他的欢乐的源泉。的确，现代文明远离了自然，但这却正证明人类进步取得的成果。在伊塔的文章中，他生动而详细地描写了自己为了把阿维龙野孩子引入文明生活而进行的种种努力，比如扩大野孩子的需要和给他关爱等。有个例子，可以说明伊塔曾经做了许多令人钦佩的工作，同时这也给那些正为实验教学法做准备的教师做出了一个生动而真实的榜样：对待所观察的对象，应该具有足够的耐心和自我克制精神。伊塔写道：

"在房间里观察他，可以看到他很不开心，经常忧郁地、无聊地在房间里走来走去，当他把目光投向窗外时，他会久久凝视着旷野，那时他的神情恍惚，似乎沉湎在某种痛苦中久久不能自拔一样。如果这个时候天空骤变，暴风雨突然降临，或云层中的太阳突现光芒，他的情绪马上产生波动，突然从一个状态转移到另一个状态，他就会大笑不止，表现出欣喜若狂的样子。但有时他不是欢乐的表情，而是气急败坏，咬牙切齿，舞动胳膊，捏紧拳头，恨不得把周围的人都吃掉。

"一天早晨下起了大雪，我担心他冻着，就早早起床过去看他，他还在睡觉。于是我悄悄地躲在一旁，静静地观察他。或许是被我不经意的响动惊醒了，他揉揉眼睛，抬起头看到外面发生的事情后，他发出一阵惊喜的喊叫，跳下床，来不及穿上衣服就向着门冲来，然后以最快的速度打开门，迫不及待地向前方跑去，最后他一口气跑到花园里，用刺耳的尖叫声宣泄内心的喜悦。他在雪地上时而奔跑时而打滚，并抓起一把一把的雪，贪婪地咽下去。

“对于这种壮观的自然景色，他并不总是以兴奋的方式来表达自己的情绪。值得一提的是，有时他会显得非常沉闷和忧伤。当恶劣的天气迫使人们都不去花园时，他就偏偏到那儿去，围着花园走几圈，然后坐在喷泉旁。

“为了观察他的行为，我经常在不打扰他的情况下，观察他面部表情的变化，他时而面无表情，时而又一脸严肃，然后又逐渐呈现出哀伤和忧郁，似乎在回忆什么，他两眼紧紧盯着水面，不时地把落叶扔入水中。

“每当明月当空，柔和的月光洒入房间时，他就无法入睡。他走到窗边，直挺挺地站在那里，一动不动地站上大半夜。有时，他会从窗户内探出头，盯着月光下的旷野，陷入沉思。在这沉思的过程中，偶尔会发出无可奈何的叹息声，最后又在一阵哀叹中结束。”

在另外一个地方，伊塔提到，这个野孩子的步态与我们不一样，他只知道跑，而我们可以走，步履可大可小。伊塔还提到，当他把野孩子带到巴黎大街上时，他跟着野孩子一起跑，而没有去粗暴地制止他。

伊塔通过展示社会生活的方方面面逐步诱导野孩子，而不是强加于他，使他觉得是一种折磨和负担，所有这些都可以作为宝贵的教育经验，进行推广和应用到儿童教育中。

这种社会生活与自然生活之间的对比，到目前为止还没有任何资料能够提供得如此鲜明、如此令人信服。也没有任何资料能够如此直观地表明过，社会仅仅是由放弃和限制所构成。换句话说，由满足野孩子原来的跑到限制他跑而会走路；由满足野孩子原来的大声叫喊到限制他喊叫而会调节一般说话的声音。

伊塔对野孩子从未采用任何强迫手段，而是让社会生活自身的魅力逐渐吸引他，这种教育方式取得了成功。的确，从某种意义上说，文明生活就是放弃自然生活，从大自然的怀抱里夺过一个人来，这几乎就像从母亲的怀抱里夺走一个新生婴儿一样，不过这也是一种全新的生活。

从伊塔的文章中，我们可以看到人类的爱最终战胜了自然的爱。野孩子阿维龙最终被伊塔的关怀和爱抚所打动，他感动得热泪盈眶，从此不再沉溺于皑皑白雪的欢乐，也不再向往浩渺的星空。有一天他试图返回到乡下，可后来还是回来了，因为在伊塔那里他有美味的佳肴和温暖的床。

的确，人类从社会生活中获得了欢乐，并且在集体生活中可以感受到人与人之间的爱。但是人仍然属于自然，特别是在孩提时代，孩子必须从自然中获取力量，促进身心发育。我们人类与自然界有着天然的联系，自然界对我们身体的发育有着显著的影响。比如，一位生物学家通过隔离装置把小豚鼠与地磁隔绝，后来发现这些小豚鼠长大后都患上佝偻病。

伊塔的教育方式，会在幼儿教育中重演。尽管人属于自然界中的生物，但是我们必须培养孩子的社会生活能力，这是因为社会生活是人的特殊工作，也符合人的自然活动表现。通常情况下，我们在培养人适应社会生活的时候，却在很大程度上忽略了他在生命初期是植物属性的这一有利因素。

为了缓和教育中的这种转变，我们必须把自然本身纳入教育工作的范畴，这就好像不要突然强制性地把小孩从妈妈身边夺走并送进学校一样。“儿童之家”恰好做到了这一点，它设置在孩子父母居住的楼里。孩子的呼喊和妈妈的答应能够彼此呼应。

目前，这部分教育仍然是以儿童的保健为目的，而且多半是培育。让孩子们在户外或公园里健康成长，或者让他们到海边半裸着身子晒几小时的太阳。那些从事航运业的人们和位于亚平宁山区的人们已经从中懂得，让孩子健康成长的最好方法就是让他们沐浴在大自然中。那些人类所制造的附属品，例如短童装、袜子、帽子、凉鞋等都是一种禁锢，禁锢了人们亲近自然，而裸露的下肢或者赤足则是一种摆脱文明枷锁的方式。不过，还有一个显而易见的原则：教育过程中牺牲自然特权的程度，仅仅限于为获得由文明所提供的乐趣所必需的程度，不能无谓地牺牲。

在所有对现代儿童教育的革新中，我们至今没能摆脱一种偏见，这种偏见是否定儿童心灵表现和否定儿童精神需要。我们简单地认为给儿童爱护、亲昵，并使儿童在运动中成长，就是最好的教育方式。其实，对这种教育方式的认识很狭隘，儿童所需求的远远不是这些。例如对一位正在花园玩耍的孩子，母亲或教师可能会告诉他，不要攀折花木，不要践踏草地，要爱惜大地的生命等之类的忠告。在母亲或教师看来，孩子通过活动腿脚和呼吸新鲜空气，就足以满足他们身体发育的生理需要。但是，儿童的生命必然需要大自然的力量，他的精神生命也必然需要与天地万物的交融，孩子们亲近大自然，可以直接从大自然中吸取养分。可是，我们很多的母亲和教师，忽略了这一点，不懂得甚至没想到该如何帮助孩子与自然相融。要想达到这个目的，最好的方法就是让儿童从事农业劳动，并从劳动中思考自然和理解自然。

所幸的是，英国的莱特夫人设计出的儿童教育方法，就是通过园林学和园艺学，帮助孩子与自然相融。莱特夫人常常研究生命的发展，认为生命的本质具有宗教基础，儿童的心灵可以从造物通向造物主。她也从研究中发现了智力教育的起点，莱特夫人把这个起点定格为写生画。她认为写生画一方面是通向艺术的阶梯，另一方面可以作为获取关于植物、昆虫和农作季节观念的阶梯，还可以作为获得日常家庭生活的阶梯，因为家庭生活的初步概念来源于栽培和烹饪。

莱特夫人的见解虽然具有片面性，但她所制定的条例仍然在英国得以推广，她的观点无疑在完善自然教育，而且这种教育在增强英国儿童体质方面已经取得了显著的效果。此外，她的经验也可以为儿童进行农业教学提供了可行性的证据。

在法国的巴黎，农业教育在缺陷儿童身上有所应用。这种农业教育的方法是根据巴西利试图在小学里建立“小教育园地”的精神制定的。在每块“小园地”里都种上各种各样的农作物，与此同时，向儿童展示农作物的收播时间、收播方法、生长周朝、翻耕土地、施用化肥和天然肥料等。不仅如此，他们同时还培植观赏植物，并让儿童们从事园艺工作，当他们到了就业年龄时，这项手艺就为他们创造可观的经济收入。

虽然这种教育有其积极的意义，首先是智力的培养方法，其次是为就业做好准备。但是它仍有明显的不足之处。现代儿童的教育理念必须促进儿童个体身心两个方面同时发展。农作物和动物培育包含着道德教育，其意义与影响远比莱特夫人的深远。莱特夫人的研究核心是把儿童的心灵引导至对宗教的感情上。事实上，这种不断进步和提高的方法可以分为若干个等级。在此我提出几点主要方面：

第一，引导孩子观察生命现象。孩子与动植物的关系类似于观察老师与他们的关系。随着观察兴趣的逐渐增长，关心生物的热情也随之增长，这样孩子们也就会去感激妈妈和老师对他们的爱护。

第二，引导孩子们通过自主教育而提高孩子的预见力。当孩子们知道植物的生长需要他们细心地浇水，饲养的动物需要他们勤勉地喂食后，他们就会开始感到对生命负有责任，变得警惕起来。如果不这样去做，植物就会干枯、动物就会死亡。此外，在孩子的心灵深处，有一个声音在忠告他们，千万不要忘记自己承担的责任。这个声音就是他们照管下的生命所发出的。在孩子和他们照管的动植物之间会产生出一种神秘的一致性，从而诱导他们不需要教师的干涉就能够完成，进而引导他们进行自主教育。

孩子们所得的报酬也存在于自然界中。例如，孩子照看一只孵蛋的鸽子，孩子每天给鸽子送食物和水，保证孵蛋的鸽子不会饿死。就这样，一天一天过去了，他们的付出终于有了回报。一个明朗的晴天，他们终于看见破壳的小鸽子了！小鸽子的出现，就是对他们劳作的回报。兔笼子里原本只有一对寂寞的大兔子，他曾爱抚它们，还偷偷从妈妈的厨房里拿菜叶来喂养它们，终于一天它看见兔笼里出现了小兔子！小兔子就是他付出的回报。

在罗马我们没有建立起动物饲养场所，但在米兰的“儿童之家”我们却养了一些动物，其中有一对美国小白鸡，它们住在一个小巧玲珑的鸡舍里。鸡舍前用篱笆围出一小片的空地，供它们玩耍嬉戏。鸡舍门每天夜晚由孩子们轮流上锁，等到第二天早上孩子们就高高兴兴地跑去开锁，送水送干草，细心地照料着小鸡，晚上看小鸡什么都不缺了后才放心地锁上门。教师告诉我，在所有的教育练习中，照料小鸡最受孩子们的欢迎。经常会出现这样的现象，当孩子们完成自己的任务，各自从事自己喜欢的事情时，一个、两个或三个孩子，悄悄站起来，出去看一眼自己饲养的动物，看它们需要什么。有位孩子喜欢鱼儿，这个孩子很长时间不在教室里，有一天老师惊奇地发现，原来他在喷水池旁看着在水中游来游去的鱼儿，已经入迷了，就连老师走到他身边轻轻叫他的名字，他都没有听见。

一天，一位米兰的老师给我写了一封信，信中这位老师以极大的热情告诉我一个好消息：小鸽子孵出来了。当孩子看到小鸽子后，他们非常高兴，简直就像过盛大的节日。他们觉得自己在一定程度上好像就是这些小鸽子的父母。我想，孩子们看到小鸽子出生所产生的兴奋与高兴，是他们真挚情感的流露。

栽培植物同样也可以使孩子们得到很多快乐。在罗马的一个“儿童之家”中原本没有可供栽培的土地，但在培拉先生的努力下，沿平台摆放了许多花盆，靠墙根种植了一些攀缘植物，孩子们非常乐意用喷壶给花草浇水。有一天，我发现孩子们在地上围坐成一圈，原来是在观看一朵灿烂的红玫瑰。他们静寂无语，沉浸在深深的思索之中。我想，孩子们一定沉浸在某种无与伦比的幸福之中吧，因为绽放的红玫瑰是他们精心浇灌出来的。

第三，引导孩子们建立人生品格。品格是一种信仰和人生哲学的形式。当孩子们播下一粒种子，直到它结果的这一过程中，孩子们首先看到的是幼芽，随着幼芽一天天长大，开始出现花蕾，然后是小果实，最后是成熟的果实；植物的生理特点不尽相同，有一些植物发芽早一些，有一些则晚一点；落叶植物生长得要快一些，果树则要慢一些。看到这些，孩子们会获得心理上的平衡，在幼小的心灵里萌生出一种智慧，就像农民知道按时耕种那样。

第四，培养孩子们对大自然的情感。大自然是神奇的，也是慷慨的。它赋予劳动者丰厚的报酬。也就是说，谁为它的生命发育付出了劳动，谁就会获得丰硕的果实。

孩子们在劳动过程中，他们的心灵与他们照料下而发育的生命之间也会产生一种一致性，因为孩子们的天性是热爱生命的各种表现形式。莱特夫人告诉我们，孩子们经常会对蚯蚓和粪虫等运动中的小生物产生兴趣。儿童的这种兴趣正好发展成为对一切活着的生物产生信任感，这就是爱的表现形式，也是同宇宙融为一体的一种形式。

栽培植物最能培养孩子对大自然的情感，因为植物在自然完成生命的进程中给予的远比索取的多，它在不断地展示着自己的美和丰富性。当孩子们栽培了蝴蝶花、三色紫罗兰、玫瑰或风信子；或播下种子、埋下根球、种了果树，按时给它们浇水，最后那些盛开的花朵、成熟的果实，就是大自然赐予他们的礼物，并且是对少量付出的高额报酬。这就好像是大自然在以礼物来报答耕耘者的爱和渴望之情，而不是在权衡其有形的劳动量。

当孩子们采集劳动的成果时，情况就完全不同了，果实作为被消耗体，最终被分配殆尽，而不是增加积累。农业产品和工业产品、天然产品和人工产品之间存在着差别，必然会在孩子们心里产生一个不可改变的事实。像果树必须结果，人也必须付出劳动一样。

第五，培养儿童沿着人类发展的自然道路前进。简单地说，这种教育可以使个体发育和人类整体的发展协调一致。农业是人类从自然状态进入人工状态。当人类发现土地具有增产的秘密时，它就获得了文明的报酬。儿童作为现代文明人的重要组成部分，也必须经历这条道路。

这样理解自然教育的作用，孩子们就更容易付出实践了。即便没有体育训练的宽阔操场和庭院，只需要找几平方米用于栽培或一小块地方让鸽子做窝，就可以进行精神教育。即便是窗台上的一盆花，也可以用于教育。

我们在罗马的第一个“儿童之家”那里，有一个宽大的种植园地。孩子们除了可以进行户外活动外，还可以从事种植。我们特意把一块长方形的土地分成两部分，中间用一条路隔开，一边种树，另一边留给孩子栽培植物，并且每一个孩子都能分到一小块土地。

当有的孩子在路上跑来跑去或在树荫下休息时，而有的孩子则正在播种、耕锄、浇水或查看土地的表层。期间发生了一件有趣的事情：由于属于孩子们的土地紧靠着宅楼的墙，那儿又是一个死胡同，很少引起人们的注意，居民们习惯把各种垃圾从窗户扔下来。起初，孩子们的土地被居民的垃圾弄得乱七八糟。我们没有做任何劝告，但是，楼上的居民知道后，出于对儿童劳动成果的尊重，再也不从窗户乱扔东西了。就这样，孩子们心爱的土地上，出现了母亲爱护的目光和亲切的微笑。

第 11 章　培养孩子的手工劳动能力

孩子在童年期就大致了解了人类的初期生活——从游牧生活转向定居生活，这种转变劳动是第一要素：通过劳动，向土地索取果实，建造栖身场所，制造陶器，并用陶器煮熟土地生产的食物。

手工劳动和手工锻炼的区别在于：前者是为了完成特定的任务，生产出对社会有用的产品，增加世界的物质财富。后者是为了锻炼双手，增强体质，完善个人。但二者并非孤立存在，它们之间相互联系，通常来说，具备完善双手的人，才能生产出有用的产品。

经过短期试验后，我认为最好取消福禄贝尔的练习。因为儿童眼睛的调节功能并没有发育完全，要求儿童在硬纸板上进行编织和缝纫，根本不适合他们的视觉器官，会给儿童的视觉器官造成负担，严重影响儿童视力的发育。福禄贝尔的其他小练习，如折纸，仅仅是练习手，而不是实际的工作。不过，泥塑可以保留，福禄贝尔让孩子仿制泥塑品，是他开发的练习中最合理的部分。而我所倡导的自由体系，不建议孩子们仿制任何东西，只是让他们用黏土按照自己的意愿去塑造；我不要求孩子们生产有用的产品，也不要求他们完成什么计划，因为泥塑工作是为了研究孩子心理个性而做的一项辅助性服务，它不是教育的主要目的。

因此，我决定在“儿童之家”尝试一下曾经在兰敦教授“教育艺术学校”见过的一些有趣的练习。教育艺术学校和乔文内扎·金泰儿青年社团同时建立，它们的目的在于教育青年文明地对待环境，也就是说如何让青年爱护物品、建筑、历史遗迹等。这是文明教育的重要组成部分，也与我们“儿童之家”的教育宗旨相吻合，所以我特别感兴趣。

兰敦教授认为，不能把青年社团的教育建立在公民说教的基础上，而是通过正确的方式引导青年鉴赏、热爱艺术这个角度出发，来对青年进行教育，使他们逐渐达到尊重物品，特别是历史遗迹及历史建筑的目的。所以这所教育艺术学校广泛吸纳各种艺术思想，其中还包括复制我们周围常见的物品，讲述它们的生产史，以及介绍主要城市的历史遗迹。为了更加直接地达到目的，兰敦教授把学校建在罗马城墙最富有艺术性的一个缺口——贝利萨柳斯墙旁，这里可以俯瞰昂伯托·普利莫别墅。该处不为市政当局重视，市民也不爱护这座城墙，兰敦教授却倍加关注，它把城墙的外侧布置成雅致的空中花园，艺术学校就设在花园中，乔文内扎·金泰儿青年社团，就是由这所学校组成。

兰敦教授想在这里重建或复兴陶工艺术（制作陶器的艺术），陶工艺术曾经是意大利和佛罗伦萨引以为荣的艺术形式。我们知道，陶器具有考古价值和历史价值，也具有极大的艺术价值，它的艺术性可以与钱币艺术相媲美。实际上，陶器是人类文明中最重要、最原始的组成部分。它随着火的利用而被广泛使用，但它的发明却早于取火。可以说，人类第一次的熟食就是装在陶器内煮熟的。

陶器是判断一个种族的原始文明所达到的程度最重要标志之一。也就是说，一个种族陶器工艺水平的高低，决定着这个种族文明程度的高低。实际上，用于家庭生活的陶器和用于社会生活的斧头，是远古时期最神圣的象征，是与崇拜神庙和崇拜先人相联系的宗教象征。因为斧头是人类战胜外来因素的最好标准，而陶器则是人类进程的重要参考依据。直到今天，仍有宗教徒在他们的私宅重地供奉着陶制圣瓶。从文明发展中取得进步的人们对陶器及其演变赋予了艺术感和审美感，如在埃及、伊特拉斯和希腊艺术中都可以见到。

陶器伴随着人类文明的进步得到很好的完善和发展，不但扩大了用途，还增添了许多新品种，它的历史也随人类史的发展而发展。陶器除了有生活意义和精神意义以外，还具有极高的实用价值：它适于塑造成各种形式的装饰品，为艺术家发挥个人的艺术才能提供了一个自由的想象空间。

如果学会了制陶工艺，任何人都可以根据自己的审美情趣和艺术灵感塑造自己想要的物品，从而表现了该工艺的艺术性。另外，在兰敦教授的学校里，还教学生怎样使用陶工旋盘，怎样配方制作花饰浴盆，怎样在壁炉内焙烧陶胚，以及怎样完成工业制陶的各种体力劳动。

兰敦教授“教育艺术学校”的另一项工作就是制作小型砖，小型砖制好后，放在壁炉中焙烧，用于砌成小型的墙。砌墙的过程与泥瓦匠一样，一砖一砖、一层一层地向上砌。砌完后，学生们就真正知道了建造房屋的所有过程——先用工具在地上挖坑，坑就是打地基，然后从地基开始，一层一层地砌砖，砖墙砌好，在上面搭顶，房屋就建成了。学生们建造的房屋和真房子一样，有门有窗户，正面被镶上孩子们自己烧制的彩色瓷砖，不过要比我们居住的房子小很多很多。可以说，学生们建造的房子是我们居住的房子的浓缩版。这样的好处是，学生们学会了鉴赏物品及周围的建筑物，而且实际的体力劳动和艺术创作也给了他们有益的身体锻炼。

这就是“儿童之家”所采用的手工训练。经过培训后，孩子们对制作陶器的热情很高。他们完成作品后，细致地保存自己的作品，为之骄傲。孩子们仿制的小东西各式各样，如鸡蛋、水果、篮子等。有的孩子用红土做一个简单的陶器，装上用白土做成的鸡蛋，然后再仿制带有小口的陶罐，以及两耳或三耳的三脚鼎、酒罐等。不过，孩子们最喜欢的还是砌砖墙盖房子，他们还会在小房子周围栽培植物。这样孩子在童年期就大致了解了人类的初期生活——从游牧生活转向定居生活，这种转变，劳动是第一要素：通过劳动，向土地索取果实，建造栖身场所，制造陶器，并用陶器煮熟土地生产的食物。

第12章　孩子的感觉训练

> 对于一般的感觉训练，例如把孩子的眼睛蒙起来进行触觉、温觉、压觉和立体感觉的训练，效果都非常显著，心理学已为这种训练提供了强大的理论支持。

在实验教育学方法中，感觉训练起到重要的作用。实验心理学也是通过感觉测量而获得活动的记录。

教学法虽然利用了心理测量学，但它不是测量感觉，而是训练感觉。这一点容易理解，也常常被混淆。尽管在很大程度上感觉测量仪不适用于对幼儿进行感觉测量，但完全可以对幼儿进行感觉训练。

我们并非从实验心理学的结论出发，换句话说，不是从孩子对自己的感觉来决定我们所要进行的教育和训练。我们通常是从另一种方法出发，让心理学去理解教学法并从中得出结论。

我使用的方法是用教具进行教学实验，希望孩子在学习过程中有自发的反应。这种方法与实验心理学的方法很类似。

我用的教具看起来可能与心理测试所用的教具有些相同，但与心理测试教具有区别。那些曾经在米兰实验心理学校进行过心理测试的教师，看到我的教具后，误认为是测量颜色、硬度和重量感觉的材料，而且他们可能会这样说我对教育学没有做出什么新的贡献。在他们看来，这些教具他们早就认识。但两种教具的用材有很大的差别：心理学使用的触觉测量器只能进行测量，而我的教具恰恰相反，它不是用来测量，只适用于对儿童进行感觉训练。

为了使器具达到教育学目的，必须让孩子喜欢上它，而不是讨厌它，这就是我们选择教具的困难性。大家都知道，心理测量仪能消耗孩子体内的大量能量，因此，当皮佐利想用那种孩子不喜欢的仪器进行感觉训练时，结果他失败了。

心理测量仪或者好一点的触觉测量器，基本上都是按韦伯定律分不同的等级而制成的，可是韦伯定律是从对成年人的实验中总结出来的。因此，真正适用于幼儿的教具还需要我们继续进行实验，从而选出使他们感兴趣的那些仪器。

我在“儿童之家”的第一年里，采用大量的刺激进行了这样的实验，其中有许多已被我在缺陷儿童学校试验过了。

一般说来，大量运用于有缺陷儿童的教具在正常儿童的训练中基本上被舍弃了，即便被采用的也是经过精心改造后的。我认为，我已经成功选择了教具（在这里不想说成是心理学名词“刺激”），它能够满足实际进行感觉训练的基本需要。这些教具成了我使用的教具体系，并且全部由米兰慈善家协会的“劳动之家”制造。这些教具会在以后一一说明。下面我只提出几点一般性的考虑：

第一，缺陷儿童和正常儿童对等级构成教具的反应不同。这种不同可以从事实中显现出来。可以说，这是我所碰到的最有趣的事实之一。它鼓舞并促使我认识到，自由和观察的方法是可行的。

假如我们使用第一种教具：一套立体几何形状的模型。在一块木板的一排圆孔中插上相对应尺寸的 10 根小圆木柱，柱径与柱径依次递减约 1 毫米。游戏的方式是这样的：先把圆柱全部从圆孔中拔出来，混乱后放在桌子上，然后让儿童把它们都恢复到原位，也就是说插到对应的圆孔中。它的目的是训练孩子眼睛对面积大小的感知力。

对于缺陷儿童而言，必须从具有更加鲜明对比的练习开始，而且还要事先进行多次预备练习后，才能进行上述的练习。对于正常儿童而言，可以直接使用我们的这一套教具。这套教具，适合 2 岁半到 3 岁的孩子。

有一次，我让一位有缺陷的儿童做这项练习。在练习的过程中，我总是不断地提醒他，让他看着木板，甚至把大小不同的圆柱拿给他看。如果他把圆柱都插回到原来的位置，那么他的游戏就成功了。我就口头鼓励他，给他树立自信。如果他在插的过程中出了错，我就纠正他，或者促使他自己纠正自己。即便当他自己能够纠正错误，他的表情反应得还是很冷淡。相反的是，正常儿童对这个游戏却能够自发地表现出浓厚的兴趣，他们总是推开妨碍或帮助他们的人，更愿意自己独立解决问题。

据资料显示，2～3 岁儿童最大的乐趣就是摆弄小物体。“儿童之家”的这个实验也证明这一论断是正确的。

但有一点很重要，正常儿童把圆柱放到原来的位置时，喜欢观察模型上的孔与插入孔中的圆柱之间的尺寸大小关系，从孩子小脸上所表现出的专注神情可以看出，他对这个游戏十分感兴趣。

如果他在玩游戏时插错了，例如用一根圆柱去插比它小的孔，他就会把插不进去的圆柱放在一边，然后拿起其他的圆柱继续尝试，直到找到合适的一根圆柱为止。如果相反，也就是说，他把一根圆柱错插到稍大的孔中，然后依次把其他的圆柱也插入到稍大一点的孔中，最后他手里剩下一根最大的圆柱，而板上却空着一个最小的孔。这套教具可以检查出每一个错误，孩子们可以通过各种方法纠正自己的错误。他们的方法通常是触摸或摇晃圆柱来确认哪一根最大，哪一根最小。有时他们一眼就可以看出错在哪里，并从不该插的孔中把圆柱拔出，然后插到相对应的孔中，并把其他的一一插好。由此我们可以看出，正常的儿童越来越有兴趣反复做这项练习。

实际上，这套教具的教育意义正好体现了错误的发现和纠正。当孩子完全有把握把每个圆柱都插入正确的位置后，他的能力就已经超出了这个练习，这套教具对他也就没有了意义。

自我纠正能够引导儿童将注意力集中在大小的区别和把不同圆柱进行比较，而心理感觉练习同样也正是存在于这样的比较中。

但是，这套教具不能帮助孩子认识尺寸的大小，目的也不在于让儿童知道怎样不出错地使用这套教具并完成整个练习。否则的话，我们的教具就与其他许多教具没有什么区别了，例如福禄贝尔教具。福禄贝尔教具主要是为了让孩子学会使用这些教具。使用福禄贝尔教具前，教师首先要忙碌一番，还要充实自己的知识，然后又要纠正孩子的每个错误。我们的这套教具恰好相反，让孩子自己工作，自主纠正错误，进行自我教育。所以孩子需要通过自己的努力来完善自己。感觉训练也同样如此。可以这样说，一个人可以这样而不是那样，不是取决于教师，而是取决于自己。

旧式学校的教师要想应用这种方法存在一定的困难。其中之一就是，当教师看到孩子在错误面前皱紧眉头，紧闭双唇，反复想办法纠正自己的错误时，教师就会产生怜悯之心，几乎用一种不可阻挡的力量去帮助孩子。当我们去阻止教师的这种干预时，他们会站在孩子的立场上，帮助孩子说话，并为帮助孩子克服困难而感到高兴。

正常儿童对这种游戏的喜欢程度，因人而异，有的孩子完成五六次就厌烦了；有的则不厌其烦，每次都玩得津津有味。有一次，我看到一位 4 岁的小女孩玩了 16 次之后，其他孩子想用唱歌的方式来分散她的注意力，可是她毫无所动，继续拔出那些小圆柱，打乱后，又插到原位。

一位聪明的教师应该具备个人心理观察的能力，并且能够估计各种刺激所能保持注意力的时间长短。

实际上，当孩子做练习，而且教具本身能使孩子们检查出并纠正错误时，教师除了用心观察外，其他的事情都没有必要去做。她此时的角色应该是心理学家而不是教师，这就充分说明了科学培训这一角色在教师中的重要性。

的确是这样，运用我的理论方法，教师教得相对比较少，而观察的相对要比较多些。教师的主要责任就是指导孩子的心理活动和生理发展。基于这种原因，我把教师这个名称改为指导员。

开始使用这个名称时，引起很多人的嘲笑，他们问我：她既无助手，又必须给学生自由，那么这位教师指导的到底是谁呢？我要告诉他们，她所指导的比一般理解的要深远和重要得多，因为这位教师指导的是生命和灵魂。

第二，感觉训练的目的，主要是通过反复练习，调节对不同刺激的感知力。一种感觉的培养，一般不为人们重视，但它是感觉测量的一个因素。比如，法国的桑克蒂斯为诊断智力而设立的一系列测验中，我常常看到使用大小不同的立方块，这些立方块按照不同距离进行放置。他们让孩子挑选出最小的一个或最大的一个。同时，计时器记下它所用的时间，并且还要记下出错的次数。我要格外重申一下，在这样的实验中，感觉培养容易被忘记。

但是，我们在感觉训练教具中也使用了一组立方块，它共有 10 个组成。第一个的底面周长为 10 厘米，其余的每个依次递减 1 厘米，最小一个立方块的底面周长是 1 厘米。我们的练习方法是这样的：把这些粉红色的立方块放在一块绿颜色的地毯上，把它们垒成一座小塔。最大的那个立方块放在最下面做塔底，然后按照立方块的大小依次一层层地垒上去，最后最小的那个立方块做塔顶。2 岁半的儿童最喜欢这个游戏。他们把塔垒后，又推倒，然后再垒再推倒，孩子们每次都玩得不亦乐乎。

这样的垒塔游戏，如果让“儿童之家”中的 3 岁或 4 岁的孩子与旧式教育学校中的小学一年级（6 岁或 7 岁）的学生进行比赛，看谁在垒的过程中用的时间最短。毫无疑问，我们“儿童之家”里的孩子用的时间要比那些小学生用的时间短，而且我们的孩子出现的差错率也远远低于小学生。关于色感训练，与旧式教育学校中的小学一年级的学生相比较，也同样如此。所以，这种训练方法应当引起实验心理学的学生和教师们的兴趣。

这里，我要简单地概括一下：我们的教具可以使自主教育成为可能，并且允许进行系统的感觉训练。这种训练不能依靠教师的能力，而是靠教具系统。这种教具是吸引儿童自发注意力的物质实体，同时也包含了合理的刺激等级。

我们绝对不能够把感觉训练与周围环境中获得的感觉相混淆。如果上升到思想层面上，我们既不能把感觉训练看成具体概念的名称，也不能把感觉训练看成练习中获得的抽象概念。

这里做一个假设，一位音乐教师在教孩子弹钢琴的时候应该做些什么。首先音乐教师要把身体姿势和乐谱概念告诉学生，给学生们讲解并且示范弹奏指法与乐谱，然后再让学生根据要领进行练习。如果要把一个孩子培养成为一位钢琴家，教师除了教给孩子必要的知识和音乐训练的方法技巧外，还应该在心理上对孩子进行辅导，让孩子明白应用练习是一个长期的过程，需要有足够的耐心和毅力。应用练习可以使孩子的指关节和肌腱变得灵活。

所以，想成为一名优秀的钢琴家，必须要坚持不懈地进行自觉练习，练习的时间越多，指法就越娴熟，对音乐的领悟就越透彻，将来取得的成就也就越大。这里特别指出的是，学习钢琴不是一朝一夕的事情，也不是凭借个人的想象就能成功的，在学习钢琴的过程中，必须要找一位优秀的指导老师进行指导，凭自己的感觉去练习，不足以使一位钢琴爱好者真正成为钢琴家。

在我们“儿童之家”里，音乐老师的主要任务是指导孩子的个人练习，并且让孩子们心里清楚，只有在老师的指导下，成为优秀钢琴家的概率才会大大增加。当孩子记住这种概念后，他才可能进一步应用从指导老师那里获得的知识，才能通过正确的方法进行自发的训练。所以说，教育者的个人艺术是存在于干预时机和干预方式中。

比如，在普拉蒂“儿童之家”里的学生基本都是来自于中产阶级家庭，他们有良好的生活环境，接受新鲜事物也比较快。开学一个月后，我就发现一位 5 岁的孩子在两个星期内就能掌握字母表，可以拼成任何一词。在练习自由绘画时，这个孩子不仅观察得很到位，而且还可以画出有一定立体感的房子和椅子。在色感练习过程中，他能正确地调配出 8 种常用的等级不同的颜色，并且能围绕 8 种颜色、把 64 块颜色不同的小木板，按照色度深浅，迅速地把它们按照颜色分成 8 组，还能根据每种颜色的深浅给它们排好等级。在这种颜色游戏中，他可以把一张小桌子涂满颜色，但这些颜色不乱，有层次感，像在桌子上盖了一块鲜艳的桌布。

我对这个孩子产生了浓厚的兴趣，并给他做了一个实验：我让他站在窗前，在自然光下让他仔细观察一块带色彩的小木板。等他看完后，我就在桌子上撒满带各式各样颜色的小木板，让他在这堆小木板中找出与他刚才看过的颜色相同的木板。他准确地完成了我指派给他的任务。通过这次小测试，我发现这个孩子有惊人的颜色记忆力和颜色辨别力。不过当我向他问起白色线轴的名称时，他思考了很长一会儿，才犹豫着回答道："白色。"他的回答是正确的。其实，像他这样对颜色敏感的孩子，即便在没有老师的指点下，也应该知道这些颜色的名称。指导员告诉我，当初这位孩子很难记住颜色名称，于是指导员就让做色感游戏的练习，加强他对颜色的认识。可以看出，这位孩子很聪明，他具有极强的智力活动与灵敏的感觉。

那位指导员还告诉我，教学时最好不要干涉孩子的行为。尽管这样在教育中有点混乱，但有利于孩子的智力活动完全处于自发状态，也就是说，孩子记住某种颜色的名称更为深刻。不过，指导员希望能够把感觉训练当成智力训练的基础，她还建议把某些感觉和语言紧密联系起来。

有关这方面，塞贡原则非常适用于正常儿童，该原则配置的三个阶段是：

第一阶段：把感觉和名称巧妙联系起来。比如，向孩子出示蓝、红两种颜色。出示蓝色时，就说："这是蓝的。"出示红色时，就说："这是红的。"然后把两种颜色放在桌子上，让孩子们观察。孩子们结合老师的话，与眼前的颜色相结合，就能知晓什么样的颜色是蓝色，什么样的颜色是红色了。

第二阶段：认识相对应名称的物品。老师指着红的，对孩子说："给我红的。"然后又指着蓝的，说："给我蓝的。"这样孩子在老师的指引下，就知道了什么是红的，什么是蓝的。

第三阶段：记忆相应物品的名称。给孩子看一件物品，问他："这是什么颜色？"孩子回答"红色"或"蓝色"。如果回答对了，老师告诉孩子完全正确；如果回答错了，老师给予纠正，告诉孩子相对应的正确颜色。这样，孩子就记住了。

塞贡还建议，在识别颜色训练中，不要单独向孩子出示一种颜色，而是两种，因为通过比较，有助于孩子记忆。

实际感觉训练期是塞贡三阶段之前的另一个阶段，也就是说，通过自主训练获得准确的感觉差别的时期。它说明正常儿童具有优越性，用这种教育方法训练正常儿童的智力所产生的效果要大大高于缺陷儿童。

儿童特别喜欢把刺激与名称联系起来练习。有一天，我教一个小女孩三种颜色的名称，这位小女孩还不到 3 岁，她的语言表达能力比同龄的孩子要差一些。当时我坐在小椅子上，小女孩坐在我的右边。我把事先准备的6个有色线轴放在桌上，这6个有色线轴分别是两个红的，两个蓝的，两个黄的。第一阶段，我在她面前放一个线轴，让她找出颜色相同的另一个线轴，小女孩很快就找到了。就这样，三种颜色的线轴都做了一遍，接着是塞贡的三个阶段。小女孩的表现令我很满意，她不仅学会了认识三种颜色，还能正确地说它们颜色的名称。她非常高兴，在我身边跳着笑着，我就微笑着问她："你可以识别颜色了吗？"她回答道："是的！是的！"

感觉隔离是感觉训练的另一个重要环节。无论什么时候都要做到这一点。比如在安静而黑暗的环境下进行听觉训练，这样能取得的效果很显著。对于一般的感觉训练，例如把孩子的眼睛蒙起来进行触觉、温觉、压觉和立体感觉的训练，效果都非常显著，心理学已为这种训练提供了强大的理论支持。这里需要指出的是，在特殊的情况下，可以提高正常儿童的兴趣。

为了检测孩子们的听觉是否有灵敏性，我通常使用经验主义的测试方法来进行检测。它的做法是把窗子遮住，蒙上孩子的眼睛，并把头埋入双臂之中，然后我从不同的方向和不同的距离轻声叫孩子们的名字，一个一个地叫。黑暗中，孩子们聚精会神地听着，一听到叫自己的名字后，被叫者就会高兴地跑过去。

正常儿童可以被蒙上眼睛。但是，那些有身体缺陷的儿童，进行这样的测试时，它的效果却完全不同。当把有身体缺陷的儿童放到黑暗之中时，一般情况下他们会睡觉，或者做一些很无聊的动作；当把他们的眼睛蒙上时，他们的注意力就会转移到绷带上，并且把练习演变成一种好玩的游戏，这样我们就无法到达目的了。

我们对这项检测进行论证，认为它是科学的，可以检测儿童的灵敏性，但必须说明，这种教育建立在游戏的基础上，自由活动空间大，这样才能达到我们检测的目的。

教育先驱伊塔在谈论耐心教育法中认为，以前的实验没有成功，主要原因是犯了一些不该犯的错误，他认为这项检测与被试者的精神状况有关。所以他在文章中这样写道：

“与以前的实验一样，最后一个实验不需要学生反复听他刚才听到的声音。这种多余的重复分散了他的注意力，也与训练每个器官有较大的差距。基于此，我只让他有一个简单的声音概念。为了达到我的测试目的，我把被测试者的眼睛蒙上，让他站在我面前，然后我告诉他，当每次听到我的声音后就伸出一只手指。被测试者明白我的要求后，只要他听到我的声音就伸出手指，还显得格外的激动，脸上露出得意的表情。毋庸置疑，他从中获得了快乐，感觉这是一件很有趣的事情。实际上，无论是否从声音中获得乐趣，还是为战胜困难而感到喜悦。总的来说，他的心情是愉悦的。

“通过这样的实验，我完全有理由相信，所有分贝的强弱，测试者都有所感知。接着，我进一步让被测试者比较这些声音，要求他区别这些声音的不同，同时还要说出这些音调的构成。这项测试与前面的那项有很大的区别，尤其在同样一个人身上测试两种不同的声音（一种是单一的声音，另一种是混合音），这就需要被测试者付出一定的努力，耐心去倾听和辨别。对于我而言，也是一种困难，面对出现这样的困难，最需要耐心和安静，一旦渡过难关，所有听力训练都能达到目标。

“这里，我们还可以用元音字母进行测试，同样用手指确认实验的结果。每个手指分别代表一个元音字母。大拇指代表A，被测试听到A时就伸出大拇指；食指代表E，被测试者听到E时就伸出食指；中指代表I，被测试者听到I时就伸出中指；其他的依次类推。

“假如我的状态特别好的话，我可以清楚地讲出元音字母。发音最清楚的是O，其次是A。其他的三个元音对我来说难度有一点大。尽管如此，被测试者还能听得到，分得清。于是，他为自已的听力而感到高兴。这种训练一直保持到把他笑得手舞足蹈，前仰后合，声音变得模糊。只要我一用绷带蒙上他的眼睛，被测试者就笑个不停，这直接导致我失去了耐心。”

伊塔发现不能再继续这样的工作了。于是他干脆解下被测试者眼睛上的绷带，刚一解开他的笑声就停止了。在这项测试中，绷带很关键，同时还要让孩子明白，这不是在闹着玩，是在上课，不能总是笑。伊塔对检测方法的改进和所取得的成果值得肯定。

而我在做这项测试时，对待被测试者希望用教育的方式使他听话，而不是用处罚的方式让他按照我的要求去做。于是，我专门准备一面小手鼓，当他出错时，我就轻敲小鼓，提醒他。让我没有想到的是，他把我的纠正当成玩笑，笑得比刚才更加厉害。无计可施的情况下，我只好对他严厉点，让他明白这是工作，不是开玩笑。然而让我没有想到的是，他的心理如此脆弱，我稍微批评他一下，他就哭了。他的眼泪从绷带下流出，当绷带被解下以后，他闭着眼，两行泪挂在腮边。这让我很尴尬，不得已我只好放下工作，结束了那天的实验。我为认识这个小孩而后悔，又为自己想取得科学成果而自责。

从上面可以看出，正常儿童接受科学教育的确比残缺儿童快。

总的来说，刺激的层次性是这类技术的特点。这一点在感觉训练和教具体系的描述中充分体现出来。这就可以说明，鲜明刺激容易被接受，不鲜明的刺激要比鲜明的刺激在接受程度上慢些。

第 13 章　感觉练习及其教学材料

在这种绝对安静中，我们开始有目的地制造声音和噪声。有时候，我们进行声音和噪声之间的比较。我认为最好的结果是伊塔方法，当时他使用了鼓和铃铛。他用鼓发出一系列不同程度的噪声，与此同时铃铛发出另外一组声音。

一般感觉：触觉、热觉和重量感觉

触觉和热觉的练习可以同时进行。洗澡时通常对热的感觉要比触觉更加敏感。对于触觉的训练，用触摸的方式非常必要。同时，用热水给孩子洗手时，还可以教给他们不要用不干净的手去触摸东西。所以，我会把生活当中的一些概念，比如修剪指甲、洗手等，作为准备性活动，为服务于触觉刺激做准备。

手指的触觉练习有局限性，尽管如此，必须成为一个阶段的教育，这为人的一生用手指来进行触摸打下了基础。所以，应该要求孩子在一个小脸盆里面用香皂洗手，然后在另外一个小脸盆里面用温水把手冲洗干净。接着，再教他们怎样把手擦干。通过这种训练方式，我们就可以规范孩子的洗手方法。下一步，就要教孩子怎样进行触摸，换句话说，也就是以哪种方法来触摸物体的表面。为此，我们应该牵着孩子的手，非常轻地接触物体表面。

另外一项技巧是，当孩子触摸时，提醒他闭上眼睛，并鼓励他通过触觉进行更好的分辨，这样就可以训练孩子在离开视觉的帮助下，辨别不同的触觉。这种方式很简单，孩子很快就能学会，并且表现出对练习的热情。在初步练习后，下一步是你带着孩子，让孩子闭上眼睛，然后慢慢抚摸你的手掌心，或者是你衣角的布料。这种布料最好是天鹅绒或丝绸质地。通过这种训练，孩子的触觉就可以得到很好锻炼，他们会喜欢触摸柔软的表面，同时对砂纸表面触觉的差异也非常敏感。

教学材料包括：（a）用两块面积等大的长方形，拼在一起组成一个大的长方形木块。其中一块的表面用光滑的纸包裹着，或把木头的表面削得非常光滑，而另外的一块用砂纸包裹。（b）砂纸包裹的木块和表面光滑的纸张包裹着的木块叠加着。

另外，还可以运用一些粗糙程度不同的纸条，从最光滑的纸到最粗糙的砂纸。其他地方介绍的材料也可以运用。

关于热觉，我使用一套小金属碗，里面分别放满不同温度的水。首先我用温度计测量过这些水，这样就可以保证两碗水的温度是相同的。

以前，我曾设计过一套教具，这套教具由非常轻的金属制成，里面同样放着水。每个碗上面都有盖，并且配置有温度计，从外面触摸碗就可以感受到热量传递到手上。

我也把孩子的双手分别放到冷水、温水和热水里面，孩子对这种练习非常感兴趣。我还想对脚做同样的练习，可一直没有机会来尝试。

关于对重量的感觉，我们可以利用小木块做实验。小木块长 6 厘米，宽 8 厘米，厚 1/2 厘米。木块由三种材料制成：柴藤、胡桃和松树。每个木块重量相差为 6 克，分别是 24 克、18 克和 12 克。它们的表面非常光滑，如果条件许可的话，使用清漆消除木块表面的粗糙，同时保留木头的天然原色。孩子观察木块的颜色，就能知道这些木块的重量各不相同，这就提供了一种练习的方法。让孩子两手各拿一个木块，然后平摊手指，把木块放在手掌心里，让孩子上下移动双手，通过这种方式便可以测量木块的重量。我们应该让孩子通过不同的重量，而不是颜色进行区别，因此应当让他们闭上眼睛。孩子学会这种方式后，就会对“猜”产生浓厚的兴趣。

这种游戏能吸引周围孩子的注意，让他们围聚在拿着木块的孩子周围，轮番地“猜”。有时候，孩子们会自己蒙上眼睛，轮番进行，玩得非常开心。

感知觉练习

关于感知觉的练习，主要目的是通过感觉认识物体，简单地说，就是触觉辅助肌肉感觉来认识物体。

我们使用的第一种教学材料，是福禄贝尔长方体和立方体。我们让孩子把注意力集中在这两个固体上，进行认真准确的感觉。这个过程，孩子是睁眼的。与此同时，通过一些重复的过程，使孩子的注意力呈现在物体上。接着，在孩子看不到的情况下，调换两个物体的位置，把立方体放到右边，长方体放到左边。最后，让孩子在蒙住眼睛的情况下，再次重复这一个练习。2～3次之后，几乎所有的孩子都能够完成，并且不会犯错误。孩子在进行练习时，一群小伙伴都在非常感兴趣地注视着他，这大大增加了他的喜悦。

我的一位同事曾叫我留意过一位3岁的小女孩，那位小女孩是我们这里年龄最小的孩子。别看她年龄小，她能够圆满地重复这一过程！我们曾让她坐在桌子边的躺椅上，把24个木块摆放在她面前的桌子上，然后把这些木块彻底打乱。我们让她注意这些木块之间的不同，接着要求她把长方体放到左边，正方体放到右边。然后，蒙上她的眼睛，让她按照我们先前所教的那样，每只手拿着一个木块，通过触摸把这些木块放到正确的一边。有时她两只手同时拿到长方体或正方体，有时她右手拿到长方体，左手拿到正方体。孩子认识物体，一般通过分辨两类不同物体这样的练习来记住物体。可在我看来，这对一位只有3岁的孩子来说非常困难。

这个小女孩通过前期的观察，能够很轻松地完成练习，可是在利用我们教给她的感觉物体的方法时，还是显得比较烦琐。她每只手都拿一个物体，如果恰巧左手是正方体、右手是长方体的话，她就会立刻进行交换，然后再重新开始我们以前教给她的感觉物体的过程。她可能认为这是必需的过程。但不管怎样，在她第一次接触物体时，就能够认识正方体和长方体，也就是说，只要拿住就能够准确地识别出来。

在继续这一个方法的研究过程中，我意外发现这个小女孩掌握了非同寻常的功能和技巧。对于这个现象，我乐于进行更为广泛而深入的研究，主要用于关注同时对双手进行训练。

我在另外几个孩子身上重复这种练习，结果发现他们在感觉到物体的轮廓线之前，就能认出物体的形状，尤其是对那些较小的物体而言。我们为此提供了一种有效的练习方法，以此可以加强联想式运动。正确使用这种方法，可以帮助孩子形成迅速的判断能力。同时，这种方法也适合于低年龄儿童。

这种感知觉练习不是单一的，可以通过多种方式进行重复，就像热觉练习一样。孩子通过练习对刺激物的认识，给他们带来了很大的乐趣。比如，他们会尝试拿起任何小物品，像玩具士兵、小球以及各种硬币等。渐渐地，他们也能够慢慢地识别只有细微差别的小物体，例如玉米、小麦和水稻等。

不用眼睛就可以“看”，孩子们对此感到非常骄傲。他们会高兴地拍着手喊道：“你们快看，这是我的眼睛！”“我可以用手来看周围的事物！”的确是这样，这些孩子们正沿着我们预先设计的道路在前进，他们的每一次进步都会使我们十分吃惊。

味觉和嗅觉练习

关于味觉和嗅觉的训练最为困难，到目前为止还没有令人满意的结果。我只能这样说，心理测量学中常用的方法对于幼儿并不具有实用性。

儿童在成长发育过程中，嗅觉没有很好地发展，希望利用这种感觉来吸引孩子们的注意力变得十分困难。我们曾使用过一种方法，不过这种方法并没有经过多次的重复演练，还不足以成为某种方法论的基础。

首先，我们让孩子闻鲜花的味道，比如紫罗兰和茉莉花等。然后，用一块布蒙上孩子的眼睛，告诉孩子：“现在，我们要给你一些鲜花。”这时，一位小朋友把一束紫罗兰伸到他的鼻子下面，让他猜是什么花儿。为了区分香气的浓郁程度，我们这样做的时候，只用比较少的花，有时甚至仅是一朵花。

对于这种感觉训练，几乎和味觉训练一样，只能在午餐时间才能进行，因为那个时候，孩子能够学会辨别许多气味。

关于味觉，使用不同味道的溶液就可以了，比如苦、酸、甜、咸等，让这些溶液去接触舌头，这个办法非常可行。4 岁的孩子很愿意参与这样的游戏，这或多或少可以解释为他们喜欢漱口。因为，孩子们喜欢识别各种味道，而在每次测验以后，他们学会了用一杯温水仔细漱口。从这个角度而言，对味觉的训练也是讲卫生的训练。

视觉练习

Ⅰ. 关于大小的视觉差别

木块教学——这套教学材料由三套木块组成，每个木块长 55 厘米，宽 8 厘米，高 6 厘米。每套由 10 个小的组成部分。这 10 个小的组成部分，分别位于木块中相应的孔内。这些小的组成部分是圆柱体形状，每个圆柱体顶端中央，均有一些木质或者黄铜制成的像按钮一样的小东西，它的好处是方便拿在手中。在这三套木块中的第一套内，所有小圆柱体的高度是 55 厘米，但是它们的直径却不相同。其中，最小的直径只有 1 厘米，其他的小圆柱体直径依次增加 1/2 厘米。第二套木块中，小圆柱体的直径均相同，它们的高度却不同。最短的一个圆柱体只有 1 厘米高，像一个小圆盘，其他的每个圆柱体依次增高 5 厘米，第 10 个为 55 厘米，也就是最高的一个。在第三套中，小圆柱体的高度和直径都不相同，第一个小圆柱体的高度和直径是 1 厘米，以后每个小圆柱体的高度和直径相应增加 1/2 厘米。利用这三套木块，儿童可以通过实际操作，逐步学会根据不同的厚度、高度和体积来区分不同的物体。

对教师来说，这三套木质教学用具可以让三个孩子在一起同时玩耍，并且他们之间还可以互相交换不同的木块，增加游戏的多样性。孩子们把木块中的小圆柱体拿出来，放在桌子上混合到一起，最后把这些小圆柱体放回各自原来的位置。另外，需要特别指出的是，这些木块和小圆柱体，是由上清漆和抛光之后的硬松木做成的。

大物块包括了三套教具，建议每所学校每套教具最好能有两副。

1. 体积。大和小的物体。这套教具有 10 个玫瑰色的木质立方体组成。最大的一个边长是 10 厘米，最小的边长为 1 厘米，同时还需一块光滑的绿色毯子。这个游戏的内容是，根据立方体的大小，按照顺序把这 10 个立方体堆成一个塔，地基是最大的一个在最下面，而最小的在最上面，是塔尖。进行游戏前，先把毯子放在地上，把立方块倒在毯子上。孩子在搭建的过程中，还练习了跪、起立等动作。假如从下向上的排列出现了不规则的话，就很明显出了错误，一定是有一块立方木块放错了地方，因为不规则本身就告诉了我们这一点。一开始时，儿童最容易把第二大的木块放在最底下作为地基，将最大的一块放在它的上面，这就明显混淆了这两个木块。我曾注意到，当我对有缺陷的儿童进行测试时，经过数次重复的练习后，他们照样会犯同样的错误。我问道："哪一个是最大的?"孩子会拿起第二大的，而不是最大的一个。

2. 厚度。这一套由薄厚不同的 10 个四边棱柱体组成。最大的一块底边为 10 厘米，其他的每块依次递减 1 厘米，而每块的长度都是 20 厘米。它们的棱柱用黑灰色作了标记。孩子们把这些棱柱混合，七零八落地散落在地上。然后，根据不同的厚度，按顺序依次排列，让它们形成一个等级，越向上棱柱体就变得越厚。孩子可以根据自己的爱好来选择从最薄的或最厚的开始。这个练习和小圆柱体的练习一样，测试中假如出现错误，就非常明显。在圆柱体练习过程中，最大的圆柱体是无法放进最小的孔里面的。同样的道理，如果把最高的圆柱体摆错位置，它会凸显出来。在这个称为"大排序"的游戏中，孩子可以通过眼睛，轻而易举地发现错误。因为错误一旦发生，整个序列就会显得极不规则，也就是说在本应该保持上升趋势的地方出现了高度的下降。

3. 长度。长短物体，由 10 根正方形木棒构成。边长为 3 厘米。第一根木棒长 1 米，最后一根的长是 10 厘米，中间的每一根依次递减 10 厘米。木棒上每隔 10 厘米用蓝色和红色做交替标记。当木棒被依次摆放在一起时，这 10 根木棒便形成一个三角形，那些红蓝色标记线排列整齐，形成三角形的截线。另外，还可以看到随着斜边的变化而形成红蓝色交替的长方形。

接着，我们把木棒的顺序打乱，让孩子根据木棒的长度来进行排序，同时要对相应的颜色进行观察。如果孩子在排序中出现错误，那么所形成的三角形的斜边就会出现问题。

就像我们所看到的那样，这种教学用具主要适用于算数的教学。利用这种教具，孩子可以从 1 数到 10，可以理解加法，还可以迈出学习十进制和公制体系的第一步。

上面介绍的三种教具，可以在儿童的游戏过程中得到充分利用。如果我们将这些器材的全部部件混合放在桌子上或地毯上，然后告诉孩子，根据规则将不同类别的器材部件按顺序放在邻近的桌子上。当孩子每一次拿部件时，他必须记住自己走的路线，一旦孩子记错路线，他拿的部件就可能放在不该放的桌子上。这种游戏适用于 4 ~ 5 岁的孩子。而对于 3 ~ 4 岁的孩子，那种把部件混合然后在原地进行顺序排列更加适合他们。玫瑰色的立方体所组成的塔适用于 3 岁以下的小孩子，也对他们非常有吸引力，他们通常在搭建完毕后就拆毁，然后重复这种过程。

Ⅱ. 对形状的视觉感知和视觉—触觉—肌肉感知

教学用具。木质的平面几何部件。这种部件的使用有一定的历史，可以追溯到伊塔时期，塞贡也曾使用过。我曾制作并且使用过这些用具，它们的形状与那些著名前辈所使用的完全相同。这项游戏主要是将两块板子紧密地粘在一起，一块在另外一块的上面。下面的一块非常结实，上面的一块则打出各种几何图形的洞。游戏规则是把各种不同形状的木块放到相应的洞里面。这些木块为了拿起来方便，上面也都加上了一个小小的铜按钮。在缺陷儿童学校里面，我曾应用这些游戏，并且区分了那些用来识别颜色和形状的游戏。因为用来教会识别颜色的均是圆形，而用来教会识别形状的都刷成了蓝色。这种木块我有许多，它们在颜色上有许多不同的级别，形状也千差万别。可是这种用具非常昂贵，还很笨重。

后来针对正常儿童的试验中，经过多次的重复，我决定放弃把平面几何物体用作教会识别颜色这种想法，因为这种方法有明显的缺陷，不能提示错误的出现。

而我使用几何图形木块，并赋予它们新的创意和使命。现在的形状是来自我参观罗马的一所手工培训学校时获得的启示。在那所学校里，我看到各种几何图形的木头模型，这些模型可以摆放到相应的框架里面，或摆放到相应的图形形状上。这种训练的目的就是要在制作几何形状的部件时对维度和形状的敏感性。

这使我想到了对几何图形进行修改，也就是同时利用上框架和图形。我做了一个长方形的托盘，长有 20 厘米，宽有 30 厘米。托盘是深蓝色，外面绕着黑色框架，上面还要加上一个盖子。托盘能容纳下 6 个方形框架。这种托盘的优点可以改变形状，能够呈现任何经过选择的图形组合。与此同时，我还有一些黑色的木头正方形，它们能够同时呈现出至少两种到三种几何图形。另外，我还加入了一套白色的，边长为 10 厘米的正方形卡片到这套教具里面来。这些卡片能够展现一系列的几何图形。在第一个系列中，图形为蓝色的纸裁剪而成，然后贴在卡片上。第二套卡片装在盒子里，用相同的蓝纸剪出图形的轮廓，这样就构成了图形轮廓线。第三套卡片，几何图形的轮廓用黑色的线标标记出来。于是，我们就有了一个托盘、小框架和它们相应形状的图形说明以及三个系列的卡片。

我还设计了一个能装下 6 个托盘的盒子。提起盒子的顶端时，盒子的前端会向下，里面的托盘就像打开抽屉一样被抽出来。每个托盘包含 6 个小的框架和各自对应的图形说明。第一个托盘中我放了 4 个木质正方形和两个框架——一个是菱形的，另一个是梯形。第二个托盘里，我放了 1 个正方形和 5 个长方形，这 5 个长方形的长度相同，不过它们的宽度不同。第三个托盘里面放了 6 个直径依次递减的圆。第四个托盘里面是 6 个三角形。第五个托盘里是 6 个多边形，分别从五边形到十边形。第六个托盘里是各种雕刻的图案（比如椭圆形，卵圆形，由四个弧弓构成的花瓣图形等）。

镶块练习。这组练习包括，希望儿童能看到由我们设计好的框架或者托盘。接着，我们拿出这些小木块，然后把这些小木块在桌子上面混合，让孩子把它们放回原位。即便对于那些年龄很小的孩子来说，这种游戏也能够吸引他们的注意力，但是这种吸引力还无法和圆柱体游戏相比。确实，我还未发现有孩子重复这个游戏超过五六次的。实际上，孩子们在这项练习中花费了许多精力，他们必须仔细观察，并且识别出物体的形状。

刚开始时，许多孩子尝试许多次后才能够获得成功。比如将三角形放到菱形或者正方形等图形里面去。或者，他们即便在认出一个长方形后，也依然会把长方形的长和宽颠倒过来，只有在经过多次的尝试以后，孩子们才能取得成功。经过三四次失败以后，儿童逐渐认识了几何图形，并表现出极度的熟练和冷静，可以将不同形状的木块放到正确的地方。正是通过这种锻炼，儿童可能学会观察事物形状的方法。这种练习，对儿童来说比较容易，很容易掌握。这是因为他们已经习惯把木块放到正确的地方而不犯错误。

这个练习的第一阶段是让他们面对那些对比强烈的形状，被迫进行多次的尝试。视觉和肌肉触觉的联系可以帮助他对形状的判断。我曾让一个孩子用右手食指去触摸物体的轮廓，接着让他触摸这个物体应当放置的孔洞的轮廓。我们很成功地让这个动作成为孩子的一种习惯。这很容易实现，因为所有孩子都喜欢触摸。通过对那些缺陷儿童的研究，我认识到在各种各样的感觉记忆中，肌肉感觉最具优势。事实上，许多儿童无法通过视觉去识别物体，但可以通过触摸，实现认识物体。也就是说，通过对轮廓线的感觉和计算，来实现对物体的认识。当他们不知道将物体放到哪里时，他们的尝试是徒劳的。可是，只要他们触摸了物体和物体所要放置位置的轮廓时，就能够将物体放到准确的位置中。显然，把肌肉触觉和视觉联系起来，可以帮助儿童对形状的感知，并且有助于他们对此的记忆。

在这个练习中，就像在木块教学中一样，错误一旦出现就显而易见。每个物体只能够放入相应的位置中去，这就让孩子能够独立完成游戏，去实现一种真正意义上的对形状感知的自我教育。

三套卡片的练习

第一套：我们给孩子一些木块和一些上面有白色图形的卡片，再把卡片打乱，要求孩子必须把这些卡片按顺序排列（根据他的喜好），然后再把相对应的木块放在卡片上面。这一过程中，对错误的感觉作用在视觉上。儿童首先得认识这些图形，然后才能把木块准确地放到卡片上，并且正好盖住卡片上的图形。值得说明的是，儿童的视觉与形状应当相一致，正是这一点使他将木块和图形放在一起。另外，为了盖住纸片上的图形，孩子必须触摸卡片上图形的轮廓，并将这个过程当做练习的一部分（儿童经常自觉地进行这一触摸行为）。当他把木块放到图形上以后，就能触摸轮廓线，用手指来调整木块直到木块完全盖住下面的图形。

第二套：我们给儿童一些卡片以及相对应的木块。在这一套卡片中，图形通过蓝纸做成的轮廓线重现。通过这样的练习，儿童的思维逐步从具体过渡到抽象。刚开始时，儿童只能处理具体的物体，可现在他面对的是一个平面图形，一个本身不存在的平面。他面对的是线条，但是线条对他来说，并不代表平面图形的抽象轮廓，只是食指所经过的运动轨迹。通过用手指多次触摸图形的轮廓，儿童大脑中接受了运动轨迹这样一个印象。因为图形被他的手指覆盖，当他把手指挪开时图形又出现了。这个时候，是儿童的视觉指引着运动，但必须记住，这种运动过程必须应该以儿童触摸过真实木头物体的轮廓线为前提。

第三套：用黑色线条画在纸上的几何图形，和以前一样给儿童相对应的木块。此时，儿童已经过渡到线段，换句话说，过渡到抽象阶段。与此同时，还存在着运动结果的概念。

手指的运动轨迹就像在手的指引下，铅笔画出来的线段一样。这种简单的几何图形产生于一系列的视觉和触觉中。

Ⅲ. 不同颜色的视觉感知——色觉练习

颜色练习中，利用色彩明亮的物体和各种不同颜色的球。色觉训练的教学器具包括以下一些方面，这是我在经过长时间对儿童实验后得出的结论（在缺陷儿童学校里，正如我上面所说的，我使用了几何图形）。这些器具主要包括：小而平的板子，这些板子由不同颜色的丝绸或毛线包裹着。孩子们先要学会拿住木板的木质顶端，这样不至于弄坏上面的颜色，教具可以长时间使用而不必要更新。

我选择了 8 种颜色，每种颜色均有 8 种不同的深度，于是就有了 64 块颜色板。这 8 种颜色是：黑色（从灰色到白色）、红色、橘红色、黄色、绿色、蓝色、紫色和灰色。我们把这 64 种颜色复制，整套器具就有 128 块颜色板。把它们分别装在两个盒子里，每个盒子分为均等的 8 份，这样一个盒子就可以装 64 块颜色板。

颜色板练习

练习前，选择成对的三种对比最明显的颜色，比如红色、蓝色和黄色。把这 6 块颜色板放置在桌子上。让孩子看其中一种，然后要求他从剩余的混合的色板中找到相应的另一块。通过这种方式，要求孩子根据颜色来排列色板，两两对应。

游戏过程中，色板的数目可以增加，最多可达一次 8 种颜色，即 16 块色板。当呈现完对比明显的色彩以后，可以运用同样的方式，使用一些相对柔和的颜色。最后，我们可以根据同种颜色的不同深度，让孩子对深度进行排列。正确的方式是，8 种不同的深度最终得到应用。

接下来，给孩子两个颜色的 8 种深度（红色和蓝色），要求孩子根据颜色分组，再根据深度按照顺序排列。随着过程的深入，还可以使用一些相对比较接近的颜色，比如蓝色和紫色，黄色和橘黄色等。

在一所"儿童之家"里，我看到过这样一个游戏。这个游戏相当成功，也非常有趣，并且速度快得令人吃惊。老师在一张桌子上，摆放出与小朋友数目一样多的颜色组，比如三组。接着，老师让小朋友记住自己所选择的颜色（或者老师给小朋友指定颜色）。等小朋友记住自己所选的颜色后，老师把桌面上的各种颜色组混合在一起，让小朋友找出自己所选的颜色。每个孩子都迅速地从颜色板堆中找到，自己所选的颜色以及不同深度的颜色板，接下来进行排列，结果形成了按深度排列的颜色带。

在另外一所"儿童之家"里，我看到 3 岁的孩子们把整个盒子里面的 64 块颜色板都倒出来，混合在桌子上，然后迅速把这些颜色板根据颜色进行分组，每组根据不同的深度再进行排列。孩子们很快就学会了分辨颜色的能力，孩子们的做法令我很吃惊。

颜色记忆实验

这个实验可以按照以下步骤进行。首先给儿童呈现一块颜色板，给他足够的时间看颜色板，然后让他在另外一张堆满了全部颜色板的桌子上，找到相同的颜色板。在这个实验中，孩子们获得了巨大的成功，他们只出现极少的错误。5 岁的孩子对此表现出极大的乐趣，他们会比较两块颜色板，然后再判断自己的选择是否正确。

工作刚开始时，我利用皮佐利发明的器具。它由一个灰色的圆盘构成，圆盘上面有一个可以旋转的半月形的开口。经过旋转后，通过这个开口可以看到各种各样的颜色。老师让孩子们记住某种特定的颜色，然后转动圆盘，当孩子从开口中又一次看到同样的颜色时，就大声说出来。这种练习的过程中，孩子表现得并不活跃，主要是由于无法让他们接触到器具。因此，我总结出，这种教具并不能促进孩子的感觉训练。

分辨声音练习

把德国和美国主要的聋哑人学校中所使用的“听觉训练”教学用具与我们所使用的联系起来，是一件非常好的事情。这种训练，是学习语言的一个入门过程，主要通过特殊的方式，让儿童辨别人类嗓音的变化。

对于非常小的孩子来说，语言训练占有非常重要的地位。训练的另一个目的是使耳朵对噪声保持灵敏度，使儿童能够区分轻微的噪声，并且把噪声与声音进行比较，然后表达对刺耳或是失调声音的不满。这种感觉教育有极高的价值，通过这种方式训练了儿童的美感，并且可以把它应用到实际生活中的方方面面。

而严格的科学性听力训练并不适用于教学中，因为孩子还不能自主性进行训练。只有孩子独处，偶尔能够对乐器发出的一些不同音高产生反应。也就是说，在绝对安静的状态下，对于区分声音是必要的。

马切洛尼是米兰的一家“儿童之家”的第一位主任，后来是罗马的弗兰西斯卡·卡文特“儿童之家”的主任，他根据多年的研究，发明并且制作了这样一个装置：木架上悬挂着 13 个铃铛。这 13 个铃铛外形完全相同，通过小锤敲击，铃铛发出 13 个不同的音符，如下图所示：

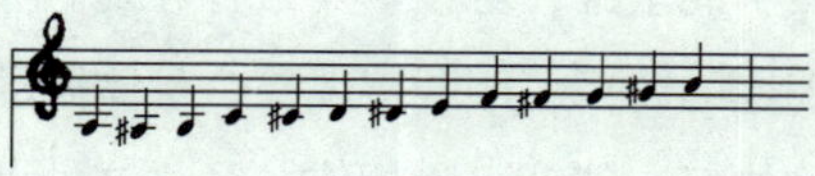

这一设备由两套 26 个铃铛和 4 把小锤组成。敲击第一套铃铛后，要求孩子在第二套中找到相应的声音。这种练习的难度很大，因为孩子们不知道如何在每一次敲击中使用相同的力量，由此声音有所差异。即便老师敲击铃铛，孩子们对于分辨声音也非常困难，所以说这并不是非常实用的器具。

对于声音的分辨，我们可以使用皮佐利的一组小口哨。为了创造出不同强度的声音，我们用小盒子装上不同的东西，比如沙子或小卵石等，通过摇晃盒子，就可以制造声音。

在听觉教学中，我采取了以下的步骤：让教师使全体学生保持安静，接着我开始工作，使安静进入更好的状态。我会用一系列变调说“嘘！嘘！”，声音忽而尖锐忽而短促，还会拉长声调或者像耳语一般的轻柔。慢慢地，孩子们开始被我的声音吸引住了。这时我会说：“更加安静些，更加安静些。”

接下来，我继续发出“嘘！嘘！”的声音，并且用越来越轻的、几乎听不到的声音重复：“更加安静些。”我会继续非常小声说道：“现在我可以听到钟表在走动的声音，我可以听到苍蝇翅膀的声音，我甚至还可以听到花园里树木在低声说话的声音。”

此时，孩子们都表现出异常的兴奋，但他们坐在那里一直保持一种绝对安静的状态，仿佛整座房间都空空荡荡的。接下来我小声说道：“让我们都闭上眼睛。”如此重复几次这种练习，让孩子们熟悉静止不动和绝对的安静。

在这种绝对安静中，我们开始有目的地制造声音和噪声。有时候，我们进行声音和噪声之间的比较。我认为最好的结果是伊塔的方法，当时他使用了鼓和铃铛。他用鼓发出一系列不同程度的噪声，与此同时铃铛发出另外一组声音。口哨、盒子对孩子来说不怎么有吸引力，不像其他的乐器那样能训练孩子的听觉能力。这里，我要告诉大家一个有趣的事实，憎恨（战争）和爱（宗教）是人类最重要的两件事情，而两件事情分别利用了鼓和铃铛。

我认为安静后，摇动铃铛，发出悦耳的声音，时而平静甜美，时而清纯动听，将这种振动传遍孩子的全身，对孩子非常有好处。除了对听觉能力的训练之外，通过这种经过细选的铃声，还能实现整个身体振动的练习，使这种平和的感受贯穿于孩子身体的每一部分。我相信，经过这种训练的身体，对噪声非常敏感。孩子们从而会讨厌噪声，也就避免了他们制造各种噪声。

通过这种方法，听觉经过刺耳或不协调的音符，就达到了音乐训练的目的。这里我没有必要继续举例说明这种教育对孩子们的重要性。

音乐教育

音乐教育必须使用一定的方法来加以指导。总体而言，小孩子不会对伟大音乐家的作品感兴趣，小孩子们根本感受不到声音的精致与美妙，他们更喜欢聚集在大街上，一起大喊大叫，在他们看来这是最美的声音，其实这是噪声。

对于音乐教育而言，我们必须要同时创造乐器和音乐。乐器可以唤醒节奏感，使肌肉保持镇静和起到协调动作的作用，同时为了能够分辨声音，而肌肉本身已经在平和不变的安详中振动着。

我觉得弦乐器（比如某些简化的竖琴）最方便实用。弦乐器配合铃铛和鼓所形成的三重奏，构成了能够展现人性的经典乐器。竖琴是“个人生活中最亲密的伙伴”。传说中的乐神奥菲斯就是手持竖琴，民间故事中的神仙手中也拿着竖琴。

需要把孩子的注意力吸引住的方式很多，例如一个眼神及某种姿势。教师把孩子们召集在她周围，当然孩子们也可以很自由地走来走去。这个时候，教师拨动琴弦，弹出一个简单的节奏，使自己与孩子们的心灵进行沟通。这时教师能够伴随着节奏唱出来的话，那么效果就更加好了。孩子们可以跟随着她唱，但不能强迫孩子必须跟着唱。通过这种方式，教师可以选择“适应性教育”，选择一些所有孩子都可以一起学习的歌曲。这样，她就能够针对不同年龄段的孩子，来选择音乐节奏的复杂程度，教师可以观察到年龄比较大的孩子什么时候能够跟上她，什么时候年龄比较小的孩子也能够跟得上。不管怎样，我认为最简单的乐器就是最适合启发小孩子音乐天赋的乐器。

我曾让米兰的一家“儿童之家”的一位主管——她是一位颇有天赋的音乐家，去进行一系列的实验，我的目的是了解小孩子的音乐能力。实验进程中，她用钢琴弹出许多强音，观察孩子对节奏的反应。在节奏的基础上，这位主管设计了一些简单的舞蹈，目的是研究节奏本身对于肌肉运动协调性的影响。她吃惊地发现，随着音乐的影响，孩子们跟着节奏，自发地表现出一些动作，并展现出惊人的智慧和艺术。这些孩子不论来自哪种社会背景，他们都表现出几乎相同的跳跃行为。因为她赞同自由式方法，认为孩子的跳跃不是错误的行为，因此这位主管当时没有纠正孩子们，让他们按照自己的喜好来表现动作。

她还注意到，随着她重复那些节奏，孩子们慢慢地停下来，不再跟着节奏跳跃了，最终这种跳跃不在孩子身上发生。有一天，这位主管想知道这种行为转变的原因，小一些的孩子没有回答她，而大一点的孩子给出了各种不同的答案，但是含义大致相同：

“跳跃并不好看。”

“跳跃十分难看。”

“跳跃是一种很粗鲁的行为。”

能得出这样的结论，是我们获得的最大的成功！

这种实验告诉我们，完全有可能训练孩子们的肌肉感觉，同时还让我们清楚地意识到，肌肉记忆如果伴随着其他形式的感觉记忆，那么这种感觉就会更完善。

听觉敏感度的测试

钟表实验是我们在“儿童之家”中所进行的一个十分成功的实验，那是一个非常微弱的声音和悄声说话的实验。实验带有纯粹的经验性质，并不是用来测量感觉，但是它的意义非常大，可以帮助我们了解孩子听觉的敏感度。

这个实验的进程是这样的。当达到相对安静状态后，要求孩子们注意钟表的滴答声和平时我们的耳朵不注意的噪声。最后，我们让这些孩子们一个接一个的，小声说出自己的名字。

为了达到这一目的，我开发出有几个关于安静的小游戏，这些小游戏能够强化儿童的纪律观念。

我让孩子们把注意力集中到我身上，让他们监督我能在多大程度上做到安静。我变换各种不同的姿势，站着、坐下等，在安静的状态保持这些姿势，一动不动。要想保持绝对安静，这并不是一件容易的事情。我叫出一个孩子，让他跟着我做同样的动作。他调整自己的脚的过程中，发出了声音！他把手臂放在椅子背上，这个动作也同样发出了声音。而他的呼吸也并不安静，他所做的一切不像我那样保持着绝对的安静。

在这个孩子做动作时，我利用静止不动的间隙做了简短的评论，而其他孩子都在看着、听着。他们中间的许多人都对这个活动产生了浓厚的兴趣，因为这一切他们从来没有经历过，也就是说，我们以前制造了那么多的噪声，而事实上自己却从来没有注意过。当然，安静也存在着等级。当没有任何东西移动时，便是绝对的安静。孩子们看着我站在房间的中间，他们不发出任何声响，我也不发出任何声响，此时我就好像真的不存在一样。接下来，我让孩子们模仿我的动作，此时我特别注意自己的动作，哪怕是一丁点儿轻微的动作，也会发出声音。而孩子们也都关注着自己，保持一种静止不动的状态。

当孩子们努力保持这种状态时，我们就达到了安静，这种安静与我们平时所说的安静有很大的区别。

这种安静就像生命渐渐消失一样，整个房间随着安静的延续在一点一点地变空，好像里面没有人一样。接下来，我们就听到钟表发出的滴答声，并且随着安静的程度越来越深，这滴答声也就随之变得越来越强烈。孩子们坐在那里，好像睡着了一样，其实他们在感受迷人的安静。一位老师这样说道："这儿好像没有人，孩子们都出去了。"

达到这种程度后，再慢慢拉上窗帘，轻声告诉孩子闭上眼睛，趴在胳膊上休息。孩子们按照说的做了，屋内一片黑暗，这种绝对安静的状态又出现了。

这时我轻轻地说："请大家仔细聆听，有一个非常轻柔的声音在叫你的名字。"说这话时，我已离开孩子们所在的房间，走到隔壁的房间。声音久久徘徊，好像我在遥远的山峰上说话一样。这种声音，要是在平时几乎听不到，而此刻似乎飘入孩子们的心中，唤起孩子的灵魂。当每个孩子被叫到名字时，他会抬起头，睁开眼睛，脸上流露出一种幸福的表情。然后他站起来，用脚尖轻轻地着地，向外面走去。这要是在平时，根本听不到。但现在他的脚步在安静中出现回声，回荡在静止不动之中。

孩子来到门口，满脸的高兴。有的孩子会把脸埋在我的裙子上；有的孩子会回头看自己的同伴，他的同伴像雕像一样安静地坐在那里等待着。被叫到的那个孩子似乎拥有了特权一般，或如同收到礼物及奖励一样。虽然他们知道，每一个人都会被叫到，但他们感觉"第一个被叫到的就是最安静的一个"。所以每位孩子都尽力表现出安静的状态，希望获得这种奖励。有一次，我看到一位 3 岁的小孩想打喷嚏，但她还是努力地把喷嚏憋回去。她忍住了，她成功了！她的努力令人吃惊。

孩子们对这个超乎想象的游戏产生了极大的兴趣。他们表情专注，耐心而静止不动，显示出无比的快乐。刚开始时，我还不了解孩子们的心灵。我曾设想过，把糖果和小玩具分给被叫到的孩子，认为这些小礼物是对孩子做出这种努力的奖励，但是我很快发现没有奖励的必要了。

孩子们经过努力保持住安静以后，便享受到了安静的感觉。对安静产生的快乐很惬意，就像船舶停靠在安全的港湾中一样。孩子们乐于接受一些新东西，并且能够战胜自己。这对他们来说是一种有益的补偿。他们不在乎糖果，也忘记了小玩具，而糖果和小玩具我曾认为会吸引他们的注意力。因此，我放弃了那些想法，并且十分惊奇地发现，这个游戏非常成功，即便是 3 岁的孩子，也能够在我把全班 40 个孩子一一叫出房间的这段时间内保持静止不动和安静的状态！

从那个时候起，我终于认识到了孩子的心灵中，存在着独特的奖励形式和精神快乐。经过这样一些练习以后，孩子们和我距离变得更近了，他们比以前更加听话了，更加有礼貌了。我和孩子们在这样的游戏中，有时好像的确被隔离在世界之外，并且有那么几分钟我们是如此的接近。我叫他们的名字，他们在安静中听到我发出的声音，这种声音让每位孩子都非常高兴。

有关安静的课程

接下来我要讲述一个非常成功的方法，这种方法可以帮助孩子们达到安静状态。

一天，我正准备走进一所“儿童之家”，在院子里遇到一位母亲。这位母亲正抱着自己4个月大的婴儿。小婴儿被包裹着，这是罗马人的习惯，称为“布帕”。这位安静的小婴儿非常安静平和，好像周围的一切都与他无关，当然也包括声音。我抱起他，他一点儿也不闹。于是我就抱着婴儿走向教室，许多孩子看到我来了，纷纷跑出教室来迎接我。他们围住我，用手抱我，抓我的裙子，他们的动作几乎要使我摔倒。我冲他们微微一笑，给他们看怀抱中的“布帕”。孩子们一下子全明白了，就不再碰我，只是站在我身边，眼里充满了欢乐。

我在孩子们的簇拥下走进教室。我们都坐下，不同的是，这次我没有坐在他们准备的小椅子上，而是坐在了一把相对大的椅子上。这时，孩子们没有一个人说话，他们用欢乐而温柔的目光看着我。于是，我对他们说：“今天，我给你们带来了一位小老师。”孩子们很惊讶，有的发出笑声，有的满脸疑惑，有的则小声议论。我继续说：“的确没错，一位小老师，因为你们中间，没有一个人能像他那样安静。”孩子们听到这话，不再说话和发出笑声，都坐好并保持安静。我还说：“你们中间也没有一个人能像他一样，把手和脚都放好。”孩子们听到后，开始注意自己手和脚的位置。我看着他们按照我的话做了，便微微一笑了，“没错，你们不可能像他一样安静，尽管你们已经很努力了，很少都会挪动一下，可是这位小老师却能够一动不动。”我的话刚说完，我注意到，孩子们的表情看上去很严肃，看来我怀中的这位小老师发挥了作用。终于孩子笑了，他们的眼睛好像在说：“这个小婴儿很乖，值得赞赏。”我说：“你们中间没有一个人能像他一样不发出丝毫声音。”孩子们听后，又都保持安静。“这位小老师不是绝对安静的，因为他呼吸时发出声响，不过这种声响非常细微，你们可以走过来听一下。”

于是，几个孩子站起来，慢慢地走过来，弯下腰倾听小婴儿发出的声音。“你们中间没有人能像他这样安静地呼吸。”孩子们又是满脸的惊奇，他们看着我，他们从来没有想过，即便是轻轻地呼吸也会发出噪声，而一个小婴儿所能达到的安静状态，比大人所能做到的程度更深。我离开椅子，站起来说道：“你们踮起脚尖，不要发出任何声音，轻轻地走出去。”他们在走出去的过程中，我跟在他们后面，“我还是能听见一些声响，但是这个小婴儿却没有任何声音，他一直保持安静状态。”孩子们纷纷笑了，他们明白了我的话。我走到窗边，把这个小婴儿交给那位母亲。

这个小婴儿好像有巨大的吸引力，紧紧吸住孩子们的心灵。的确是这样的，世界上婴儿的安静是最甜蜜的。这个沉睡小婴儿所达到的安静状态，聚集了新生命的全部力量。与小婴儿相比，我们语言所描述的安静，在婴儿面前失去了力量，比如平和、安静等。通过刚才的实例，孩子们感受到了人类新生命的安静所体现的诗意和美感。

第 14 章　感觉教育过程中应该注意的事项

对儿童来说各种刺激以及各种事物，都具有强大的吸引力。因此，在这个时期，我们应当有意识地指导儿童的感觉刺激。应该通过这样一种方式来帮助儿童发展感觉，在这种方式中，他们所接受的各式各样的感觉可以沿着一条理性的道路来发展。

有关孩子的感觉训练，我不敢说有一种十分完美的方法。但我相信，对于心理学研究来说的确开辟了一个新的领域，它预示着一个有价值的成果将要出现。

实验心理学关注一种完美的方法，通过这种方法可以帮助我们测量感觉。关于个体感觉方法论，到目前为止，还没有人探索过、尝试过。而我认为，伴随着心理测量学的发展，注意力将会更多地集中于个体的研究上，而不是纯粹去追求一种完美。

我们的教育总体目标包括两个方面：生物学方面和社会学方面。从生物学方面来说，我们希望可以帮助个体在自然方面取得卓有成效的发展；从社会学方面来说，我们希望可以帮助个体能够更好地适应周围的环境。正是因为社会学的出现，技术教育有了生存之地，因为它教会了个体怎样利用周围的环境。从生物学和社会学这两方面来看，对感觉的教育都最重要。孩子的智力活动先发展，感觉活动后发展，3～7 岁这段时间内，正处于感觉的形成时期。

所以，我们要在这一时期内帮助儿童感觉的发展，就像在语言完全发展好之前，进行一些辅助措施一样。

当然，所有关于小孩子的教育，必须遵循这样一条原则：帮助孩子心智和身体的全面发展。

智力和感觉相互交织，但孩子的年龄不同，会有某个阶段占优势。在 3～7 岁这一阶段，孩子正处于身体的迅速成长时期，儿童在这个时期的感觉有很大的发展，会对周围的事物产生好奇心，在好奇心的驱使下，开始更加关注周围的环境。

对儿童来说，各种刺激以及各种事物都具有强大的吸引力。因此，在这个时期，我们应当有意识地指导儿童的感觉刺激。应该通过这样一种方式来帮助儿童发展感觉，在这种方式中，他们所接受的各式各样的感觉可以沿着一条理性的道路来发展。这种感觉训练能够提供一个有序的基础，在这个基础之上，儿童可以建立起清晰的心智。

另外，感觉教育还可以发现和纠正在旧式学校中无法观察到的缺陷。如果儿童无法利用自身的感觉，表现出自身缺陷（比如失聪和近视）时，我们就应该充分加以利用。所以，这种教育属于生理性的，它的目的就是智力教育，使器官的感觉、神经的反应联系得更加完美。

但是教育的其他部分——使个体适应环境，仅仅是间接地涉及了。我们只能利用我们的方法使孩童们掌握时代的特性。

人类是自然界中最卓越的环境观察者，因为人类必须尽最大可能利用环境中丰富的资源。实证科学以观察为基础，而实证科学的发现和应用同样也遵循着这样的标准。也就是说，通过观察，实证了科学的发现和应用，而且正是这种发现和应用，在过去的一个世纪里极大地改观了我们的生存环境。所以，我们必须对下一代人进行观察训练，这对我们现代文明的发展非常重要。

我们知道，伦琴通过观察，发现了射线，今天我们称之为“伦琴射线”。通过同样的方式，人类相继发现了赫兹波动，元素镭的振动，马可尼电报等。纵观历史，从古至今从来没有任何时期像我们现在这样，从实证研究当中得到如此巨大的财富。与此同时，这个新世纪同样给予了我们沉思性的哲学和精神性问题的启示，有关物质的理论导致了许多有趣的形而上的概念。可以这样说，进行观察方法练习的过程中，我们也走在精神发现的道路上。

正是对感觉的训练，人类成为自然界中最优秀的观察者，这种训练不但可以帮助我们完成一般性的工作，使人们适应时代文明的发展，而且使人类能够面对现实的生活，面对文明与环境之间产生的矛盾和解决的方法。我认为，到目前为止，对于实际生活中什么是必要的，存在着一种错误的认识。我们常常总是从理念开始，然后进行运动神经的活动。比如，教育的方法通常是先进行智力教学，接着让孩子学习道德准则。总体而言，当我们进行教学时，我们所讲的都是自己感兴趣的内容，而忽略了孩子们是否也感兴趣。

当我们要求学者去实现他们著作中的某些目标时，尽管他们可以理解书中所讲的内容，但是在执行的时候，却出现重重的困难，就好像是一个可望而不可即的空中楼阁，这是因为我们遗漏了教育中最重要的一个因素，这个因素就是感觉。我可以举例来说明这一点。比如，我们让厨师只买“新鲜的鱼”，他可以理解这个概念，并且在买鱼的过程中，也遵循着这一原则。如果这位厨师没有受过训练，无法通过视觉或味觉来判断鱼的新鲜程度，那他就不知道如何按照要求行事。

这种训练的缺乏，更加能够在烹饪过程中体现出来。一位厨师可能接受过书本上的教育，清楚书中建议的各种配方和烹调时间的长度；他还能够把菜品精心摆放出非常漂亮的造型。但是，当碰到需要用味觉、视觉来判断烹调的最佳程度时；当碰到究竟什么时候需要放调料时，如果他的感觉没有经过训练，极有可能会发生错误。

只有通过长时间的感觉实践，厨师才可以获得这种能力。而这种在烹饪上的实践，恰恰说明了感觉的训练，但这种训练对成人来说非常困难。这也正是想要找到一名好厨师非常之难的一个原因。

对于医生来说，同样也存在着这样的事情。一位医学院的学生，从理论上研究了脉搏的种种特性。他坐在床边，给病人把脉，如果他的手指不知道如何分析感觉的话，那么他所研究的一切都是徒劳的。在他成为一名真正的医生之前，他必须要具备区分不同感觉刺激的能力。

理论研究者对于心脏跳动的听诊也许说得都一样，但只有经过实践，耳朵才可以学会区分。

我们能够这样说，手的感觉有缺陷的医生，各种振动和运动对他而言没有区别。同样道理，医生的触觉越没有适应性，对热的刺激就越差，这名医生对体温计的依赖就越强。也就是说，博学多才不是判断一个医生业务技能高低的标准。要想成为一名优秀的医生，需要有长时间的实践。这种长时间的实践，就是一个缓慢的感觉训练的过程。在他系统掌握了各种医学理论以后，医生就会发现自己工作时并不愉快，因为他需要利用感觉来揭示病人的症状，可他以前没有系统的临床训练，所以利用感觉给病人看病对他来说非常困难。如果这名医生想要获得实践性的结果，他就必须做大量的临床训练。

比如，我们做一种典型的诊断过程，测试心跳、振动、听诊，目的是确认悸动、共鸣、呼吸以及各式各样的声音，所有这些声音都能够帮助医生给病人确诊。然而许多年轻的医生对此感到茫然，他们认为是一种浪费时间的行为。年轻医生出现这种原因，就是小时候感觉练习不足造成的。如果让这样的人去从事重大的职业，那就是不负责任的表现。所以，我们可以说，整个医学的基础就是对感觉的训练。普通学校应该承担起培养医生的相应责任。即便所有一切都很优秀，但是如果一名医生没有良好的感觉反应，那么就算是最有智力天分的人，也会堕入庸医的行列。

有一天，一位外科医生给一些贫穷的母亲上课，教她们如何识别佝偻病的早期症状。这位医生希望那些母亲能够把染有佝偻病的孩子带过来，因为这种疾病在早期阶段，治疗效果非常显著。母亲们能够明白佝偻病的概念，但她们不知道如何识别发生在孩子身上的早期症状，主要原因是她们缺乏感觉训练，而只有通过这种感觉她们才能够区分佝偻病和轻微的反常。

因此，这样的课程没有实际意义。其实我们仔细想一想就会发现，几乎所有掺假的食品，可以归结为对感觉的迟钝，这种迟钝在大多数人中普遍存在着。我们发现，消费者依赖商人的诚实，将自己的忠诚全部献给某个大公司或商品上的标签。因为这些消费者缺乏独立的判断能力。他们不知道怎样利用自己的感觉去区分各种不同的物质。实际上，许多情况下，正是缺乏实践经验，智力变得一无是处，而这种实践经验基本是源自感觉教育。每个人都知道在实际生活中准确判断不同刺激的重要性。

但是，一般情况下感觉教育对于成人来说非常困难，就好像希望他成为一名伟大的钢琴演奏家一样困难。如果我们想借助训练使这种感觉教育完善，那就有必要在感觉形成阶段进行有目的的实行教育。感觉训练应该在婴儿时期就开始，并且贯穿到整个教育阶段中，而这一教育阶段就是为了使个体能够适应社会生活。

美学和道德教育与感觉训练密切相连。通过强化感觉，分辨刺激之间差异的能力，我们就能够精炼人的敏感性，扩大人的快乐。

美存在于和谐中，不在于对比中，而和谐就是一种精炼。所以，想要欣赏和谐，就必须有感觉上的完美。对于一个感觉反应粗钝的人来说，在他面前没有美和和谐可言。对他而言，世界是狭隘而贫瘠的。在我们的现实生活中，存在着各种各样的美，对于那些感觉粗鲁的人来说，他们面对这些美时，丝毫没有享受的感觉，他们寻找的是简陋和花哨的东西。

而现在，那些不良的习惯，正从巨大的感觉快乐中产生。因为强烈的刺激并不能使感觉敏锐，相反使感觉变得更愚钝。所以，就需要刺激感觉，慢慢强化感觉，慢慢壮大感觉。

生活在社会底层的正常儿童中，经常有手淫、酗酒、喜好观看成人的性行为，这就说明他们的快乐非常少，感觉非常愚钝。这种非正常的快乐对于个体来说害处很大，长期下去，使他们的生活像野兽一般，失去对美的真正发现。

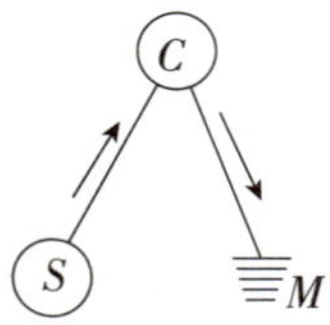

事实上，从生理学的角度来看，可以通过上图就可以看出感觉训练的重要性。这个图表代表着神经系统功能。当外部刺激作用于感觉器官时，产生的信号沿着神经通道抵达神经中枢，产生相对应的神经反应。这种反应通过发散神经通道抵达运动器官，从而产生运动。尽管这个图表仅仅反映了脊柱神经的活动，但它依旧可以被用作解释复杂的神经现象。人类利用外围神经感觉系统，收集各种来自环境的刺激，通过这样的方式，他与周围的环境进行直接的联系。因此，与神经中枢系统相关的精神性发展、具有社会性行为的人类活动，就能够通过运动神经器官，以个人的动作——手工、书写、讲话等表现出来。

教育应该指引三个阶段上的发展。因为这个过程本身在中枢神经部分大大削弱，所以教育应该给予感觉练习和运动神经练习同等的重要性。如果不这样的话，人类就会和周围的环境隔离开来。的确是这样，当考虑到智力性文化的时候，我们相信拥有最完善的教育体系，可是我们只是创造思想家，倾向于脱离世界而生活。另一个方面，如果我们希望通过教育来为以后的实际生活做准备，我们就会把自己限制于运动神经阶段的练习中，我们就忽视了教育的主要目的，而这一目的就是使人类与外部世界进行直接沟通。

专业工作强调人类利用周围的环境，所以技术学校就不得不返回教育的最初阶段——感觉训练，以满足社会的需要。

第 15 章　关于智力的教育

对于许多人来说，我们讲授形状和名称，似乎是在进行几何教学，对于这种年龄阶段的孩子来说有些早熟，不太适合。而其他人认为，如果我们想呈现几何图形，就应该使用实在的物体，这样就更加具体。

感觉练习中包括自我教育，如果重复练习多次的话，这种自我教育会使孩子的心理感觉变得更加完善。当孩子从感觉转移到观念的过程中——也就是说从具体到抽象，再到观念的联想，教师必须参与整个过程中。正是基于这一点，教师应该想办法使儿童的注意力独立起来，并把这种注意力集中在感知上。这种把儿童的注意力集中在一个刺激点上的过程应该处在教学的初级阶段，也就是说，教师进行教学时，必须将孩子们的注意力限定于教学的目标之中。比如，进行感觉教育时，教师就应该把孩子们的注意力独立在她希望孩子们进行练习的感觉上。

关于这一点，教师需要具备丰富专业的技能。教育者必须“尽最大可能地减小对孩子们的干预，与此同时，教师也必须让孩子们在这种自我教育中向着正确的目标努力”。

在此，教师必须能够敏锐地感觉到这样一些因素，比如个体的极限和感知觉的不同敏感度等。我们也可以这样认为，学生必须需要教师的干预时，教师个体本质发挥着至关重要的作用。

教师的工作，主要就是传授准确的发音和名称。

大多数情况下，教师应该准确地读出名称和形容词。意思是说，教师读出名称和形容词时，不必添加其他辅助性的内容。在读这些词时，教师的发音要清晰，声音要洪亮，使构成这个词的每一个音节都能够让孩子们清楚而准确地听得到。

比如，在触觉训练中，当触摸光滑和粗糙的卡片时，教师应该说："这个是光滑的，那个是粗糙的。"并且以不同的变音方式进行重复，还要让声音清晰，发音准确。"光滑，光滑，光滑；粗糙，粗糙，粗糙。"

以同样的方式，对待热的和冷的感觉教育时，要求教师们这样说："这是热的，那是冷的，这是温的，那是冰冷的。"接下来，教师们还要适当添加一些发生学原则的术语，增加孩子对感觉教育的认识度，例如热、更热、不那么热等。在对孩子进行感觉教育时，我们应当遵循下面的要求：

第一，与名称有关的教学中，必须包含能够使名称和事物之间产生联想的内容。这样做的好处是，当儿童在头脑当中进行接受时，物体和名称必须结合在一起，这就要求教师除了名称之外不能够牵扯到其他词汇，否则儿童就会产生混淆，不知道到底是哪个词汇与物体相对应。

第二，教师必须进行一些相关的小测验，从而保证她所预期的教学目标得到很好的实现，但是这样的小测验要有很强的针对性，一定要限定于名称课程所引起的注意力范围之内。

做这种小测验的目的是，测试名称和物体是否在孩子们的头脑中保持联系。这要求教师事先要考虑到孩子对物体和名称所产生的遗忘时间，要让测试和课程二者之间有一个安静而短暂的间隔。过一段时间后，教师再清楚而缓慢地说出她所教过的名称或形容词，她可以这样问孩子："哪一个是光滑的？哪一个是粗糙的？"也就是我们所说的，回头温习一遍，加强孩子的记忆。

孩子们听到后，会用手指着物体说出他认为的哪个是光滑的、哪个是粗糙的，教师就能知道物体和名称是否在孩子大脑中建立起了联系。如果孩子回答错了，教师不要急于纠正，应该暂停课程，过些天再继续教孩子物体与名称的练习。为什么不当时纠正呢？这是因为，孩子们在建立名称和物体的联系失败后，唯一能够继续的方式就是重复课程。但是，作为教师应该明白，当孩子建立联系失败时，说明那个时候他正好不在状态，不适合去建立起我们所希望他能够做到的那种心理联系。因此，我们必须选择另外的时间，对孩子进行重新建立。

如果一定要纠正的话，千万不要用斥责的方式说“不对，你错了”等之类的话，这类话会伤害孩子的自尊心，打击孩子的积极性。这种斥责会长时间保留在孩子的头脑中，同时也会产生条件反射，只要一听到物体和名称，他们就会产生逃避心理，这就严重阻碍了学生的学习。相反，孩子们发生识别错误后，老师首先让孩子保持安静，不去对孩子的正确与否进行点评，这样就能够使孩子的意识保持清晰，其他的课程能够继续下去。事实上，指出孩子的错误需要艺术性，教师直接说出孩子的错误，导致孩子在记忆过程中进行大量无效的努力，从而使孩子对自己产生不信任，降低学习的积极性，作为教师正确的做法是，尽最大可能去避免孩子无用的努力和压抑。

第三，如果孩子们未犯错误，教师可以激发他与物体的观念相对应的神经活动，让孩子们说出名称或形容词。教师可以这样问：“这是什么？”孩子们回答：“光滑。”这时教师可以打断他们，教他们怎样清晰正确发音。首先，让孩子深吸一口气，接着大声说出“光滑”。当孩子按照老师的方法做时，教师需要指出孩子发音是否正确，哪里有缺陷，或指出他所习惯的某种特殊的婴儿口音错误。

关于孩子们对已经接受的概念的推广，换句话说，就是把这些概念应用到他周围的环境中去，而我认为没有必要进行这种意义上的教学，例如那些耗时的课程，孩子们接触到几次事物后，或者只是接触了光滑和粗糙的卡片之后，他们就可以自发地去触摸各种物体的表面，重复说：“光滑，粗糙，这是天鹅绒等。”对于一般孩子来说，我们需要耐心等待这种对周围环境的自发观察。我喜欢把它称为“探索精神的自然膨胀”。在这种情况下，孩子的每一次新发现，都是一种快乐。在快乐中，他们感受到了尊严和满足，这种尊严和满足会鼓励他们从周围的环境中去寻找新的感觉刺激，使孩子们成为自发的观察者。

教师还要怀着莫大的关怀对孩子进行观察，观察他们在什么时间实现了这种概念的推广。比如有一天，一位 4 岁的小孩在庭院里面跑着跑着，突然停下，站住不动，喊道："哦！快看呀，天是蓝色的！"并且站在那里久久仰望蓝色的天空。

一天，当我正走进一所"儿童之家"时，一群五六岁的孩子正静静地走过来，他们开始轻轻摸我的手和衣服，说道："这是光滑的，这是天鹅绒的，这是粗糙的。"其他孩子也走过来重复这些词，并且也像刚才的那些孩子一样，重复那些同样的动作。这时，老师看到后，想要过来干预孩子的行为，帮我解围，我示意老师站在那里保持安静，我自己也没有动，而是同样站在那里保持着安静，对于这些孩子们自觉的智力性活动，我给予赞赏和肯定。我们的教育方法最成功之处是：为孩子带来自觉的进步。

有一天，我们进行了设计练习后，一个孩子开始认真地用彩色铅笔给树的轮廓线填色。画树干时，他拿起红色蜡笔。教师看到后，想要阻止他，意思是："你把树干是画成红色的，难道树干是红色的吗？"我看到后，阻止了那名教师的行为，让孩子把树干画成红色。孩子的这种举动，对我们来说非常珍贵，它表明了孩子目前还不是自身周围环境的观察者。对待这件事情，我的做法是鼓励孩子玩色觉游戏。于是，这个孩子每天都要在花园里和其他小孩一起玩耍，任何时候他都能看到树干。色觉练习应当能够吸引孩子们对于颜色的自觉性注意力，这个孩子就会注意到树干不是红色的，就像其他的孩子在玩耍时注意到天空是蓝色的一样。后来，老师又给这位孩子一张树的图画，让他填色。终于有一次他选择了棕色的蜡笔去画树干，并且用绿色的画叶子和树枝。再后来，他把树枝也画成棕色，而只把叶子涂成绿色。

接下来我们对儿童的智力进行测试。我们不能用"你去观察"这种方法来塑造观察者，而是帮助他们提高观察的能力和方法。而获得这种方法的主要途径需要通过对感觉的练习。一旦我们激发了孩子们的这种行为，那么自我教育就不再是个问题了，因为经过这种正确训练，使他们能够进一步观察到周围的环境，而周围环境的多样性同时也吸引着我们的注意力，继续着这种心理感觉训练。

另一方面，我们选出特定物体的概念进行感觉练习，然后把这些物体的部分或全部与练习建立起联系。所以，以这种方式进行的训练，就局限于那些被选择的概念中，感觉训练的成绩就不太理想。比如，当教师以一种老式的教育传授颜色名称，她仅仅讲解了某种颜色的特性，并没有进行色觉练习。孩子们仅仅是以一种肤浅的方式，认识了这些颜色，但过了一段时间后就会遗忘，孩子对于颜色的理解充其量也只局限于教师所描述的范围内。因此，当教师使用老式教育方法进行教学，并希望引起概念的推广时，她会说："这朵花是什么颜色？这条彩带的颜色呢？"当孩子们的注意力集中在教师呈现的例子上时，他们的思维就有可能会陷入混乱状态。

我们可以把孩子比作钟表，还可以这样说，老式教学方法就好像攥住钟表的发条，然后用手指拨指针一样。只要我们的手指用劲去拨它，指针就会一直走下去；如果手指停下来，指针也就停下来。而新的教学方法就好像给钟表上满发条，使得整个机制工作起来。

这种运动与钟表的机制直接相关，而与发条没有任何关系。所以孩子的心理发展可以自觉持续下去，并且成为孩子自身的心理潜力，而与教师的工作没有直接关系。在我们的举例里面，这种运动是自觉的心智性行为，是从感觉训练开始的。比如，猎狗不是从主人那里获得敏锐的感觉能力，而只要这种生理能力应用到适当的环境当中，也就是说应用到捕猎的练习当中，猎狗就可以获得感知觉能力的进步，这种进步给猎狗一种愉悦感和对捕猎的激情。对于钢琴家而言，也是同样的道理。钢琴家的乐感和手指的灵活性得到了同步的练习，对于钢琴也就越来越喜爱，就愈发想从钢琴中得到新的技艺。物理学者应该知道全部有关和谐的定律，因为所有定律构成了他科学研究领域的重要部分。但是他也许不知道怎样去进行最简单的谱曲工作。物理学的领域非常庞大，但是仍然有其学科界限。我们的教育宗旨就是帮助小孩子去自觉地发展心灵、精神和身体的个性，而不是使他们成为普遍接受的文化中的个体。所以，在我们给孩子们提供了可以适应刺激孩子感觉发展的教学材料以后，我们必须有所耐心地进行等待，直到孩子们自发观察行为的形成。

这里存在着教师教育的艺术，也就是说教育者要知道怎样根据不同个体，帮助小孩子发展其个性行为。对于态度正确的教育者而言，当小孩子很快就显露出个体的巨大差异，这时需要教师用不同的方法帮助孩子。有的孩子似乎不需要老师的干预，而其他的孩子确实有这方面的需求。因此，我们要最大限度地限制教育者主动干预的行为，这必须要成为严格指导教师教学行为的准则。

瞎子游戏

摸瞎游戏主要用来练习如下的一般感觉。

物体。我们所采用的教学用具中，有一些小盒子。这些小盒子由装着各式各样长方形物体的抽屉组成，这些物体分别包括天鹅绒、丝绸、棉布、亚麻等。我们要求孩子触摸每一件物体，告诉他们每一件物体的名称，并且还告诉他们每一件物体的质地，比如粗糙、光滑、柔软等。接下来，我们叫一个小孩坐在一张桌子旁边，而他的同伴们都可以看到他，然后蒙住他的双眼，把这些物体摆放在他面前。要求这个孩子用手指对这些物体进行触摸，然后判断，“哪个是天鹅绒，哪个是光滑的亚麻，哪个是粗糙的布”，等等。这种练习会激发孩子们的兴趣。当我们给这个孩子一些不认识的物体时，比如一张纸，一块薄纱，所有的孩子都显得很激动，等待着蒙住眼睛的孩子的回答。

重量。让孩子坐在相同的位置，让他观察那些用来进行重量感觉练习的教具，这可以让他注意到自己已经掌握了的有关不同重量的概念。接下来，要求他把所有黑色的重一些的方块放到右边；而把浅颜色稍微轻一些的方块放到左边。之后，我们蒙住他的双眼，让他进行这个游戏，还要求他每次同时拿起两个方块。在他拿起方块的过程中，我们注意到，有时候他会拿起两个相同颜色的方块，有时候则是不同颜色的，但最后孩子按照我们的要求，把木块放在桌子正确的位置上。这种练习令孩子们非常高兴。例如，如果被蒙住眼睛的孩子双手都拿着黑色的方块，并且在双手中间不确定地倒来倒去，但是最终都把它们放到了右边时，那些观看的孩子一直处于一种强烈而急切的状态中，当他们终于放松时，会长长地出一口气。

大小和形状。我们采用与前面相类似的游戏来进行。我们要求孩子区分福禄贝尔所应用的硬币、立方体和方块，区分各种各样的干种子，比如大豆或豌豆。这种游戏不足的是，不能像以前的游戏那样激发孩子的兴趣。不过，这种游戏对于把各种不同物体与他们各自的特性联系起来，还是起到重要的帮助，同时也利于巩固名称的学习。

应用视觉练习观察周围环境

名称。学习名称是教育当中至关重要的阶段。对名称的学习主要是为语言使用过程中的准确性做准备，而这种准确性在我们的学校中比较缺乏。例如，许多孩子把“厚”和“大”、“长”和“高”这些个词相互混用。通过使用我们描述过的方法，利用我们的教学用具，教师就能够很容易地建立起清晰而准确的概念，并且用恰当的词汇与这些概念建立起联系。

使用教学用具的方法

大小。在儿童玩过那三套木块，并且经过一段时间，还能够准确无误地进行这种练习后，教师拿出所有同等高度的圆柱体，把它们放在桌子上，一个挨一个地水平排开。接下来，教师把其中最粗的和最细的拿出来，说道：“这个是最粗的，这个是最细的。”教师把这两个圆柱体放在一起，进行比较，使它们之间的对比更加强烈，然后通过上面的小把手将这两个圆柱体拿起来，把底面也露出来进行比较，让孩子们观察底面之间的巨大差异。

接着，教师把这两个圆柱体按照垂直方向进行摆放，目的是告诉儿童，它们在高度上是一样的，同时重复几次“粗—细”。做完这些以后，教师做一个小测验，要求儿童：给我最粗的那一个圆柱体或者说给我最细的那一个圆柱体。

最后，教师进行名称的测试，问：“这是什么？”在接下来的授课中，教师可以替换这两个圆柱体，使用剩下的圆柱体进行教学，直到所有的圆柱体都被使用过。然后，教师可以利用这些圆柱体进行随机提问，说："给我比现在这个粗一点的圆柱体，或者给我比这个细一点的圆柱体。"

第二套木块也以同样的方法进行。教师要把所有的圆柱体全部直立在桌子上，说："这是最高的一个，这是最矮的一个。"接下来把这两个圆柱体拿出来，然后比较一下它们的底面，让孩子们知道它们的底面大小是一样的。教师也可以像刚才一样，从两个极端开始，在剩下的圆柱体里继续找出对比最强烈的圆柱体。

至于第三套木块，当教师按照顺序排列这些圆柱体以后，她让孩子们观察其中的第一个，并且说"这是最大的一个"，然后让孩子们观察最后一个，并且说："这是最小的一个。"接下来教师可以把这两个极端拿出来放在一起，让孩子们去观察它们的高度和底面都不相同。然后可以按照前两个木块中的练习顺序进行。

同样的课程也适用于棱柱、木棒和立方体的教学当中。相同长度的棱柱体有厚有薄，相同厚度的木棒有长有短。而立方体的体积、高度和长短也都不相同。

当我们用人类学的标准来测量孩子们时，并把这些概念应用到周围的环境中，就会变得更加容易了。孩子们会自己进行比较，他们会说："我比你高，你比我壮。"当孩子们伸出小手以示自己的清洁时，这种比较也会发生。这个时候，教师也可以伸出双手，来表明自己的手也是干净的。通常情况下，他们会因手干净的程度而发出笑声。孩子们在比较自己的时候，会做得非常好。他们会一个挨一个地站着，互相看着，然后排成一队。他们经常会在大人们身边做这种游戏，然后以一种好奇的心情，观察他们与大人之间存在的高度的差异。

形状。当孩子在辨别平面几何图形不会出错时，教师便可以进行讲解名称的课程。教师应当以两个对比强烈的图形开始，比如方形和圆形。在教学过程中也应该遵循塞贡的有关三阶段的一般原则。我们并不能教所有几何图形的名称，只能够涉及一些常规的比较熟悉的图形，比如方形、圆形、长方形、三角形和椭圆形等。我们要求孩子观察这样一个现象：长方形有长有短，有粗有细，而正方形的四条边都相等，所以正方形只有大小之分。这些现象通过教学用具可以很容易地表现出来。比如，我们把正方形转一个方向，但它依然能够放入框架里面；而如果把长方形转方向的话，就不可能放到框架中了。孩子对这样的练习非常感兴趣。在这种练习过程中，我们在框架中放一个正方形和一系列的长方形，而这些长方形的长和正方形的边相等，宽则依次递减。

通过相同的方式，我们可以说明椭圆、卵圆和圆之间的不同。对于圆来说，无论怎样放置或旋转，都可以放到框架中。而如果把椭圆掉转过来的话，就无法放进框架中，但是如果是横着放，即便是掉转一下方向也是可以放进去的。卵圆不但掉转方向也没有办法放进去，而且把左右两边放反了还是不行，必须要把大头放在框架当中较大的一侧，而把小头放在较小的一侧。

圆无论大小，无论怎么转变方向，都可以放到框架中。不过，不到儿童教育的后期阶段，我不会揭示卵圆和椭圆之间的不同，即便到了那个时候，也只是针对部分孩子，针对那些对形状有着特殊兴趣，经常选择这种游戏或者经常问问题的孩子。对于卵圆和椭圆之间的差别，我倾向于最好是在儿童教育后期由他们自己自觉地进行认识，也可以是在小学时进行。

对于许多人来说。我们讲授形状和名称，似乎是在进行几何教学，对于这种年龄阶段的孩子来说有些早熟，不太适合。而其他人认为，如果我们想呈现几何图形，就应该使用实在的物体，这样就更加具体。

我感觉我应该说出自己的看法，反击这些偏见。去观察一个几何图形并不等于去分析一个几何图形，也不是解析几何图形。比如，当我们告诉孩子边和角的概念，并向他们进行解释时，即使使用一些如同福禄贝尔所倡导的方法时(比如，正方形有四条边，可以用四根一样长的棍子来组成一个正方形)，我们的确是进入了几何学的领域，并且我还相信这对于孩子来说，他们太幼稚而无法理解。但是对几何图形的观察，对于这个年龄段的孩子而言并不是很过分的要求。孩子们吃晚饭时使用的桌子可能是长方形的，盛食物的盘子可能是圆形的，我们一定不会认为孩子们太幼稚而无法去看桌子和盘子。

我们所使用的教具，要求注重某个特定的形状。至于名称的学习，就像孩子们学习其他事物名称一样。既然孩子在家的时候就能经常听到“圆形”这个词总是与盘子相联系，那么为何我们教孩子圆形、正方形、卵圆形等词就是一种早熟和不适合呢？孩子会常常听到父母亲说起正方形的桌子、卵圆形的桌子等，如果我们没有像在几何图形教学中那样教给孩子这些名称，给予孩子们提供帮助的话，那么这些普遍使用的词就会在孩子头脑和言语中长时间处于一个混淆状态。

我们应当反思这样一个事实，很多时候孩子在理解成人的语言和事情含义时，付出了许多无用的努力，及时理性的指导就能够避免这种许多无用的努力。因此，也就不会出现厌倦，反而使孩子得到放松和愉快，满足了孩子们对知识的渴望。实际上，孩子通过对快乐所做出的各种各样的表达，体现了他们的满足感。同时，如果孩子某个词的发音很差，并导致在语言使用中出现不足，那就能够引起孩子对这个词的注意。而与此同时，如果教师通过清晰而准确的发音，唤起孩子的好奇心，就可以纠正这种模仿和不完善的出现。

在这种训练的过程，我们还碰到一种广泛传播的偏见，这种观念是：由孩子自己来选择究竟要学什么。如果真是这样的话，孩子将会成为世界的一个陌生人，慢慢地，我们会把他看成是在自觉征服各种各样的概念和词汇。这就好像孩子只是生命旅程的一位过客，他观察到旅途中的新鲜事物，试图独自去理解那些有关他的陌生的话语。而他为了理解和模仿，需要自己付出巨大的努力。因此，对于教师而言，孩子的教育应该被指引到这个方向：减轻他们在没有指导下的努力，而把这种努力转换到征服的快乐上来。对孩子而言，我们就是他们步向社会的导游，他们是一群天真幼稚的旅客，我们是富有智慧而且文雅的导游。我们首先不能让自己迷失在徒劳的话语中，而要用简洁清晰的话语，对这些旅客说明艺术作品。而一旦旅客对这种艺术作品展现出很大的兴趣，我们就应该让他们想看多长时间就看多长时间。我们的使命就是展现出生命中最重要和最美好的东西，让他们感受美的存在，而不让他们在没用的东西上浪费时间和精力，让他在朝圣的路上找到快乐和满足。

我曾提到过这样一种观点，它就是：给孩子们呈现一些真实的而不是平面的几何图形，这些图形会更加适合他们，比如给他们提供一些立方体、半球体和棱柱实体等。

我们每天所看到的大量物体，呈现给我们的几乎是平面。实际上，门、窗户框、大理石或者木质的桌面，这些都是实在的物体，实际上都是立体图形。如果我们去掉其中的一个维度，只由两个维度来确定平面的形状，这样的话图形就会更加明显了。

当以平面图形来看待这些实体的时候，那么窗户是长方形的，桌子是正方形的等。我们观察到的仅仅是实在物体以平面方式处理之后的某个方面，并且这种实物通过我们的平面几何图形得到了更加清晰的展现。

儿童在他所处的环境中能够经常认出来的形状，就是他通过这种方式学会的形状，但是他们却很少能够认识实在物体的几何形状。

关于桌子的腿是棱柱体，或是截断的圆锥体，或是拉长的圆柱体的这种观念，孩子只能通过观察桌面是长方形以后的很长一段时间后，才能够认出来。因此，我们不能说房子是棱柱体或立方体。事实上，我们周围的普通事物中没有绝对纯粹的几何形状，相反它们一般都是由一些几何形状组合而成的。所以，孩子在认识一幢房子时，不是去认识房子的形状，这种一眼就看出房子的复杂形状对他们来说实在太困难了，他们使用的是一种类比的方法。然而，孩子们可以非常准确地看出窗子和门的几何形状，以及家用物品的表面形状。因此，这种在平面几何中获得的图形知识，对儿童来说是一种魔术般的钥匙，可以帮助他们开启外部世界的大门，让孩子真实地感受到他们能了解其中的秘密。

有一天，我和一位小学生在平西亚山上散步，这位学生已经学过几何，能够理解平面几何图形。当我们登上最高处的平台时，站在平台上我们可以看到德·波波罗广场以及广场后面延伸的城市，我指着远方，说："看，所有人类的造物都呈现出几何图形。"事实也的确是这样，每座建筑物的正面都被长方形、卵圆形、三角形和半圆形装饰着。这种在数量如此巨大的建筑物中的一致性，似乎证明了人类智力的局限性。而在邻近的花园中，各种灌木丛和花丛则表现了自然当中形状的无限多样性。

这个孩子从来没有进行过这样的观察，虽然他已经学过边、角和几何图形的轮廓构造，但从来没有在这之外进行思考过，他对书本上的几何图形一点也不感兴趣，只会觉得很枯燥无味。一开始，他嘲笑人类把各种几何图形结合在一起的这种概念，接下来，在我的引导下，他渐渐有了兴趣，开始长时间注视着他面前的建筑物，脸上流露出很感兴趣的表情。孩子看到，在彭特·马格利塔的右边是正在建设中的工厂，钢铁框架构成了一个长方形。这个孩子说“这个真没意思”，他指的是那些建筑工人所从事的工作。接下来，我们向平台附近的花园走过去，来到花园面前，静静地站在那里。孩子说“真美”，我想他很羡慕花草自由的生长。但是，在我看来“美”这个词指的是孩子自己的内部灵魂的觉醒。

这次经历使我想到，在对平面几何图形进行观察时，在小花园中看那些花草时，对孩子来说是一种宝贵的精神资源，同时也是一种智力教育。正是基于这个原因，我希望能够拓展我的研究，使得孩子们不但能够观察出形状，而且能够区分人类和自然的创作，去欣赏人类劳作的成果。

自由绘画。我给孩子们一张白纸和一支铅笔，告诉他可以随便画自己想画的东西。这种绘画一直吸引着实验心理学家的兴趣。它们的重要之处在于，揭示出了孩子的观察能力，同时也展现出了孩子的个人偏好。一般说来，孩子第一次绘画时没有任何形状，画面非常混乱。教师应该问孩子想画什么，并且指导孩子该如何画。慢慢地，孩子的图画变得越来越清晰，能够揭示出孩子在对图形的观察中所取得的进步。那些细节的东西在孩子们粗略的草图中也经常被观察并且记录下来。同时，因为孩子们是随心所欲地进行绘画，所以这些绘画向我们显示了那些最能吸引他注意力的物体。

填充绘画。这种绘画对孩子来说非常重要，因为它们是“为书写作准备”。这种绘画对色觉所发挥的作用，就像自由绘画对形状感觉所起的作用是一样的。也就是说，这种绘画揭示了孩子对颜色的观察能力，而在自由绘画过程中，揭示出了在多大程度上孩子对他周围物体形状进行观察的细致程度。这种练习主要包括用彩色铅笔填充黑色轮廓线图案。这些轮廓线表现了一些最简单的几何图形和不同物体。对于孩子来说，这些图形和物体在学校、家庭和校园中都非常熟悉。要求孩子们选择相对应的颜色进行填充，这样就能够告诉我们他是否对周围的物体进行了观察。

泥塑手工

这种练习与自由绘画和选择不同颜色的铅笔填充颜色比较相似。儿童可以随便地用黏土做自己想做的东西。换句话说，孩子可以做一些自己记得最清晰、印象最深的东西。我们给孩子一个木质圆盘，圆盘里面放着黏土，然后再给一些他们的同伴用黏土做的比较优秀的作品。这个时候，有的孩子会模仿他所看到的作品。最令人吃惊的是，孩子们不但对形状进行复制，甚至还对需要在小学中才学习到的维度进行复制。

我注意到，许多孩子用黏土做他们在家里面，尤其是厨房中看到的物品，比如水瓶、茶壶和煎锅等。有时，我们也会看到孩子做出了一个摇篮，有趣的是摇篮里面放着婴儿。刚开始的时候，就像在自由绘画中一样，有必要要求孩子对物体进行具体描述来确认物体，但是到了后来，作品逐渐变得清晰起来，孩子们学会了复制几何物体。毋庸置疑，这种黏土模型对于教师来说是非常有价值的教具，同时能够表明学生之间的个体差异，帮助教师进一步理解孩子的内心世界。在我们的方法中，黏土模型作为一种对不同年龄发展阶段进行的心理说明也是非常有价值的。同时，对于教师在教育孩子的过程中，进行教育干预也是非常珍贵的。在这一过程中，儿童以环境观察者的身份来展现自己。以后孩子会成为他周围世界的自觉观察者，这样就能实现一个目的：通过这种练习，可以起到间接的帮助，能够让孩子们确定并且对各种不同的感觉和观念更加清晰化。

能够很好完成这种练习的孩子，也就是那些能够最迅速实现自觉书写行为的孩子。那些在黏土练习中表现不好的孩子，那就需要教师来直接帮助，指导他们注意观察自己周围物体的形状。

几何图形分析：边、角、中心、底面

这里需要指出的是，几何图形分析并不适合于年龄非常小的孩子。我曾尝试过一些这种分析的入门课程，并将这种课程限定在长方形范围内，而且还使用了游戏。在游戏里面，孩子不需要注意到长方形就可以进行分析，同时这种游戏能够更清楚地体现概念。

我所使用的长方形，孩子们的餐桌的桌面，游戏就是为晚餐布置的桌面。我有一套在每所“儿童之家”里面都有的玩具餐具，就像在每家玩具商店里面都能找得到的一样。里面分别包括餐盘、汤盘、调味瓶、玻璃杯、小刀、叉子、汤匙等。我让孩子们按照 6 个人的标准布置餐桌，在餐桌较长的一面上的每边放两个位子，在较短的一面上放一个位子。一个孩子按照我的要求进行布置。我告诉孩子该把有盖汤盘放在桌子的中心位置，餐布放在一个角落上，并对他说：“把这个盘子放到桌子较短一边的中间。”

接下来我叫那孩子看看桌子，孩子在观察的过程中，我说：“桌子角上还缺点什么，我们还需要在这一边放上一个玻璃杯。好，现在我们来看看桌子的长边上是不是所有东西都摆放好了呢？是不是桌子短边上的东西也都放好了呢？桌子的四角上是否还缺些什么东西呢？”

我觉得孩子在 6 岁以前，不能进行比这再复杂的过程了，我还相信总会有一天，孩子会自觉地拿起一个平面图形，然后开始数边和角的数目。我必须承认，如果我们教他们这种概念，他们的确可以学会。但那仅仅是一种公式的学习，不是可以应用的经验。

颜色感的练习

我已经提到过颜色感的练习。这里我要格外清楚地说明怎样继续这些练习，并且进行更加充分的描述。

绘画和图片。我们准备了许多填色图片，孩子们可以用彩色铅笔进行填充。接下来还要给他们准备画笔、水彩颜料等相应的工具。最初的填色图片可以是花朵、蝴蝶、树木和动物，然后是一些简单的风景，包括草地、天空、房屋和人。

这种练习可以帮助我们研究孩子作为环境的观察者，在考虑到颜色方面时他们的自然发展。孩子在练习过程中是绝对自由的，可以自由选择颜色。比如，他们可以把小鸡画成红色，或者把奶牛画成灰色，这些都表明他们还不是一位合格的观察者。但是在这种方法的一般性讨论中，我已经谈到这种错误的出现。这种绘画同时也表明了儿童颜色感觉训练的效果。无论孩子选择细致而和谐的色彩，还是强烈对比的色彩，我们都可以判断出他在颜色感觉训练当中所取得的进步。

孩子必须要牢记图画中所出现的物体在真实环境当中的颜色，这个事实会鼓励孩子去观察周围的物体。在这以后，希望孩子能够进行一些更难的图画练习。只有那些把颜色涂在轮廓线内，并且选择出正确颜色的孩子，我们才能够让他继续进行一些更为复杂的图画。

我们使用的图画十分简单，但收获的效果很大，并且有时可以体现出真正的艺术。在墨西哥，与我共同进行时间研究的学校里的教师送给我两幅画，一幅是悬崖，上面的石头用紫色和不同级别的棕色涂得非常赏心悦目，树木也有两种级别的绿色，天空是柔和的蓝色。在另外一幅中，有一匹画成栗色的马，它的马鬃和尾巴是黑色的。

第16章　幼儿的阅读与写字教学方法

在智力领域里面，对孩子的教育方法，用具有凸凹感觉的字母卡片或者文字卡片，能够让孩子在触摸游戏中加深经验的印象，反复练习，就能终身记忆。因而游戏教育对于识字与学会写字，是最佳的渠道。

幼儿语言的自觉性发展

当我还是罗马一所心理矫正学校的教师时，在那里就已开始使用各种教学方式进行幼儿读写的实验，这些实验具有独创性。

伊塔和塞贡的幼儿教学经验，没有提供任何理性的幼儿写作教学方法。在上面所提到过的内容当中，已经看到了伊塔进行字母教学的方法，在此谈谈塞贡进行书写教学的方法。

塞贡说："从图形转换到书写——教给幼儿的写字训练，教师说'D'是一个圆的一部分，再把这个半圆两端，放在垂线上；'A'就像两条斜线在顶端交会，它的中间被一条水平线截断，就这样来描述字母的模样。

"其实根本没有必要担心孩子们学习书写的能力。他们会在自己幼小的头脑中，想象图形，然后就写。完全没有必要让孩子根据对比和类比的法则，去画图画一样写字母。比如，O 和 I，B 和 P，T 和 L 等。”

塞贡的观点是，没有必要进行幼儿书写的教学。只要孩子会画，孩子就能够进行书写。谁都知道，书写意味着要写字母。

在塞贡的书中，任何地方都没有解释，孩子是否应当用另外的方式进行书写。恰恰相反，他用大量笔墨来描述图形，为写作做准备，并且包括了书写。事实上幼儿使用图形的方法充满了困难，只有通过将伊塔和塞贡二者的努力结合，才能够勉勉强强实现。

“教孩子画下图形，教会他们要给图形留出一定的空间，还要学会做记号或者画线。在学习用图形和线段中，始终要有做记号、画线伴随。

“只有当孩子画下的直线遵循一定的方法和确定方向时，才能够称呼它们为直线，否则画得歪歪斜斜，没有方向就不是直线，只是偶然产物，它没有名字。

“教孩子画下线或者图形，都会有确定的方向，所有的写字，都是不同方向线段的集合。在孩子确认什么是书写行为前，要坚持平面和线段的观念。普通孩子通过直觉获得这种观念，向智力一般的孩子传授这种写字教学，就要仔细和敏感，要有耐心不断说明，并且坚持。孩子在模仿的帮助下，开始可以画出一些简单的直线，到后来，会慢慢地模仿，记住怎么画，可以画得复杂起来。

“教孩子写字，应当这样进行——

第一步，教孩子画出各种不同种类的直线。

第二步，要孩子将这些直线画成不同方向，以及相对平面的不同位置。

第三步，要孩子将这些直线进行重组，形成从简单到复杂的各种图形。

这样看来，就要教会孩子如何区分直线和曲线、水平和垂直以及各种斜线；最终要在幼儿的脑袋中，明确由两条或者更多条直线相交的点，这些点构成一个几何图形。

“这种对于图形的理性分析，看起来很复杂，会让孩子的脑袋搞成一头雾水，而在这样的基础上，书写从中产生，可见给孩子造成的误区。

“有一个孩子在得到老师关注前，就已经能够写出许多字母，而按照上面这些愚蠢的教育方法，去学习写字，重新花了 6 天时间去学习画垂直或水平线段，甚至在画曲线和斜线花了 15 天时间。这样看来，如此教学，会把孩子教傻，孩子不是学习几何复杂知识或者是设计，只学习写字。要利用孩子的好奇心，叫他学会模仿写字，锻炼重复与记忆能力就行。

“学生数量多，很长时间来，孩子甚至都不能画一条确定方向的直线，不能在纸上模仿老师的手做动作。即使最具模仿能力、最聪明的一个孩子，也将老师画给他们看的图形画反，而孩子都将交会点弄混，不论这些交会点多么明显。

“错误地教给孩子们有关直线和结构的详尽知识，以为这些知识能够帮助他们利用平面和各种不同的标记建立连接。这恰恰是在误导他们。有的学生有缺陷，在画垂线、水平线、斜线和曲线上，在智力上所面临的困难程度不会很小，学习写字就成为了恐惧。

“要让孩子完成一些困难的东西，要让他们克服一系列的困难。这些困难够艰巨，这些困难一个比一个难，孩子们几乎受到了自信心的打击。”

这简直是在教这些 3 岁小孩学正正规规的几何，是不是有点荒诞？

“第一个几何公式是：从给定的一点到另一点，只能画一条直线。

“通过老师的手进行演示。从这一公理出发，在黑板上画两个点，然后通过一条垂直的线将它们连接起来。

“在老师的示范下，孩子们也在纸上试着做相同的事情，结果笑话百出，有的孩子将这条垂线画到了位于下面的点的左侧，有的孩子就画到了右侧。

“造成这样的错误是因为孩子还小，还在发育，智力或者视觉方面不足，而不是手的缘故。

“在他们错误的教学法看来，为减少这种偏差，将平面进行范围的限制，似乎是非常明智的事情。在点的左右两侧各画一条垂线，这样去做，孩子们就能够在这个封闭的范围，通过画这两条线的平行线，将这两点连接起来。

“老师想尽一切办法来弥补自己很笨很弱智的教学——如果这两条线还不够用，就在纸的两边，放上两把垂直的尺子，这样就能够以绝对的方式，来防止孩子偏差的出现。

“其实，不应当让这种限制长时间发挥作用。

“一开始时，没有使用尺子，而只使用了两条平行线，即使智力一般的孩子，也会在这两条线中间画出第三条线。接下来随机擦掉一条线，或左边或右边的，后来将这两条线都擦掉，最后是那两个点，这两点指示了线段开始结页的地方。这样，孩子们就能够学会不使用任何帮助，并且在没有点比较的情况下画垂线。”

其实这对孩子没有益处。

同样坚持错误的教学——那些水平直线的教学中，也存在着相同的方法，相同的指导方式，让孩子面临着同样的阻力与困难。如果在一开始时，偶然画得很好，要进行等待，等孩子从中间开始，以相同自然的方式，向两边延伸，画出水平线。如果两个点，还不足以使孩子们画出一条完满的水平线，像上面一样使用平行线或尺子。

最后让孩子画出一条水平直线后，将这条水平直线和垂直的尺子，放在一起，形成直角。

通过这种方式，孩子就会开始明白：垂直和水平到底是什么概念，当他画出这样一个图形时，会明白这两个概念之间的关系。

几何教学把孩子的脑袋搞成糨糊。在这样的基础上学习写字，何等糟糕。

这也是错误的，这样教幼儿写字，他们一错到底——斜线的教学，似乎应当紧紧跟随水平线和垂直线，并不应这样。垂线发生偏斜，或水平线方向变化，都会与斜线发生关系。

这种与其他线的密切关系，没有任何准备，就进行斜线教学，太复杂，3岁孩子接受不了，而且会使正在成长的知识接受能力受到挫折。

塞贡对于不同方向的斜线的教学，进行长篇论述，他让孩子们在两条平行线当中进行练习。这样的教育，只能误人子弟。

他还错误地讲到了四条曲线的问题，更加复杂，孩子接受能力有限，画不出来。

赛贡总结道：“幼儿学写字，出现的问题，问题的解决方法——垂线、水平线、斜线和四条曲线，这四条曲线的结合构成一个圆，这包含了所有线，也包含了所有书写。

“在这一步后，在认识这些线后，孩子们下一步，接下来是画一些图形，并且需要从一些最简单的图形开始课程。按照一般观念，伊塔建议从正方形开始，按照他的建议，进行三个月教学，但孩子们无法明白。”

在塞贡“几何图形产生文字”的复杂愚笨的理念指引下，经过一系列试验，他开始注意到三角形是最容易画的图形。

“对智力一般的孩子，进行书写和图画教学，第一条准则简单，没有必要进行进一步讨论。”

这就是所谓的前辈们所使用的针对缺陷儿童进行书写教学的方法。实际上给孩子带来的痛苦可想而知。

至于阅读，伊塔同样采取了如下错误的措施——

第一步：在墙上钉钉子，挂上各种木质几何图形三角形、正方形和圆形。

第二步：在墙上画出这些图形的精确印记，然后拿走这些图形。

通过这种设计，伊塔想出了所谓平面几何教学用具的概念。他做出很大的木质字母印记，以同样的方式做出许多几何图形。利用了墙上的图形，将钉子进行排列，使孩子们可以将字母放在上面，自由取下来。

到了后来，塞贡用水平面来替代墙面，实施了所谓的改进，他将字母画在一个盒子底端，让孩子们在上面加字母。20 年以来，塞贡没有改变他的方法。那些孩子在他的手下接受折腾的教育，也是别无选择。

伊塔和塞贡所使用的阅读和书写教学，方法很冗繁、很不科学。这种方法存在两个根本错误——

一、书写印刷体的大写字母；

二、通过对几何的研究来为书写做准备。

中学生当然能够实现这一点，一般幼儿不能做到。让几乎是成年人做的事情，让 3 岁儿童去做，岂不是荒谬吗？

塞贡幼儿教育的错误在于混淆了不同概念，他还匪夷所思，突然从对孩子的心理学观察，从孩子与周围环境的关系，转换到直线的产生和直线与平面的关系上，很不合理。简直就是莫名其妙。

他这样说道——孩子们乐于画垂线，说水平线会很快转变成曲线，这是因为“自然的命令”，而这种“自然的命令”通过人将地平线看成曲线展现出来。

塞贡的目的在于说明特殊训练的必要性，使得孩子在学习写字中，能够适应观察，能够指引理性思维。但观察必须绝对客观，必须要排除先入之见。而塞贡有先入为主的想当然。他想当然认为几何图形一定是书写的准备，真是一根筋走到底。

另外，他还事先主观认为——教学中存在直线的偏差，这种偏差的不准确性，都是由于孩子“头脑和眼睛，而不是手造成的”。

事实说明一切，所以塞贡白费几个月，在孩子学习写字中，解释直线的方向，指导智力一般的孩子，孩子的学习没有任何很好的效果。

塞贡说教育3岁娃娃写字，好的方法必须要从高起点的几何开始，孩子们的智力只有在与抽象事物建立联系时，才值得注意。说得含蓄一点，这本身是一个不足；说得不好听一点，这样的教学，就是对孩子不负责。

这好比许多普通人自以为自己知识渊博，蔑视那些简单的东西。其实简单的东西才是最伟大、最可靠的。

看看那些天才——

牛顿静静坐着，苹果从一棵树上掉了下来，他看到了并问：“这是为什么?”从树上落下的果实和宇宙的重力，在伟大天才的头脑中，紧密相连。

牛顿是一位儿童教师，他会让孩子们仰望布满星星的夜空。博学的人认为孩子去理解一些抽象的微积分，就会很荒谬。伽利略仅仅通过观察悬挂在高处的吊灯摇摆，就发现了钟摆定律，在简单中实现了伟大。

可靠的办法，要依据人类幼儿的天性。在智力领域里面，对孩子的教育方法，用具有凸凹感觉的字母卡片或者文字卡片，能够让3岁左右的孩子，在触摸游戏中加深经验与印象，反复练习，就能终身记忆。因而游戏教育对于识字与学会写字，是最佳的渠道。

说这些的目的在于：通过一种更加理性的方式，来教育我们的下一代，才能把孩子教育好，胡搅蛮缠的教育，会使生命成长的质量得不到保障。

塞贡给孩子们讲授复杂的几何，居然是为了教孩子们进行书写，仅仅为了写出简简单单的一个字母“D”。这就是最好的荒诞例子，真的很无奈而又毫无意义。

杜绝人类犯下的教育错误，需要很长时间。

对于一个初学孩子来说，想要写出一个漂亮的曲线构成的字母“O”而没有棱角和僵直，简简单单不断模仿，积累经验就可以。

和孩子们所努力做的就是被强迫写直线和锐角，是谁第一个提出孩子学会写字，必须要从直线开始？为什么又要避开孩子为写出曲线和角而做准备呢？

一定要抛开这种先入之见，用一种简单的方式来进行吧！恰到好处教育幼儿的学习，会减轻下一代在学习书写上所付出的努力，不要给孩子增加无限的学习压力。

有必要从垂线开始学习书写吗？只需要片刻清晰思考，就足够回答这个问题，答案是不。

那种练习，需要孩子们花费太多的苦工。

说起来令人厌恶——第一步应当最简单，可是画垂线的时候，铅笔所做的上下动作是所有动作当中最难的。只有专业人士，才能够在满满一页纸上面画出规则垂线，而对一般人来说要写满这一页纸，也不能做好，何况是 3 岁左右的娃娃。

直线表明了两点之间的最短距离，而其他所有偏离这一方向的线，则表明这些线不是直的。这些无限多偏离方向的线，要比画出那一条直线容易得多。

成年人在黑板上画一条直线，每个人都能做到。有的从这头开始，有的从那头开始，几乎所有的人都能够将线画直。

要求成年人从某一确定的点画一条特定方向的直线，那么刚才这些人所体现的能力就会大大减小，就会发现许多不规则和错误。几乎所有的线都很长，因为每个人为了将线画直，需要积攒力量。

要求将线画得很短，在限制范围内，错误会上升，这样做的结果阻碍了使线保持确定方向的动力。

在一般教孩子写字的方法当中，加入了这样的限制，还对孩子书写的姿势进行进一步限制，而不能像本能驱使每个人那样去做。这些使得孩子对写字的学习越发困难。

法国一些缺陷儿童所画的垂直线，开始时候画出直线，却成了“C”样。表明这些缺陷儿童相比较于正常儿童，缺少坚持与耐心，还缺少能力。他们为模仿付出的努力，一点一点耗尽，自然的动作取代了强迫性或刺激性动作，直线变成曲线，像字母“C”。

这种现象，在正常儿童练习本中没有出现过，正常孩子能通过努力进行坚持，直到一页练习写完。如此的现象掩饰了教学法中的错误。

正常儿童拿起树枝在花园的沙地上画图形，从来没有画过短而直的线，而是一些长而交织的曲线。

塞贡的学生画水平线，水平线很快就变成曲线，而他却可笑地将这种现象归因于对地平线的模仿。

垂线为字母的书写做准备，这看起来非常不合逻辑也十分一相情愿，孩子那边行不通。字母由曲线构成，却必须练习直线来做准备，的的确确好笑。

有的人也许会说一些麻木不仁的话：“一些字母中，确实有直线存在。”但这没有理由要求孩子从直线开始学会写字。

我们试想一想——孩子只有在学习了语法后才能说话，那多么悲哀呀。要求在仰望苍穹的繁星前，学会无限积分，也同样可笑。

同样的道理，教一个智力一般的孩子书写前，必须使他明白抽象的直线偏离和几何问题，这也是违反事物规律。

将各种教条都放在一边——我们对于了解人类如何开始书写并不感兴趣，我们对于书写本身的起源也同样不感兴趣，同时将历史上，错误的长时间进行书写的观念——孩子学习写字，必须要从做垂线开始，把这个荒诞不经的观念放在一边。

“观察一个孩子写字，去分析他在写中所采用的动作”，这说的是写字中，一个人的技术性操作。这会涉及书写的哲学研究，因而许多人都从客观开始研究书写本身，许多方法也正建立在这种方式上。但调查的是：进行写字的个人，而不是书写本身；为主观而不属于客观。

从个体开始进行研究这种方式，具有很大的原创性。与前面的许多方法，都非常不同。它毫无疑问，标志着孩子学会写字的新时代。

事实上，当对正常儿童进行试验时，如果想要给这种学会写字的新方法一个名称，会叫它人类学的方法，但并不知道试验的结果会是什么。

人类学的研究给了这种方法以启示，但经验使人想到了另外一个令人吃惊的标题，而这在“儿童之家”看来，也是非常自然的一个很好的命名：“孩子自觉写字法。”

“儿童之家”在对缺陷儿童进行教学时，凑巧观察到下列事实——

一个 11 岁智力一般的女孩，她的手拥有正常人的力气，具有运动神经能力，却无法学会缝纫，甚至缝纫当中的第一步：缝补，这仅仅要求一个孩子，先将针穿到布料下面，然后再穿回来，反复去做这样的简单动作。

老师让这个孩子编织垫子。在这个过程中，要让一根纸条横向上下交错着，穿过一列纵向纸条，这些纵向纸条在两端都固定。接下来，思考这两种练习之间的相似性。

当她在垫子练习当中很熟练时，让她再次回到缝纫练习当中来，老师非常欣喜地发现她就能完成缝补。从那时起，缝纫课程就从编织开始。

我看到在缝纫中手的一些必要动作，可以不经过缝纫练习就能得到准备。由此推论到，让孩子进行一项作业前，找到教孩子如何进行这项作业的方法十分重要。

恰当的方法，才是最重要的。方法错了，什么都错了。

可以采用一些准备性活动，通过这种重复性练习将准备性活动简化为一种可靠机制，而这种重复性练习并不存在于作业本身，只是孩子的准备性练习。

接下来，孩子就可以进行真正的作业，即使以前没有直接用手接触过，孩子也能够完成自己的作业。也许通过这种方式，能够为孩子学会写字做准备，这一观念让我本人和“儿童之家”的其他老师非常感兴趣。

这种方法的简约，让我们感到吃惊，同时对于从前没有想到这种方法而深感懊恼。而这种方法来源于我对一个不能进行缝纫的小女孩的观察。

所以观察力十分重要，教育小孩要学会先观察小孩。

教给了3岁左右的孩子们如何触摸平面几何图形的轮廓，而在开始，慢慢来，要教给孩子的仅仅是用手指去触摸字母的形状。

我们制作了完美的书写体字母，矮一些的字母高8厘米，高一些的字母与之成相应的比例。这些字母都是木质，厚1/2厘米，元音涂成红色，而辅音涂成蓝色，用来做教具。这些字母下的底面，没有上色，由黄铜包裹，经久耐用。

我们只有一套这些木质字母的复制品，却有许多纸片，在上面画着与木质字母同样大小、颜色的字母。这些木质字母放在纸片上，然后根据对比或者类比分组。

与字母表中每一个字母相对应，有一些物体图片，图片中物体名称的第一个与字母表中的每一个字母都一一对应。在这些图片上方，物体名称的第一个字母为很大的手写体，而在边上，则有小一些的印刷体。

这些图片的目的，在于帮助小孩记忆字母发音，而小一些的印刷体字母与那个手写体大字母相结合，是为了帮助孩子阅读。图片并不代表什么教育孩子新的观念，只是完善以前的一个系列。

教学中最有趣的是，给孩子们展示如何将木头字母放在分组的字母卡片上后，让小孩不断触摸这些最时髦的手写体字母。

孩子以各种方式，重复这个练习，这样，小孩就学会了手的必要动作，这种动作可以让孩子不经过写字而复写出字母的形状。

教师被以前从没有想到过的一个观念震惊了——

孩子学会写字，区分了两类不同的动作形式。除了复写字母的动作外，还存在一种拿笔姿势的形式。

当缺陷儿童对于触摸所有字母都非常熟练时，却依然不知道如何拿笔。孩子稳定握住，流利运用一个小棍子，与获得一种特殊的肌肉运动机制相关，这种机制本身，与写字动作无关。

实际上，对于写出所有不同字母的动作而言，这种机制很必要。它是独特的机制，与单个图形的动作神经记忆共存。

缺陷儿童通过用手指触摸字母，激起写字动作时，锻炼了一种心理——运动神经通路，强化了肌肉记忆和每个相对应字母的关系。同时也存在另外一种肌肉机制的准备，这对握笔和运笔都属于必要，通过在已经叙述过的阶段中，添加两个阶段，可实现这种机制的练习——

前面是第一阶段。

在教学第二阶段，孩子不仅仅用右手食指触摸字母，还要双手的食指和中指。

在教学第三阶段，孩子用一根小木棍来接触字母，手握木棍的姿势要跟握笔姿势一样。

实际上，让孩子重复同样的动作，有时候握着写字工具，有时候就没有。

在练习中，孩子会跟从字母轮廓的视觉移动。

确实，孩子的手指通过触摸几何图形轮廓线，已经得到训练，但训练并不总非常充分。即使成年人通过玻璃或透明纸拓图案时，也不能很好感觉出轮廓线，不能用笔画下来。

缺陷儿童无论使用手指还是木棒，并不总能够精确跟着图案练习。

在这项练习当中，教学用具没有提供任何对于错误的提示，或者仅仅对孩子们的视觉提供某种不确定的提示——只是看一看孩子的手指是不是还在继续触摸图案。

为了让孩子们更加准确地进行练习动作，为了更加直接指引这一动作，教学工具应让所有的字母带凹槽，这样就可以让小孩的小木棍在里面行走，老师也要进行示范。

使用这种方法，进行教学后，在国家心理矫正学校里，对教学方法班的教师们详述了这种方法。这些课程讲义，已经出版。有一批小学教师，已经掌握这种方法，但他们当中没有人从中获得一点有帮助的观念。

费拉里教授在一篇文章中对此表示出自己的惊奇：

“拿出一些上面印有红色元音字母的纸片，这在孩子们看来，只属于一些不规则的红色图形。

“同时给孩子红色的木质元音字母，让小孩子把这个木质字母，放到相对应的纸片上。让孩子触摸用最时髦字体做成的木质元音字母，然后老师告诉小孩每个字母的名称。这些元音字母，根据下面图形顺序排列：

O e a

i u

“于是，老师对孩子说：‘找出字母 O，把它放到相应位置。这个字母是什么？’只让孩子们看字母，而不说出意思，许多孩子不能理会到，就会犯错误。

“孩子却能够通过触摸来判别字母。这就可以用来解释小孩不同的个体类型，有的小孩属于视觉型，有的小孩属于运动神经型。

“老师让孩子触摸放在纸片上的字母，一开始孩子只用食指，后来他同时使用食指和中指，最后是孩子手中像握笔一样，拿着一根小木棒，对字母进行像书写一般的描画。

“辅音字母蓝色，根据形状类比，排列在相对应的纸片上。这些纸片都附加有可移动的蓝色木质字母。这些辅音字母，就像刚才元音字母一样进行放置。

“另外，这套教学用具还包括另一套卡片。卡片上除辅音外，还印着一到两个以这个字母开头的物体名称。在手写体字母边上，有一个相同颜色、小一些的印刷体字母。

“教师指着这些字母和卡片，命名这些辅音，接下来，读出印刷在卡片上的物体名称，老师强调第一个字母，比如 P – Pear，要小孩告诉老师辅音 P 是哪一个，然后小孩将它放在相应的位置上，触摸它，等等。不同孩子在语言方面存在的不足，可以看得出来。

“通过孩子写字的方式来描画字母的同时，利用肌肉训练为孩子写字做准备。经过这种方法教育的一个小女孩，已经用笔写出所有的字母。尽管她还不认识这些字母。这个可爱的小姑娘，将这些字母写成 8 厘米高，写得有规则，而这个小姑娘的手工也非常好。孩子看上去用一种书写的方式来触摸、识别字母，同时为阅读和写字做准备。

“小孩触摸字母同时仔细看字母，通过感觉的协作，更快强化对字母的记忆与印象。后来，这两类动作相分离，看转化成阅读，触摸转化成写字。教学根据个人不同的类别，有的人先学习阅读，有的人先学习书写。”

1899 年，我发明了直到现在还在使用的“孩子阅读和写字基本方法”。

曾经有一次给一名缺陷儿童一支粉笔，他竟然在黑板上写出了字母表中的全部字母。这是他的第一次，这种能力让人深感吃惊。

在“儿童之家”，正确的方法教育，孩子写字的实现比预想实现得快得多。有的孩子能用铅笔写出字母，尽管可能一个字母也不认识。

在正常儿童中，肌肉感觉在婴儿时期最容易发展，使得写字对孩子而言，非常容易，而不必呆板复杂化。

对小孩阅读而言就不是这样。阅读需要长时间教育，需要更高等级的智力发展。孩子阅读面对有关符号进行解释，有嗓音变化需要调整，目的在于理解话语，所有这些都属于纯粹智力性的工作。

在小孩写字中，在正确教学法的引导下，将声音转变成符号，同时进行手部活动，是一件让孩子容易做到而高兴的事情。

在小孩子中，写字的发展总伴随方便和自觉性，就像口语发展一样；而口语的发展是一种听觉声音的运动神经型转换。

小孩的阅读部分却关系到抽象智力文化。这种文化是对来自符号象征的概念所作的解释，只有在儿童期后才能获得。

1907 年 11 月的上半月，第一次针对正常儿童的实验开始。

在圣洛伦佐的两所“儿童之家”里，从孩子们的入学之日起（部分孩子是 1 月 6 号，另外一部分是 3 月 7 号）。开始就只使用实际生活以及对感觉进行训练的游戏，而并没有进行书写练习，因为像其他所有人一样，应当尽可能推迟这种练习，就像教授阅读和书写一样，应该在 6 岁以前避免。

需要对孩子们的练习进行总结，这些练习已经让他们以一种令人吃惊的方式，获得了智力发展。他们知道穿衣服、脱衣服、洗澡；也知道扫地，给家具擦灰尘，将房间收拾整齐；打开或关上盒子，对不同的锁使用相对应的钥匙；能将碗橱当中的东西收拾得井井有条，可以照顾花草；知道观察事物；知道用手去拿取东西，等等。

他们中许多人跑到“儿童之家”来，直接要求学习阅读和书写。这些小孩在被拒绝后，仍旧有孩子来到学校后，骄傲地表示自己知道如何在黑板上写出“O”。

许多孩子母亲，来到学校央求老师——教孩子们进行写字，说道：“在‘儿童之家’，孩子被唤醒，他们非常容易地学会那么多东西。教他们阅读和写字，他们一定也很快就能学会，能节省下需要在小学中学习写字和阅读所付出的努力。”母亲们的积极信念在于相信孩子可以从“儿童之家”不费力气学会写字和阅读，它给老师留下很深刻的印象。

想一想自己在缺陷儿童学校所获得的成果，我就决定在学校 9 月份开学时，进行一次尝试。

9 月份继续中断的教学会更好一些，而在小学 10 月份开学前，不进行任何书写和阅读教学。

这有另外的好处，让“儿童之家”与小学的孩子进行比较，因为小学生在同样的时间与“儿童之家”进行同样的教学。

9 月份开始，我寻找能制作教具的人，却没有人愿意做。我们希望能有一套精美字母，就像以前在缺陷儿童学校里面的那样。后来因为成本而打消了这个念头，只要有使用的教具就行，我也很满意在商店窗户上使用的普通上釉字母，但怎么也找不到书写体的字母。这一点非常令人失望。

10 月份的时间，过得真快。小学校里面的孩子，在古老的错误教学方法下，已经写了许多垂线，而我们还在等待着。

我决定去掉大个的纸质字母。考虑到孩子要触摸这些字母，想到可以用砂纸来剪出这些字母，然后粘在光滑卡片上，就更接近那些用于触觉练习的基本训练用具。

制作完了这些简单用具后，回过头来看，才注意到与那些用于缺陷儿童的大号字母相比，这些刚刚形成、做好的字母具有优势。为这些，浪费了两个月时间。

如果很有钱的话，我就会拥有那些漂亮却过时没用的字母。因为心里总希望一些旧东西，却不理解新东西，心里总寻求已经处在衰落事物上的美，内心深处没有认识到在新观念的简约当中，会萌发出未来。

看起来，纸质的字母很容易制作，并且可以让许多孩子同时使用，实际上也就是这样。它们不但可以用来让小娃娃认识字母，而且可以用来让小娃娃组合单词。

在孩子使用砂纸字母进行触摸时，能够发现娃娃的手指发出的寻找动作。这样不单是视觉，还包括触觉，都可以用来直接教授孩子写字的准确性。

那天放学后的下午，我和两位教师非常兴奋，开始用纸和砂纸剪出各种字母——

第一步，将它涂成蓝色；第二步，将它粘在纸上。

“儿童之家”的幼教工作者在我的带动下，在工作时，一幅全面而清晰的画面呈现在她们头脑中，我想到这种方法如此简单，以前从来没有意识到它，我就忍不住笑了起来。

有关第一次尝试的故事，非常有趣。

有一天，一位老师病了，让我的一位学生，师范学校的教学法教授安娜·费德莉去代替一下他的课。

在一天结束，我去看她时，她给我看了自己做的两个改动——

其中一个是在每个字母的后面，横穿一张纸条，这样，孩子就能够认出字母的方向，原因在于孩子淘气，经常将字母颠倒。

另外一个改动是做了一个卡片盒。这样，每个字母就可以放在盒子相对应的位置里面，而不像一开始，处于混乱。

后来“儿童之家”仍然保存这个由旧食品盒子做成的卡片箱。它是费德莉在院子里找到的，她还用白线粗略缝了几针。

费德莉笑着把这些给我看。她说这是她自己拙劣的手工，我却对此表现出极大的热情，立刻发现——装在盒子里面的字母，对于教学有非常宝贵的帮助。它可以让孩子们用眼睛比较所有的字母，选择自己需要的字母——这就是教学用具的起源。

在这里提及一点——“儿童之家”的方法所具有的优势——大约圣诞节半个月或一个月后，当小学校里面的学生还在为忘记直钩、为画出曲线的

“O”和其他元音字母而苦苦努力时，“儿童之家”两个4岁的小家伙，就可以以他们所有同伴的名义，给塔拉莫先生写去祝福和感谢。这些祝福和感谢，写在便笺上，中间没有任何污点和涂改，这与小学三年级学生的水平相当。

真担心那些在愚蠢教育下的孩子，为他们感到难过。

第 17 章　教学方法和教学用具

孩子经过良好品质教育的开发，针对孩子的潜在生命力，在不违背教育本质的前提下，对他们进行启发式教育。给孩子自由，给孩子自发学习，这样成长的幼儿，他们发音清晰、写字流利、动作优雅。他们在美感中长大，有最真挚的人性。聪慧的孩子还是周围环境当中最富智慧和最有耐心的观察者，以自由的智力形式掌握了理性的力量。

第一阶段：进行肌肉的练习，是为了发展孩子握笔与写字能力的必要准备。

教学使用的金属块与前面已经介绍过的平面几何木块完全相同。

练习步骤：

将孩子使用的两张小桌子拼成一个长桌，然后在上面放 8 个图形或者将这些金属块挨个摆在教师桌上。

孩子们在教师指导下，可以选择一个或多个图形，然后同时拿走框架和金属块。

这些金属块和木质平面几何图形，完全相似。在以前，他们要将这些金属块放在木质框架里，这里孩子们可以随意使用这些金属块。

孩子在一开始拿起金属框架，将它放在一张白纸上，然后用彩色铅笔，画出中空图形的轮廓。

接下来的一步，将框架拿开，这样的效果，会就留有一个几何图形在纸上面。

孩子们第一次用图案进行几何图形复写，效果不错。而在以前，孩子只是把几何形状金属块放在有现成图形的卡片、那三套画上。而此时他将这些金属块，就像他将木质几何图形块放到卡片上，放在自己画出来的图形上。

接着孩子的下一个动作，用不同颜色铅笔，将金属块轮廓线，简单画下来。那么，孩子在拿起金属块后，就能看到两种不同颜色复制出来的图形出现在纸上。

在此，第一次出现了教学中的抽象几何图形概念。两个金属物体不同，金属框架和金属块出现了相同的图形，这种图形通过直线来表现确定的图形。

这一事实吸引了孩子们的注意力。孩子会经常寻找用两种外形如此不同的物体，来复制出相同图形，好像这些图形在指导孩子的手玩。孩子会长时间搜索自己想要玩的，为了在复制图形时拥有那些看起来很明显的快乐。

除了这些以外，孩子们还学会描画直线，这是比较简单的事情。

这一天过去了，孩子充满惊奇和喜悦，因为他们意识到自己可以描画出字母符号来。

在这以后，教育 3 岁左右的娃娃，开始为与孩子握笔和运笔关系密切的肌肉机制做直接准备。

孩子自己选择彩色铅笔。他们握着铅笔，然后开始给自己画出的轮廓线填色。老师要注意——教孩子们不要出到轮廓线外面。这样做的目的和作用是，可以强化直线确定图形这样一个概念，就能够将孩子的注意力集中到轮廓线上。

给单独一个图形填色，这样一种练习，孩子可以重复，进行手的运用练习。在“儿童之家”，小孩手的运用与其他小学画出垂线起同等作用。这样做另一个好处是，小孩不会感到单调。

尽管孩子做着必要的肌肉协调运动练习，促进写字，但他们以自己愿意的方式来自由进行，同时他们的眼睛也注视一个大而颜色明亮的图形上。

孩子们一开始，画满一页又一页的三角形、正方形、卵圆形和梯形，将它们涂成红色、绿色、蓝色、橘色、浅蓝色和粉红色。慢慢地，孩子们只使用深蓝色和棕色。

无论画出图形轮廓还是填色，孩子们要做到与真实物体的颜色一致，这样做，好像复制出了金属物体的外表。

另外一些孩子在图形中心画出一个橘色小圆环，效果很明显——可以表现出用来拿起物体的黄铜钮。就好像真正的艺术家在看自己作品一样，当感觉到复制准确时，孩子们都非常高兴。

观察一个孩子连续绘画的过程，可以看出小孩的进步：

第一，在描画时，慢慢地，画到轮廓线外面的情况会越来越少，这有一个过程，但孩子在过程里会很愉快。最后，能够做到完全画在轮廓线里面，做到中心和轮廓线都紧密一致。

第二，小孩用来填充图形的线，从开始短而混杂，到后来逐渐变成长线，看上去它们之间几乎相互平行。

在许多例子中，看到用一些规则的上下直线构成图形，从图形上，这些直线一直延伸到下面。

在另外一些例子中，孩子是运用铅笔的杰出大师，完全得到了淋漓尽致的表现。在孩子身上已经建立起来必要的肌肉机制，为写字做好了充分的准备。

通过检查这些图形，孩子在握笔这方面，证明已经成熟。

为改变一下孩子的练习，通过使用已经描述过的轮廓线图形，这些图形再次练习，就对笔的运用显示出非常熟练。这些练习，让孩子们通过画各种长度的线，强化的效果，巩固了他们对铅笔运用的熟练。

假使能够数出孩子们填充这些图形时所画的线条数，将它们转化成为写字的符号，当然就能写满许许多多的练习本。

“儿童之家”所教育的孩子，他们获得的成绩，与普通小学三年级的孩子得到的效果一致。这就是 3 岁小孩超越了三年级学生的学习效果。

孩子们第一次拿起笔写字，就能够像一个已经写字很长时间的人，知道该如何运用铅笔。这证明了“儿童之家”的教育效果。而其他方法不会如此成功，不能在如此短的时间内，让3岁左右的小孩掌握写字技巧。

在教与学的整个过程中，“儿童之家”的孩子们非常高兴、放松。过去让缺陷儿童用小木棒画字母的轮廓，所使用的那种教育方法，与这种方法相比，就显得太贫乏。

就算知道如何写字之后，这种练习可以进一步深化，可以让孩子们继续这种练习，可对图案进行变化，使其变得复杂。

教孩子对各种图形变得熟悉，了解也越来越深入，在画每一个图形时，都遵循相同的基本动作，对此，孩子也深感骄傲。

“儿童之家”的教学，利用这种准备练习，不是重复练习的写字锻炼，刺激完善孩子填充图形，对笔的运用就会越来越熟练。

孩子们通过这种方式，在没有真正练习写字的情况下，完善了自己的写字功底。

第二阶段：为建立起字母符号的视觉，进行肌肉动作记忆练习。

教学材料：

1. 粘有用砂纸做成字母的卡片，包含有相同字母组的大个卡片。

2. 砂纸字母，根据每个字母大小形状来制作。元音字母用浅颜色的砂纸粘在黑色卡片上，辅音字母则用黑色砂纸粘在白色卡片上。

根据形状对比或类比，进行不同分组，这样能吸引孩子的注意力。

3. 将字母做成印刷体，笔画较粗的部分做宽一些。

在字体上，选用小学中所使用的那种。

进行练习：

在教授孩子朗读、写字母的过程中，从元音开始，然后辅音，直接发出声音。

在教授辅音时，老师要小孩立刻将辅音与元音相结合，按照发音方法来重复这些音节。

教学过程所依据的三个阶段，在之前已进行说明。

第一，将字母发声与孩子的视觉和肌肉触觉联系起来。

教师呈现给孩子两张元音卡片（或者是辅音，看情况而定）。假设呈现出来的为 i 和 o。

老师说："这是 i，这是 o。"老师在说出一个字母后，让孩子重复描画一遍。还要告诉孩子如何进行描画。

有必要的话，老师让孩子的右手食指，触摸砂纸字母，像写字一样。

孩子知道某个给定字母符号的方向就能通达"知道如何描画"。

经过练习的孩子，已经有非常良好的手指触觉，在砂纸粗糙的表面指引下，能够准确描完字母轨迹，所以孩子学得会很快。

接下来，让孩子重复这一过程，为了学会这个字母，不用害怕孩子出现错误，就像小孩在第一次使用铅笔时那样，要建立耐心、经验与信心。

孩子如果描画偏离卡片那光滑的表面，能立刻告诉孩子出现的错误。老师就要耐心引导纠正。

只要对描画字母变得纯熟，孩子们就会表现出极大乐趣，闭起眼睛重复这种练习，让砂纸引导着他们描画出形状。

不是字母视觉形象，而是触觉在指引孩子手的动作，这样就能够强化孩子的肌肉记忆。这样，知觉就能够通过这种直接的肌肉触觉练习而建立起来。

这里，我们看到——当教师呈现给孩子字母，并且让娃娃们进行描画时，同时发展三种感觉：1. 视觉；2. 触觉；3. 肌肉感觉。

通过这种方式，我们得到一个小结论：符号图像的强化相比于普通方法——仅仅通过视觉图像来进行强化，所花费时间要短得多。

确实，孩子有时可以通过触摸来认出一个字母，但用眼睛看时却无法做到。

小孩子的肌肉记忆最敏感，同时也最容易。

除此以外，这些图像还同时与字母发声建立联系。

第二，知觉。

当孩子听到字母读音时，应当知道如何进行比较，如何认识字母。

举例来说，教师问孩子："给我字母 o，给我字母 i。"如果孩子无法通过视觉来认识字母，在这样的情况下，教师可以让孩子进行触摸。孩子还是认不出来的话，教学就结束，过些天再重新开始。

要注意：不要指出错误；还有，在孩子不能做出积极反应时，不要坚持进行教学活动。

第三，语言。

老师将这些字母在桌上放一会儿，然后问孩子："这是什么？"

孩子会回答：o，i。

没有必要在教授辅音前，先把所有元音都教会孩子，孩子只要知道一个辅音，就会开始组词。

在教授辅音时，教师只发出声音，之后立刻与一个元音相结合，发出这一音节，要用不同的元音来重复这一练习。

教师必须时刻注意强调辅音的发音，不断进行重复，就像 m，m，m，ma，me，mi，m，m。孩子进行重复时，先单独发出辅音，然后与元音相结合。

教师在给小娃娃教授辅音时，要遵循一定的法则，别不切实际。然而经常出现这种情况——什么情况？即孩子对某一个字母的好奇心，驱使老师去教授那一个字母。

生活中，教学中，教师或者其他人，随意说出一个名字，也许会唤起孩子对于这个名字当中辅音字母的注意力。

孩子们来自生命本性的这种随意性，要比任何有关字母教学的方法都有效。

小孩子发出辅音字母声音时，这种神秘性激起他最大的兴趣，表现出明显的快乐。这是孩子的一个新鲜事物，一系列的发音如此不同，表明字母表中，字母像谜一样的符号具有神奇的魅力。

一天，我站在阳台上，看到"儿童之家"的孩子们在自由活动。

我的身边，有一个 2 岁半的小男孩，他母亲暂时把他托付给我看管。

教学用的字母放在一些散乱的椅子上，这些字母混合着，我将这些字母放回它们各自的地方去。

做完这些工作后，把盒子放在靠近我的小椅子上。

就是这个小男孩，他看着我，最后走到盒子边上，拿起一个字母，是 f。

这时，有一队孩子，从我们身边跑过，看到那个字母，齐声喊出字母的发音——f。

这个 2 岁半的小男孩，没有注意那些孩子，他放下 f，拿起一个 r。

那些玩耍的孩子，恰巧又跑回来，看着这个小孩子笑起来，然后开始大喊“r，r，r！r，r，r！”

几次以后，慢慢地，这个小孩开始明白，当他在手中拿起一个字母时，那些跑过的孩子们就会发出这个相应字母的声音。

这使得小孩非常高兴。

我也想观察一下他，他能够坚持这个游戏多久而不会疲劳。这是我想得到的一个答案。

这个小男孩儿竟然坚持了 3/4 小时。

孩子们对这个小男孩儿，同样也非常感兴趣，纷纷围上来，整齐地发出声音，对他所流露出的惊奇，感到好笑。小孩对小孩感兴趣，他们有共同的秘密与心灵。

最后当这个 2 岁半的小男孩儿几次拿到 f 后，他从周围的孩子中，听到同样的声音，然后再次拿起 f，指着我说：“f——f——f——”

小男孩儿从自己听到的混乱声音中，学会了这个字母。这个最开始吸引跑过来的孩子注意力的字母，给了他最初深刻的印象。

有的孩子的语言缺陷，几乎是与这个孩子本身发展不完善相关，这种缺陷会在孩子身上自己表现出来，教师需要逐一记录个体孩子的具体情况。

通过记录，教师就能够掌握孩子的进步，这种记录可以帮助教师进行个体教学，可以进一步揭示每个特定孩子的语言发展。

有关纠正小孩成长的语言错误方面，发现遵循儿童发展的生理学原则，对此有帮助，以此为依据，来调整对小孩教学课程的难度。

然而，当孩子的语言已经获得充分发展，当他们能够发出所有声音时，在课堂上选择什么字母就不再有问题，因为他们已经能够掌握语音。

长大以后，成人当中的永久性语言缺陷，几乎都是由自己处在婴儿期语言发展过程中自己的功能性语言错误造成的。

实际上许多发音错误，来自于方言的使用，并且想要在儿童期之后进行纠正，几乎不可能。而在儿童时期，这些错误通过专门适用于完善语言的教学方法，很容易进行改正。这就是孩子的可塑性强的缘故。

如果用孩子小时的语言良性发展，来代替孩子在高年级时为纠正语言错误所付出的努力，那么就能够获得更加实际和更有价值的结果。

我们在此说的，并不是解剖学、生理学上，或者与改变神经系统功能的病理学事实相关的语言缺陷，没有那么玄虚。

这里所提到的仅仅来自于孩子重复的错误发音，或对不完善发音，进行模仿所带来的不规则。没有什么办法能够比发音练习能更好地纠正语言声音的缺陷，小孩这种缺陷，通过任意一个辅音的发音表现出来，而发音练习是学习语言的必要组成部分，可以练习矫正。这种问题非常重要，可以单列一章进行论述。

直接教授孩子写字的方法，有两个阶段。

这种练习使得孩子学习、强化肌肉机制成为实实在在的可能，这种机制对于小孩运笔和书写符号来说都属于必需。

孩子已经在这上面练习了足够长的时间，他就能够书写字母表中所有字母、简单音节，在这之前，孩子没有拿过粉笔或铅笔，也能够做到这一点。

另外，“儿童之家”对孩子在进行书写教学同时，进行了阅读教学。

当教师呈现给孩子一个字母，并读出字母发音时，孩子通过视觉以及肌肉触觉，来强化字母图像，并将发音和相关符号进行联系。

我们说，当孩子看并认符号与字母、文字时，就在阅读；当孩子描画时，就在书写。这样，孩子就将两个动作接收为一个，而这两个动作在将来的发展中会分离，结果是构成两种不同的过程——阅读和书写。教学中，为了同时教授这两种动作或更好地将二者结合起来，让孩子接受一种新形式的语言，教师就不需要考虑这两种动作，其中哪一个更重要。

教师与成人父母不要自找麻烦，去考虑在儿童发展过程中，究竟先学阅读，还是先学书写，或者去考虑哪一个更加容易实现。

在此忠告：必须去除所有先入之见，一直等待直到从实践经验中得到这些问题的答案。那么教师与成人父母就会发现，在不同儿童个体身上，个体差异会导致在发展过程中，不同孩子这种或那种动作占有一定优势。这就是说，不同小孩不同个体心理起了作用，拓宽这种教学方法的范围，这种方法就是基于个性自由发展的方法，很到位。

第三阶段：进行组词练习。

教学材料：

载体主要是字母。

这里所用的字母载体与已经介绍过的砂纸字母没有什么不同，在形状和大小上都一样。

不过这些字母用硬纸板剪成，没有粘连，好处在于——通过这种方式，每一个字母都独立，学习中的孩子可以很容易使用，可以把字母纸板，放在自己想放的地方。

每一个字母纸板都做了好几个，为的是人手一个。

当然有装这些字母纸板的盒子。

这些盒子，在深度上非常浅，它们分隔成许多部分，在每一部分中，都放上一组四个相同的字母纸板。而在具体情况上，每个分隔部分大小不等，根据字母纸板本身的大小制定分隔的大小。

在盒子每个分隔的底面上，都粘着一个黑色字母纸片，这个字母纸片，就不能拿起来，做这些为了在孩子们使用完字母纸板，将它们放回原处时能减少寻找的努力。

很明显的是，这套材料当中的元音字母做成蓝色，而辅音字母做成红色。

练习过程的说明：

1. 只要孩子认识一些元音字母和辅音字母后，就在他面前放上那个大盒子，里面放着他认识的那些字母。

2. 教师这时要清楚地说出一个词，如“妈妈”（“mama”），特别是要将字母“m”的音发得清晰，重复几次。

3. 通常情况下，小家伙会迅速抓起一个字母“m”放在桌子上。

4. 教师继续重复：“ma—ma”，孩子会拿起“a”，然后放在“m”边上。

5. 接下去，他就能够很容易组合其他音节。但要读出他所组成的词却不那么容易。只有经过一定的努力他才能够成功。在这种情况下，帮助孩子，鼓励他去读，和他一起读上一到两次，发音要清晰，mama，mama。

总结说来，一旦孩子明白这个游戏，他就会自觉努力，变得感兴趣。可以说任何词，只要能够让孩子明白构成这个词的所有字母。他会根据发音来放置一个一个字母，组成一个一个新词。

教学中，观看孩子们进行这项工作最有趣。看到——精神集中的孩子坐在那里，看着盒子，嘴唇轻微动着，几乎察觉不到——嘴唇的动作揭示了他正在不断重复着单词，将这些单词的发音转换成符号。当使用这些熟悉的词时，孩子以一种沉思的声音，自发重复着这些他正在组合的词。他一个接一个拿出需要的字母纸板，很少犯拼写错误。

尽管孩子能组合出任意发音清晰的词，但一般只告诉孩子一些熟悉的词，希望他对这些字母组合能够产生出概念。儿童分析、完善、强化自己的口头语言，为自己发出的每一个声音都设置一个目的。组词使孩子坚信清晰有力进行发音的必要性。这种练习具有重要性，看起来也非常复杂。

孩子的这些练习，将听到的声音与看到的符号，联系在一起，为自己准确拼写打下了坚实基础。那些被念出来的词，让孩子通过记住符号、选择相应字母、按照适当顺序排列来完成。当他反复读词时，就有了准确的巩固学习的方法。

组词这种练习本身就是对智力的一种锻炼。当孩子听到其他人读他正在组合的词时，他自己就会有一种满足感和骄傲，充满了惊喜。因为这种通过符号进行的交流，给他留下深刻印象。

当孩子完成了老师告诉他的词组合以及阅读时，拿走所有字母，将字母纸板放回各自所在的位置。书面语言对小孩来说，代表自己智力所能达到的最高点，也是对他成绩的一种奖赏。

因此，在组合词练习当中，孩子们将比较和选择符号这两种练习结合在一起。

首先，当面前放着装满全部字母纸板的盒子时，小孩选择了那些必要的字母纸板。

其次，当孩子在寻找每个字母纸板要放回的分隔时，有三种练习结合在这一次努力当中，所有这三种练习都是为了强化幼儿符号的图像和相应的单词发音之间的联系。

在这种情况中，学习同时以三种方式进行：

“儿童之家”的教学，让小孩概念的获得只需要花费旧式方法所需时间的三分之一。这无疑具有优越性。

看到在听词以及思考他已经认识的词的同时，孩子用心灵的眼睛看到所有组词时必须的字母，然后排列字母。

我们看到，孩子会以一种让人吃惊的能力来重现这种视觉。

用例子来说明：

一天，看到一个 4 岁的小孩，在阳台上一个人跑，他嘴里面重复着：“为了拼出 Zaira，我必须有 z－a－i－r－a。”

另外还有一次，当迪多纳托教授参观“儿童之家”时，他对一个 4 岁的孩子说自己名字。

这个时候，孩子开始组合教授的名字，他开始时用小写字母组成了一个词——diton。

而教授立刻用更清晰的声音重复一遍——didonato。

此时，孩子并没有将字母全打乱，而将音节 to 拿起来放到一边，在空出的地方放上字母 do。接下来，他在 n 后面加一个 a，然后把刚才放到一边的 to 拿回来，组成这个词。

这个案例表明——当幼儿词的发音清晰时，孩子明白音节 to 不该在第一次组词时所在的位置，意识到它应当位于词尾，将 to 放一边，等到需要时才用。

所有在场的人为之吃惊——这是发生在一个 4 岁孩子身上的故事。

一个孩子如果他想要组成一个所听到的词，只有通过自己所拥有的清晰、复杂的视觉符号才能实现。什么都要靠自己。孩子的这种非凡行为，因为头脑具备了条理性，通过发展智力而进行重复自发练习而获得，一切都要引导得当。

这三个阶段，包含了3岁左右小孩书面语言学习的全部方法。这种方法的重要性非常明确。

为3岁左右幼儿画出符号和字母的肌肉运动，属于单独的，运用工具进行书写这一动作也一样。

在小孩那里，词的组合，同样被还原为一种心理机制，在这种机制中，孩子听到的和看到的图像要结合起来。

在没有思考的情况下，孩子用一种有规则自由的方式，利用垂线填满几何图形，他闭着眼睛，触摸着字母；用手指在空中，比画重现字母。

组合词成为一种儿童的心灵冲动，这时的孩子，即使一个人单独在那里玩，也会不断重复“为了组合出Zaira，必须有z－a－i－r－a”。

确实没有进行过书写的孩子，他已经掌握所有写字的必要动作。进行听写时，小孩知道如何去组合词，在头脑中呈现出整个词的构成，就能够进行写字，就算在闭着眼睛的情况下，进行写出字母的动作，几乎进行着无意识的运笔。

除此，孩子获得这种灵活性机制时，存在一种使得冲动和精神力量随时都能以这种机制为媒介而爆发的自由。那么小孩迟早会充满力量地进入自发写字。

在贝蒂妮负责的一所“儿童之家”里，教师特别注意了3岁左右幼儿的写字教学方法，很多人从这所学校得到了许多漂亮的孩子书法。

还是介绍一下这所学校的情况：

12月的一天，和煦的阳光，空气好像真的春天一样美好，我和孩子们走上房顶阳台。孩子们在那里自由玩耍，有的孩子则聚集在我周围玩得很开心。

我坐在烟囱旁边，对坐在我边上的5岁小男孩说：“给我画一张这个烟囱的图画吧。”我在说话的同时，给了他一支粉笔。他听到以后，蹲下去，然后在屋顶瓦片上，画了一张烟囱的草图。

我夸奖了他。因为鼓励与肯定的缘故，孩子看着我笑了，在要爆发出高兴动作前，他保持了一刻，接着就很兴奋，大喊道：“我能写字啦！我能写字啦！”

然后他又跪下来，在瓦片上写“手”。之后，继续，他又兴奋，写了“烟囱”、“房顶”。

他在写的时候，不停叫喊着：“我能写字啦！我知道——如何——写字啦！”

他的高兴，他的叫喊声，引来其他孩子，他们在我周围围成一圈，就像一圈鲜花。孩子们看着那个小孩子的绘画，都很兴奋。其中有两三个颤抖、激动地对我说：“老师，老师，给我一支粉笔，我也能写！”

确实，他们分别开始写出各种各样的词：妈妈、手、约翰、烟囱、阿达等。

他们中没有人出于书写目的，没有人曾经用手拿过粉笔或任何其他书写工具，人生总是有第一次。这是娃娃们第一次进行书写，就写出完整的词，就像小孩子第一次说出一个完整的词一样。

我们都知道，婴儿第一次说出一个完整的词，使母亲非常高兴。孩子也许会选择“妈妈”这个词，人性天生似乎要表达对母性的赞美。

“儿童之家”的这些小家伙们，第一次写单词，在他们中间激起了无法形容的快感。

在孩子们头脑中，书写在他们看来似乎只是自然赐予的天赋当中的一种。由于无法建立起一种书写准备练习和书写行为之间的联系，因此就有一种幻觉，认为他们长到足够大，就知道如何进行书写。换句话说，随着越长越大，越长越强壮，会有那么美好的一天，到了那一天他们就知道如何书写。

在书写中，直接的教学法帮助孩子书写动作进行准备练习，以一种具体实在的方式进行，这使得小孩书写能力的发展，要比正确说话能力的发展更快、更完善。那些能说话的孩子，在无意识当中进行了准备，完善了语言心理——肌肉机制，使他们能够流利说话。

好像是刚刚生了一个鸡蛋的母鸡，第一次写出单词的孩子，充满了兴奋和快乐，没有人能够逃开这些小家伙们的吵闹。如果有人没有去看他写字的话，他会跑过去抓住这人的衣服，强迫此人过来看。也许他会叫每个人都去看，我们所有人都不得不走过去，然后站在这些词边上，赞美这个奇迹。

在写出第一个单词后，孩子们伴随着一种狂热和高兴继续到处写。在黑板面前挤来挤去，靠近黑板的孩子，后面是站在椅子上的一排孩子，这样他们就能够在前面一排孩子头顶上进行书写。很显然，有的孩子由于没有挤进去而生气，为了找到一小点地方可以写，有的孩子把上面站着同伴的椅子推翻；还有的孩子跑向另外的窗户或者门，在上面写。

在刚开始的日子，老师就在写满了各种单词、符号的地毯上行走。这多么美好而又诗意。

家长的每日反馈，表明同样的事情，也在家里发生，甚至出人意料，在家里的面包皮上也发现了孩子写上的字。

有的母亲，为了节省开销，将纸和铅笔作为礼物送给自己的孩子。在这些孩子中，有个孩子一天带给我一个小笔记本，里面写得满满的。这个孩子的母亲把情况说给我听——他没日没夜地写，即使在床上睡了，手里面也紧攥着铅笔和纸，这是多美的童年，孩子值得珍爱啊。

在开始那段时间，老师无法控制孩子这种自然的智慧，属于可爱冲动的行为，这种冲动行为让人想到了，是它让口头语言一点一点获得发展。

与此同时，也让娃娃概念的基础逐渐形成。

试想一下，如果自然也像人鲁莽行事，会是什么结果。

生命通过感觉让幼儿大脑收集各种各样的资料，形成一个资料库，这样就为流利的语言做最充分的准备，直到最后一刻，才对一直不能开口的孩子发出指令："开始说吧。"

幼儿结果就会突然兴奋。在这种兴奋影响下，孩子感到没有约束，会爆发出一阵令人奇怪难懂的单词激流。

尽管老师依旧认为——这是一种自发现象，必须引领孩子逐渐掌握书面语言，让孩子的书写从一开始就完善。

孩子看同伴进行书写这一事实时，就该引导通过模仿，尽可能快地学会写。通过这种方式，当一个孩子在进行书写时，他可能还没有掌握全部字母，能写出来的词汇也有限。但他拥有第一次写字所带来的快乐，这种快乐已不是吃惊的来源，孩子每天都能看到这些奇妙事情的发生，同样的天赋迟早会出现在每个人身上。

去参观“儿童之家”，人们也会有惊奇发现：有两个小孩表现得相当骄傲和高兴，在书写时却很安静。这些孩子昨天时，还从来没有想到自己写字呢。

这两个孩子，一个在昨天上午 11 点钟时开始写字，另一个在下午 3 点钟。将这当成是孩子发展当中的一种自然形式。

由教师来决定什么时候鼓励孩子开始动笔写字。

只有当孩子在准备性练习的三个阶段都已很完善，而孩子自己又没有主动写时，教师才可进行鼓励。

要注意，有阻碍儿童自发书写行为的危险，就要制止。孩子也许会陷入盲目的努力中去而出现走弯路和心灵受到伤害。

教师能够根据以下标志准确确定孩子的成熟性：

1. 填充几何图形时，使用平行线的规则性很到位。

2. 闭着眼睛对砂纸字母的识别。

3. 在组合单词时所表现出的态度和熟练程度。

老师在进行直接干预以刺激孩子进行书写之前，最好等上一星期，等待孩子能够自发进行书写。孩子自发书写，教师就可干预，并指导他学会写字的进程。

首先，教师应当进行的是，规范孩子在黑板上写写画画，让孩子在书写时保持适当的维度和规则性。

其次，那些写字还不稳定的孩子，老师要指导他们去重复描画砂纸字母，因为他们还不能通过书写这一动作本身，而只有经过重复描画字母才可以完善写字的功底。做好基本功，而不急于求成，去纠正孩子写字由于功底不到位发生的错误。

有一个小家伙希望自己的字非常好看，他自己觉得一个字母还不够好看，那就擦掉，在重写之前再摸一遍那个字母。这就是增强自己的功底，加强积累能力，就拿所有砂纸字母，在写字前，把单词中出现的字母都摸上两三遍。

孩子在进行一年的书写练习后，也还继续三阶段的准备练习，不但学会了书写，还能写得很漂亮，而孩子却没有进行过真正意义上的书写动作。

对孩子而言，真正的书写只是一项测试，它来自自己内部的冲动，来自一种进行高等级动作的快乐，而不是一种练习。这些小家伙们通过与书写相近似但却不是书写的练习，来获得并完善人类最高的表现形式即书面语言。

尝试之前，进行准备、开始前完善观念的方法，有教育价值。为了让孩子纠正错误，鲁莽地让孩子尝试他还做不好的东西，会让他对自己错误的敏感变得迟钝。在书写教育方法中，包含着一个有教育意义的概念：

一、教会孩子谨慎。这可以让他避免错误，要教会孩子尊严，可以让他勇往直前。

二、教会孩子谦虚。使他能够更接近善的本源。通过这种善，他能够独自一人实现精神上的胜利。

三、要教会孩子排除幻觉。让孩子排除头脑当中错误的事物与观念。

所有3岁左右的孩子，无论刚刚开始三阶段练习，还是已经开始进行书写几个月的孩子，每天都重复同样的练习，这使他们在一起，在儿童之间团结友爱，相互平等，在初学者和熟练者之间没有区别。

所有孩子都用彩笔填充图形，触摸砂纸字母，用字母组合单词，年龄各不相同的孩子在一起互相帮助。那些孩子正在进行准备的，以及那些孩子不断完善的，他们都走一条相同的学习道路。生活中也如此，平等要比任何社会差别都更加深刻，所有的人皆兄弟，这就如同在精神中，热望者和圣徒都要经受相同的经历一样。

这样的孩子的书写很快就可学会，只对那些流露出这种欲望的孩子进行教授：他们在别人进行练习时在边上观看，教师对其他孩子进行教授时表现出一种自发的注意力。有些仅仅通过听讲给其他人的课程、在没有上任何课的情况下，有的孩子就学会了写字。这就是所谓的“瞟学”，属于很有智力的孩子。

总的说来，孩子们对于描画砂纸字母表现出特别兴奋。4岁孩子都对书写表现出浓厚兴趣，一些孩子在3岁半时就已经开始进行书写。

有一天，“儿童之家”的贝蒂妮，将所有她自己制作的字母卡，都拿到孩子们正在玩耍的阳台上来。这是孩子们在“儿童之家”第一次看到字母。孩子们一看见，就热热闹闹都围上来，大家用手指急切地触摸着这些字母卡片。

手中已经拿着卡片的孩子，无法很好地进行触摸，原因在于其他孩子拥挤，造成自己无法进行自己想干的。另外的孩子，也想要从装卡片的口袋里拿到卡片。不能触摸，那些拿到卡片的孩子就将它高高举起，好像手中拿着旗帜，开始到处巡游。而其后面，跟着许多其他孩子拍手鼓掌，大叫大喊，看上去就在玩耍，很快活。

这个可爱的队伍，从几个老师身后穿过，无论大小、所有孩子都高兴地笑着，而孩子们的母亲，也被这些嘈杂声吸引过来，透过窗户看到这一温馨的场面。

“儿童之家”4 岁的孩子，平均时间花一到一个半月——从第一次准备练习，直到写出第一个单词。“儿童之家”5 岁的孩子，时间要短得多，平均时间花一个月——从第一次准备练习，直到写出第一个单词。对一些小学生而言，却要 20 天学会写字母表当中的所有字母。

“儿童之家”的 4 岁孩子——

1. 在上了两个半月的学之后，就已经可以通过听写，可用墨水在笔记本上进行书写。

2. 在 3 个月之后，小家伙们都已经非常熟练。

3. 6 个月之后，孩子们就能和小学三年级的学生媲美。

在“儿童之家”，书写是孩子们最容易也是最开心的事情。

成人文盲，也能像 6 岁以下儿童那样学习。要实现扫盲，有两个最重要的困难：一为肌肉感觉混乱；二为口头语言中的缺陷。这种缺陷一定会被转换到书面语言中。

一学年对于那些文盲来说足够，不但可学会书写，还能用书面语言来表达思想。

书法技巧的问题——任何小学校的书法都无法和“儿童之家”的教学质量相比，因为他们没有针对握笔运笔的专门练习。“儿童之家”的孩子从一开始就写得非常好，写出的字母形状圆润流畅，与砂纸字母表现出令人吃惊的相似性。

“儿童之家”的孩子，有一种自发的完美性，保持字母的理想坡度，让每个字母之间的距离都相等，可以在写完一个完整单词前不停笔。

所有这些使得几乎每一位参观者都兴奋地呼喊：“要不是我亲眼看见，我真的不会相信。”确实，书法是一种高级教学形式，对于矫正已经学得或养成的坏习惯都极为必要。

要想教一个普普通通的十二三岁孩子，他们在练习本中所画的上下直线根本用不上，要他们在写完完整单词前而不把笔抬起来，这有多困难，当然少数字母需要提笔除外。

经常出现这种情况：在所有缺陷都固定在孩子身上后，在肌肉记忆发展错过最佳时期后，才开始进行书法的教学。

对孩子而言，在没有直接视觉和运动觉帮助的情况下，在看完模型后，复写出这个字母，需要很长时间。要让孩子注意到字母的美感（让孩子触摸印刷体的字母）和字母的流畅（填色联系为此作了准备）。为孩子做准备，不单是为了书写，也为了书法。

阅　　读

相关教学材料

1. 阅读需要使用的教学用具包括大量卡片，上面清晰写着大号单词或者句子。

2. 还需要各式各样的玩具。

教学要让三五岁的孩子清晰区分书写和阅读，因为这两种动作并不绝对同时。

在“儿童之家”，与普遍接受的观念相反，书写一般位于阅读前面。

孩子检查自己刚刚写出来的单词，不是一种阅读。在此他只不过将符号转换成声音，就像一开始书写时，将声音转换成符号一样。

阅读是从书写符号中解释概念。在这种检查过程中，孩子已经认识了单词，在书写时不断重复。

单词阅读、书面语言的关系与听单词、口头语言的关系相同。阅读与书写都是为了接收他人传送给我们的语言信息。孩子并没有听到单词发音，只有当这个单词放在桌上，用字母拼写出来，孩子能够认识并且说出单词的含义时，这才是阅读。

所以说，只有当孩子能从书面语言中理解概念时，才能说他学会了阅读。

对于儿童教育而言，书写是一种心理——运动神经占主导地位的动作，而阅读则是一种纯粹智力性的工作。书写让孩子为解释构成单词的字母组合发音做了准备。“儿童之家”对于书写的教学方法，为孩子的阅读作了准备，使这种困难几乎感觉不到。

写出一个单词要比阅读同一个单词耗费更多的时间。在学校，如果孩子知道进行书写，也就知道读出单词发音。注意到当孩子用字母组合出单词或写出单词时，他必须有时间思考选择哪些符号来组成这个单词。

摆出一个单词给知道如何书写的孩子，让他通过阅读对单词进行解释，他就会很长时间没有声音，接下来，以一种和书写一样缓慢的速度，来读出构成这个单词的发音。只有当清晰念出、用语言学的方式来读出这个单词时，对于单词的感觉才变得明确。孩子必须认识这个单词，必须知道这个单词所代表的含义，这是为了确定单词的音调。

孩子想要进行阅读，对这种高级智力工作进行干预，就属于必要。因所有这一切，“儿童之家”在幼儿教育中，在阅读练习中，采用如下方式，完全抛弃旧式启蒙读物的做法——就用普通书写纸，做一些小卡片，在每一张卡片上都写上一个大而清晰的单词。

这些单词，孩子们已经说过许多遍，而单词所代表的物体，也都是实际存在或者属于孩子们非常熟悉的事物。

为了使孩子对一个单词的解释更加直观方便，假设一个单词指孩子面前的一个物体，就将这个物体放到孩子眼前。游戏里面的物体绝大多数是“儿童之家”的玩具——包括洋娃娃和她的房子、羊群、各种动物、玩具士兵、球、树木、铁路和各种简单图形等很多。

阅读为了帮助概念的发展，将孩子与语言的发展联系起来。孩子的书写能够纠正，进而指引和完善儿童的口头语言机制，书写能够促进小孩生理语言的发展，而阅读则对孩子社会语言的形成起作用。

接下来，教师安排小孩从名称开始，读出熟悉物体的名字。

孩子们已经知道怎样去读任何一个单词，已经知道怎样读出组成单词的音节。使用简单还是难一些的单词，这一点并没有太大关系。

让一个小孩子慢慢将书面单词转换成声音，转换不准确，一定要注意，老师也不能说“快一点”。

孩子在读第二遍时，读过了一遍，就会快一些，但还是经常无法理解含义。这时老师可以适度地说道：“快一点，快一点。”

那么，由于重复而不断地熟悉，孩子每读一次就比前一次更快，重复着相同发音，最终这个单词进入了孩子的意识深处。此时的孩子，就像认出了一位老朋友一样，看着这个单词，表现出满足感。这就完成了小孩阅读的练习。

孩子的这种课程，进行得非常快，因为它面对已经准备好书写的孩子们而进行，有备而来的。在“儿童之家”的教育方法看来，将那些单调愚蠢的启蒙读物和无用的抄写本十分明智地抛弃，对孩子极为有利。

而当孩子在读单词时，他需要在相对应的物体上面放上说明性的卡片。

最有趣的一个发现，来自于进行一种游戏所付出的努力——这种游戏可让孩子不费力气，就学会读单词。

游戏如下：

1. 放上各种玩具在一张大桌子上，都有写有名字的卡片相对应每个玩具。

2. 老师将这些卡片叠好，混放在篮子里面，然后让那些会读这些单词的孩子，从篮子里面抽出卡片。

3. 每个孩子都要将卡片拿回自己的座位，安静地打开，在心中默读而不让周围的孩子看到。

4. 接下来，孩子要再次将卡片叠好，这样就可以好好保守这个秘密。

5. 孩子手中拿着叠好的卡片来到桌子边上，然后清楚地说出卡片上的名字，同时要给教师看卡片以确认他是否说对了名称。

说明：这时，如果说对了的话，这张卡片就成为了一个可以换到相对应玩具的金币。在此，如果孩子清楚地说出并正确地指示出玩具，教师就可以让他拿走那个玩具，还可以让他尽兴地玩。

当每个孩子都轮了一遍之后，教师叫来第一个孩子，让他从另一个篮子里面抽出一张卡片，一抽到卡片后，孩子就立刻读出来。

这些卡片是小孩还不知道如何进行阅读的那些同伴的名字，这些同伴也就因此没有得到玩具。

这个读名字的孩子，要将自己刚才玩耍的玩具，给他读到的小伙伴。

可以看到真正的教育是心灵的教育——"儿童之家"教育孩子，要以一种优雅而有礼貌的方式来给同伴玩具，并且一定要鞠躬。

教育小孩，通过这种方式，就消除了任何等级观念，并且唤起了一种对人的慈悲心。这种阅读游戏进行得非常好。孩子在得到哪怕是一小会儿那些漂亮玩具时的满足感，因为得到了尊重。孩子需要得到尊重。

使老师惊奇的是，那些已经学会理解单词的孩子，居然拒绝拿玩具。到底是为何？孩子们这么解释——自己不想浪费时间在玩耍上面。

对于抽出卡片，然后进行阅读本身，他们表现出一种无法满足的渴望。

想要理解这些幼小心灵中所潜藏的秘密，对于小家伙们灵魂的伟大，只有由衷赞叹。当老师站在这群热切的孩子中沉思时，发现了正是孩子们对于智慧的热爱，让人感受到了种种奇迹，使人思考人类灵魂的伟大。

在"儿童之家"，我本人与其他老师，抛开所有玩具，制作了上百张卡片，包括孩子们的名字，城市和物体的名字，以及通过感觉练习而学会的颜色和质地名称等。将所有这些卡片放在盒子里面，孩子们可以自由使用。老师曾经预想，孩子气的他们，会很快从一个盒子转到另一个盒子。恰恰没有，每一个孩子都将一个盒子掏空后，才转向另一个盒子，他们有一种对阅读无法满足的欲望。

有一天我来到学校，发现教师让孩子们将桌椅都放在阳台上，要在室外进行教学。露天教学十分必要。一些孩子则在桌边围坐成一个圈，桌上放着砂纸字母和可移动的字母；另外一些孩子在阳光中玩耍。教师坐在桌子边上，手中拿着一个长而窄的盒子，盒子里面放满写着单词的卡片。那些可爱的小手，在盒子边缘寻找自己喜爱的卡片。这时教师说："也许不会相信，我已经开始一个多小时，可他们还没有满足。"老师将球和洋娃娃拿过来，进行实验吸引孩子，但没有结果。看来与智慧与学习所带来的快乐相比，这些都没有用。

看到这令人吃惊的结果，想到用印刷体来测试一下孩子。我就建议教师，在一些卡片的手写体下面加上印刷体，而孩子们的举动，证明这根本没必要。

在"儿童之家"大厅里，有一个日历，上面用印刷体印着许多单词，另外还有个特体的字母。

注意到，孩子们对阅读的狂热，使他们开始看这日历。事实证明，他们不但能够阅读印刷体，而且还能读特体。

那么，就差给孩子们一本书读了，现在的书没有一本适用于"儿童之家"的方法。

在"儿童之家"学习的小屁孩，母亲们很快就提供了他们孩子进步的证据——她们在孩子们的口袋里，发现了一些小卡片，上面粗略地写着购物清单：面包、盐等。看看：孩子已经开始为母亲买东西列清单了。

另外有一些母亲告诉老师说：他们的孩子已经不在街上乱跑，而是停下来阅读商店里面的字符。

有一个 4 岁孩子，孩子的父亲是市长，在一所私立学校接受同样的教学。这个市长父亲收到了许多信件，这位市长知道自己的孩子接受书写和阅读练习已经两个月，却没太注意这件事情。作为父亲，他不太相信这种方法。

有一天，他坐在那里看书，孩子在边上玩耍，一位仆人进来，将一大堆刚刚收到的信件放在桌子上。小男孩注意到这些，他拿起每一封信大声读出地址。在他父亲看来，这令他兴奋，真是一个奇迹。

说明一下——有关学习阅读和书写的平均时间问题。经验表明，如果从儿童进行书写那一刻开始，从那种比较低等的图形语言阶段过渡到阅读高级阶段，平均需要两个星期。

要想达到阅读中的熟练，则要比书写中的慢很多。

在许多情况下，那些阅读依旧不太好的孩子，能够写得一手漂亮字。

同一年龄的孩子，在阅读和书写上面，能力并不完全相同。

教学，不但不强迫孩子，也不刺激他，用某种企图来哄骗孩子去做不想做的事情，也不能做。

有时，有些孩子没有自发参加这些课程，他们的的确确也就不知道如何进行书写和阅读。

如果采用旧式方法来教育孩子，明明白白的事情——就可能会扭曲孩子的意志，破坏孩子的自发性。

这些错误的教育方法认为：在 6 岁以前对孩子进行书面语言教学，属于不可能的事情，如果真这样，那就更不用说“儿童之家”的方法。

在没有更加丰富的经验前，“儿童之家”的教育方法，不想确定是否在任何情况下，口头语言充分发展的时刻就是开始发展书面语言的最佳时机。

在任何情况下，几乎所有使用“儿童之家”教育方法的孩子：都可以在 4 岁时开始书写；在 5 岁时知道如何进行阅读，并且至少是达到小学一年级水平。

因此这些孩子，在上小学一年级时，他们完全可以提前一年上二年级。

阅读句子游戏——当“儿童之家”的朋友，发现孩子们可以阅读印刷体时，他们送给“儿童之家”精美的图书作为礼物。

浏览了这些简单的童话故事后，我确信孩子们无法理解。而教师对于学生的能力深感满意，想要证明我错。他们让不同的孩子给我读故事，说这些孩子要比那些普通小学二年级的孩子强许多。我不想让自己受骗，不想自欺欺人，于是就做了两个试验。

第一个实验：

一开始，让教师给孩子讲一个故事，而我就在旁边观察孩子对这个故事在多大程度上感兴趣。

在几个单词之后，孩子们的注意力就开始分散。我不让教师提醒那些注意力不集中的孩子，渐渐地，教室里面响起了嗡嗡声，因为孩子们并不关心在听什么，转而关注自己的事情。很明显，那些看上去似乎很高兴读书的孩子并不因为书，而因为他们获得了这种读书的能力，能够将图形符号转换成自己认识的单词和发音而高兴。

结论：如果孩子们拿到一本有许多不认识单词的书，他们也不会表现出这种持久性来。

第二个试验：

让一个孩子念书，并不打断孩子，或者发表一些解释性的话语，就像教师们想帮助孩子去抓住故事的主线时所做的那样。

好比教师会问："停一下，你明白吗？你读的是什么呢？告诉我们，这个小男孩是如何驾着一辆马车的，好吗？注意书在说些什么。等等。"

我把书给了一个小男孩，以一种友好方式坐在他边上。当他读书时，我像一个朋友那样简单而又严肃地问他："你能明白在读什么吗？"

他回答："不能。"

孩子的面部表情，似乎想知道我为什么让他读书。

实际上，通过对一系列单词的阅读，其他人的复杂思想就可以传递过来，这对孩子们来说是他们未来的目标，是惊喜的又一个源泉。

书依靠的不是语言机制而是逻辑语言。在孩子能理解、欣赏书以前，必须建立起一种逻辑语言。

对一本书，在知道阅读单词和阅读感觉之间存在着距离，就像知道发音和说话之间的距离一样。因此，停止了让太小的孩子阅读书籍，一直等待着新的动向。

这是明智的做法。

一天，在自由对话时间里，有四个小孩同时站起来。

四个小孩脸上带着喜悦的表情，他们跑向黑板，然后写出了下面的话：

"哦！花园开花了，我们真高兴呀！"

对我来说，这真是一个巨大的惊喜，深受感动。孩子们自发地实现了作文技巧，就像他们自发写出了第一个字母一般。

在此进行总结：机制准备的过程相同，当时机成熟时，逻辑性的口头言语就刺激了相应书面语言的爆发式发展。

这个时候，到了该进行句子阅读教学的时候。根据孩子们使用的方法，老师在黑板上写："你们爱我吗？"

孩子们慢慢地大声读着，保持了一刻安静，好似在思考，接下来都喊道：“爱！爱！”

老师继续写出：“那好，保持安静，都看着我。”

他们几乎是叫喊着读出了这句话，但是在就要读完时突然变得安静，只有椅子发出声音，而这也是孩子们为了调整姿势减少噪声才发出的。

就这样，在我和他们之间，通过书面语言交流，这让孩子们异常感兴趣。

渐渐地，他们发现了书写的本质——传递思想。无论何时老师开始进行书写，他们都非常急切，想要明白老师的意思，而不用听老师说一个词。当书面语言和口头语言被完全隔离时，才能理解它的重要性。确实，图形语言不需要口头词汇。

在这种阅读教学入门后，“儿童之家”采用了如下的游戏，孩子们对此感到非常高兴。

在一些卡片上，老师写了长句子，描述了孩子们要做的动作，比如：

1. 关上百叶窗，打开前门；然后等待片刻，之后将所有的东西按原样放好；

2. 要非常有礼貌地邀请你的 8 个同伴离开他们的座位，在教室中心排成两行，然后让他们用脚尖着地，前后移动，注意不要发出任何声音；

3. 如果他们愿意的话，邀请三位年龄最大、唱歌最好听的同伴，站在教室中间，然后和他们一起唱一支歌曲，等等。

只要老师一写完，孩子们立刻就抓住卡片回到自己的座位上，非常认真自觉地读，并且与此同时，所有的孩子都保持安静。

接下来老师问道：“你们明白吗？”

“明白！明白！”

“那就按照卡片上告诉你们的去做吧！”老师说。

老师就能非常高兴地看着孩子们迅速而准确地按照卡片上行事。

他们中，有的孩子关百叶窗，然后又打开；有的孩子让同伴踮起脚尖走路；有的孩子让同伴唱歌；有的孩子则在黑板上进行书写或者从碗橱里面拿出某样东西。

所有这一切——惊喜和好奇制造了一种安静，孩子们在课上饶有兴趣。

好像是“儿童之家”老师的某种魔力刺激了这种前所未见的行为，而这种魔力就是书面语言，是人类文明最重要的成果。

孩子们深刻地理解了书面语言的重要性，他们聚集在老师周围，流露出感激和喜爱的表情，说道：“谢谢您！谢谢您！谢谢您的课程！”

这种游戏成为了最受欢迎的游戏：

1. 游戏一开始保持绝对安静。

2. 然后拿出一个里面装满叠好卡片的篮子，每一张卡片上面都写有一长句话，表明一个动作。

说明：所有能够阅读的孩子都可以抽一张卡片，在心中默念一到两遍，直到确定理解了卡片上的内容。

1. 接下来，孩子们将卡片还给教师，开始执行各种动作。

说明：这些动作都需要那些还不能进行阅读的同伴进行帮助，需要处理和利用各种材料。进行的各种活动都井然有序，教室里面的安静，也只偶尔被轻轻的小跑声音和孩子们的歌声打断。

游戏，这也出人意料地揭示了一种幼儿自觉的纪律行为。

教学经验告诉幼儿教育工作者，作文一定要处于逻辑阅读的前面，而书写要在词汇阅读之前。同样，如果教授阅读的目的是让孩子能够接受一个观念，那就必须开展默读，而不能发出声音。

大声朗读暗含着两种机制形式，语言的练习——口头和书面的形式，因此，也就成为一项复杂的工作。

一个成年人要给大家读报纸，首先要知道报纸的内容。

大声朗读是一种最困难的智力行为。

孩子在一开始时，为了理解思想应当默读，当涉及逻辑思想解释时，书面语言就必须与口头语言相隔离。原因在于：书面语言代表着一种远距离传送思想的语言，而与此同时，感觉和肌肉机制却都无声进行。这是一种精神化的语言，它保证所有懂得阅读的人能够进行相互交流。

我十分强烈地建议——小学一年级应当取消，因为在“儿童之家”的幼儿教育里面，已经包含了相应的内容。经过科学可靠的教育，这些孩子发音清晰，写字流利，动作优雅。他们在美感中长大，有最真挚的人性，他们还是周围环境当中最富智慧和最有耐心的观察者，以自由的智力形式掌握了理性的力量。

对"儿童之家"培养出来的这些孩子，小学应当重视接受他们，指引他们在生活和文明的道路上继续前进。而这样的小学校应当忠于以下的教育原则：尊重孩子的自由，尊重孩子的自发表现。因为这两条原则将会形成孩子们的个性。

孩子们也非常熟悉各种良好行为和礼节，守纪律，能很好地控制自己。他们不仅拥有完善的口头语言，还掌握了阅读技巧，并且已经开始学习逻辑语言。

在"儿童之家"的教育，已经达到了很高水准，它的进步性、客观性、可靠性，证明社会的整个小学教育系统都需要改变。如何对小学校低年级进行改革，使他们能够按照"儿童之家"的方法运作，这是一个大问题，在此无法进行讨论。

在未来，小学的班级应当从接受过我们"儿童之家"教育那样的孩子开始教学，他们已经知道如何进行书写和阅读，知道如何照顾自己，如何穿衣服、脱衣服和给自己洗澡。

第 18 章　儿童期的语言

幼儿学习语言的重要性可想而知，人根本就依赖语言的表达，听说读写的能力，从幼儿开始，就要好好根据幼儿个体进行开发与因材施教，而幼儿要学习掌握基本的语言能力，这是衡量一个人将来生命质量的标准。没有掌握正确口语的人有很大的缺陷。没有专门去完善口头语言，那么一种美学概念上的教育就不可想象。

使用教育幼儿的方法，主要基于口头语言。

书面语言包括听写和阅读，同时它也包含着口头语言的全部机制（中枢通道、听觉通道、运动神经通道），正因如此，书面语言可以从以下三点来考虑。

第一，书面语言本身在形成过程中，它是一种建立在神经系统内的新机制的总和。同时，它还是一种实现社会目的的工具；就像口头语言既是人的一种自然能力，又是一种用来达到社会目的的工具一样。

第二，从书面语言和口头语言的关系来看，在这种关系中，永远存在着这样一种可能性，即利用书面语言来完善口头语言。这种考虑正是“儿童之家”的教学所坚持的，同时也给予了书面语言一种生理学意义上的重要性。

第三，掌握具有重要社会意义的新语言。

将这种重要的社会意义附加在口头语言上。这就是文化的重要性，而这种重要性一般被赋予书面语言进行表达、传递、保存，因此在学校学习书面语言时，根本没有考虑到书面语言和口头语言的联系，学校只给个体传授语言，只是学习简单的交流工具，使个体能够与其他人进行交流。

简而言之，赋予书面语言一种生理学意义具有重要性。

孩子的书面语言在刚开始时，充满了困难，我们还是在使用一种非理性的方法进行教授。小孩一旦获得了这种能力，就立刻尝试着要发挥书面语言的某些高级功能。却忽略了这样一个事实：这种书面语言是经过几个世纪文明人类的完善才固定下来的。

想一想人们曾经使用教育幼儿语言方面错误的方法，多么没有道理。

错误的方法没有搞清楚——人们分析各种符号，对于书写字母而言，不是必要的生理动作，也没有考虑到一个事实：任何符号都是难以掌握的。

再说，符号的视觉呈现与书写符号的运动神经机制没有必然联系——恰似一个单词的听觉呈现，完全可以与口头语言的运动神经机制相关。

想要唤起一种应激性的运动神经活动，就非常困难，除非在符号的视觉呈现之前，已经建立了视觉呈现与书写符号的运动神经机制之间的联系。

同样，想要产生一个动作，就非常困难，除非已经通过练习和习惯性力量在之前建立起了这种联系。

我们来看在写字方面错误引导孩子的弊端：如果将书写还原成对一些小直线和小曲线的分析，那么呈现给孩子的符号，就体现不出任何重要性，也就无法引起自发的运动神经冲动，无法激起孩子们的兴趣。

那样错误地教导孩子写字，仅仅是人为的动作构成了意志的努力，容易造成儿童很快就筋疲力尽的效果，孩子表现出烦躁和痛苦。因此，当孩子被催促着要努力时，教师实际上压抑而不是唤醒了儿童的心智力量。

伴随着这种错误性的努力教学与孩子努力学习的是：孩子产生各种压抑感，并且会导致孩子学习中错误符号的出现，就会产生更多错误的连锁反应，使教师不得不去纠正，这样会让孩子更加泄气，小孩大脑积累错误经验，幼儿在以后还会犯更多的这种错误。

尽管书面语言还不完善成熟，它还是要服务于语言的句法结构，服务于高级精神中枢思想的表达。

尽管遵循着这样一种错误的课程，孩子们只得十分痛苦地学习着书面语言，要被立即用于实现社会目的。

简而言之，语言机制是高级神经活动的前提。任何人都知道，在自然中，口头语言的发展循序渐进。

语言的发展有两个阶段：

低级阶段——是为各种神经通道和中枢神经做准备，而中枢神经要将各种感觉通道和运动神经通道联系起来。

高级阶段——由高级神经活动来决定，这种高级神经活动，通过语言机制的发挥来使自己外化。

在库斯莫尔给出的有关口头语言机制的图示中，必须首先区分出大脑反射弧（代表了语言的纯粹机制），它于口头语言形成的第一阶段当中建立。

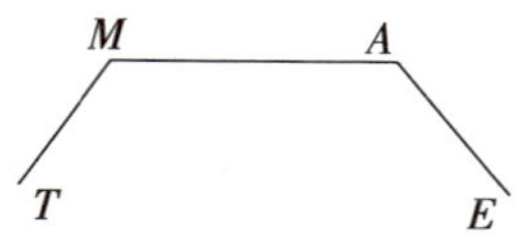

E 代表耳朵，T 代表语言器官，A 代表语言的听觉中枢，M 代表运动中枢。EA 和 MT 是外围通道，前者具有向心性，而后者具有离心性。AM 属于建立起联系的内部中枢通道。

中枢 A 存贮着单词的听觉图像，就像图表当中所表明的那样，它还可以被细分为三部分：一、声音（So）；二、音节（Sy）；三、单词（W）。

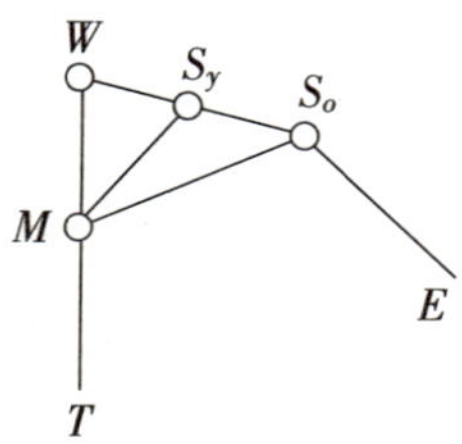

声音和音节中枢可以部分形成，因为在有关语言病理学研究中，有一些失语症患者能发出声音或某些声音和音节。

在一开始时，小孩子也仅仅是对语言中简单的声音很敏感，通过这些简单声音，特别是“s”，母亲们可以吸引孩子的注意力。渐渐地，孩子开始对音节敏感起来。母亲同样可以利用音节来引起孩子的注意，比如，“ba，ba，punf，tuf!”最终是一些简单的单词，开始吸引孩子的注意力。

在幼儿的运动神经中枢里，也重复着同样的一个进程。幼儿在开始时只能说出一些简单的发音就像 bl——gl——ch——母亲们对此，表现得很高兴。接下来，幼儿学习说话，是单独的音节：ga——ba——学说话的幼儿，发展到最后是单词，一般情况下是唇音：mama。当孩子们说出的词汇能够表明一个概念时，口头语言就已经开始。

我们举例来说明——

当小毛孩看见并且认出母亲时，他说“妈妈”；

想要吃东西时说“爸爸”；

当看见一条狗时说“狗”；

我们因此知道，小孩学说话，当语言与感知建立起联系时，语言就已经开始。不过此时语言本身仍然是一种心理——运动神经机制，还是非常初级的阶段。

我们要懂得，小孩学说话，在反射弧之上，语言的构成机制还是无意识的。

进一步的情况：当孩子能够认识单词，也就是单词能够被感知，与相对应的物体建立联系时，语言就开始发展。

在这一层次上，小孩的语言继续不断完善，与此同时，听觉也在更好地感知单词构成和发音。心理——运动神经通道对于语言也更加敏感。

这是小孩成长口头语言的第一阶段。

在这一阶段，小孩语言拥有自己的开始和发展，通过感知觉引导语言本身的原始机制不断完善。

在这一阶段，被称为表达口语的东西建立了起来，它后来发展成为成人自由表达思想的工具。一旦建立了它，成人就很难再进行完善和纠正。

所以，实际上高等级文化，有时伴随一种口语的不完善，阻碍了个人思想的表达。

要清清楚楚：口头语言的发展一般在孩子 2～7 岁，这是感知觉阶段。在这一阶段中，孩子的注意力开始自觉转向外部世界，记忆力也特别敏锐。

这个阶段，同时也是一个好动的阶段，心理—运动神经通道变得日益完善，小孩的肌肉机制，也正在开始建立。

在这一阶段——小孩通过听觉通道和口语的运动神经通道之间的神秘连接，听力感知直接刺激口语的并发运动。这就是说，在听力感知的刺激下，口语本能地发展起来，好像从遗传的沉睡当中苏醒一般。

大家都知道——只有在这一年龄阶段，才可能获得所有的语言调节，而在这之后的一切努力，都属于白费。

7 岁以下的儿童可以同时学习几门语言，可以接受和重现所有的腔调和发音方式。

只有母语才能很好地发音，因为它是在儿童期建立起来的。成人要想学一门新语言，就一定会带有外国人说话时不完善的口音。

而在儿童期产生所有语言的缺陷，比如方言或一些不良习惯，这些到了成人期就再也无法改变。

成长随后发展的是高级语言，也就是逻辑思维语言。逻辑思维这种语言的根源已经不在语言的机制中，而在智力发展中，因为智力发展需要利用语言。逻辑语言的发展通过语法、智力文明来不断丰富自身的，这正如口语的发展是通过对自身机制的不断练习，通过感觉来不断丰富一样。

回到语言的图示中去就会看到——在定义低等级语言的弧的上方是逻辑语言 D，从中产生了话语的运动冲动，它作为一种口头语言建立，为的是表达人们的思想。

这种语言可以通过智力活动不断进行丰富，还在同时通过语法研究不断得到完善。

到目前为止，由于人们的成见，普遍相信书面语言只能进入逻辑语言的发展当中来，是作为获得文化、进行语法分析和构建语言的一种方式。实际上这是很不好的观点。

必须承认，只有通过一种稳定、客观并能进行分析的语言，比如书面语言的帮助，智力文化才能够前进，因为“口头语言有翅膀”。

书面语言能够帮助人们巩固概念，可以进行分析，可以将它们写进书本，在书本当中，它们成为无法更改的单词记忆，可对之进行语言的语法结构分析。书面语言属于珍贵的、不可或缺的智力教育工具。

可在一些低级工作当中，就像强化一些代表感知觉的单词，还有分析它们的发音构成这样的任务中，我们问一问：书面语言怎么就不能发挥作用呢？

受一种教育学偏见的影响，不能将书面语言的概念与人们让它发挥作用这样一种功能相分离。

向还处于简单感知和好动年龄阶段的孩子教授这样一种书面语言，就在犯一个严重的生理学和教育学错误。

消除这种偏见，仔细考虑一下书面语言本身，重构它的心理—生理学机制，而书面语言的机制要比口语的简单得多，对于教育来说更容易实现。

书写非常简单，看看实际效果就会感到令人吃惊。

我们考虑一下孩子进行听写，就有了一个口头语言和书写之间的完美平行，因为运动神经行为一定要与听觉相对应，不存在一种听觉和口语之间的神秘连接。

但小孩书写的动作，要比说话的必要动作，实际上简单得多，原因在于——

书写动作都由小孩的外部大肌肉来执行，可直接活动这些大块肌肉，使这种运动通道更加熟练，建立起一种心理——小孩学习的肌肉机制。

这正是“儿童之家”幼儿教育的方法所做的。

这些实实在在宝贵而常见的活动，为书写动作做了直接准备，因此对于书写心理——运动冲动就能够寻找到已经建立起来的通道，并爆炸性地通过幼儿的书写动作表现出来。

真正的困难在于给幼儿解释符号，要记住孩子处在感知年龄阶段，在这一阶段——感觉、记忆和原始联系都准确包含在自然发展过程中。

再有，孩子已经过了自己的各种感觉练习，经过概念的方法，构建和感知图形符号的头脑联系准备。

在幼儿语言发展过程中，感知概念提供语言的材料。

能认识并叫出三角形的儿童，这样的孩子同样能认出字母“S”并发出读音，这非常明显。

我在这里，且不谈论早熟教育，要消除偏见。经验告诉人们，实际上孩子们可以不费力气，就能取得进步，对认识代表物体的图形符号表现出明显的快乐。在“儿童之家”，这一点，无数次地证明了它。

在这一前提下，来思考一下这两种语言机制之间的关系。根据图示——3~4岁的孩子，早已开始说话，但他会发觉自己正处于完善口头语言机制的时期，3岁左右的幼儿正处于从感知觉的残余中获取语言内容的时期。

存在这样的可能——孩子无法完全听清自己所说出单词的所有组成部分，如果幼儿能够做到这一点，那他的发音就很有可能出现大问题，会导致自己成长的听力感知觉的错误。

教师要知道：一旦强化了错误的机制，那么语言的缺陷就将再也无法改变。

小孩在最容易建立运动神经适应的时期逝去之前，通过幼儿练习口头语言的运动神经通道，孩子应当建立起一种准确而对于完善口语属于必要的运动机制。

出于这一目的，对小孩语言的分析就很有必要——

1. 希望完善孩子语言时，让孩子首先进行作文，然后进行语法研究。

2. 希望完善孩子语言形式时，首先按照语法规则教授写作，然后对形式进行分析。

3. 希望完善孩子话语时，首先必要的一点是话语必须存在，然后进行适当分析。

在此看来，在幼儿话语发展完成前——一旦完成就能固定孩子的言语机制，当孩子说话时，就必须抱着完善语言的态度对它进行分析，要多用心。

现在，我们已经知道，就像语法和修辞对于口头语言有其不可能，只能求助于记录话语的书面语言进行分析，对言语的分析也如此。对幼儿的语言教学，语言必须具体化，一定要稳定。在幼儿开始建立的语言世界里，书写语言或通过图形符号呈现的语言是必需的。

在幼儿书写教学方法的第三阶段——言语的构成上，内容包含着对词的分析，不但要将单词分解成符号，也要对每一个构成发音进行分析，这种符号代表着单词的翻译。我们要深刻理解——孩子不但听到整个单词，并知道含义，还要将单词分为发音和音节。

提醒注意一下下面的图，这张图表明——

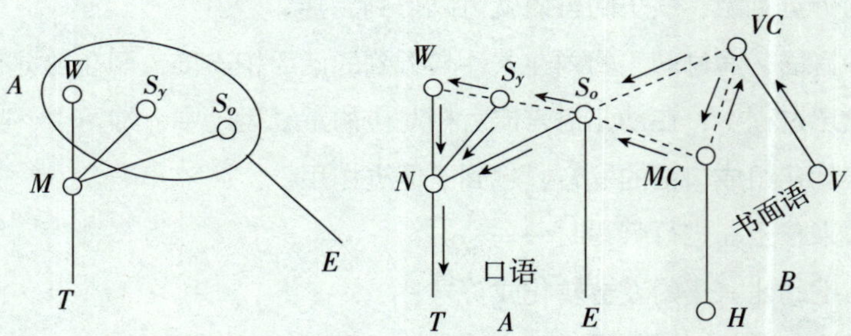

粗实线表示外围通道，虚线表示中枢联结通道，细实线表示与所听言语的发展的关系中的联结。

E——耳；So——声音听觉中枢；Sy——音节听觉中枢；W——单词听觉中枢；M——口语运动中枢；T——口语外部器官（舌头）；H——书写外部器官（手）；MC——书写运动中枢；VC——书写符号视觉中枢；V——视觉器官。

幼儿成长的书写和口头言语两种机制之间的相互关系。在幼儿口头语言的发展中，构成单词的发音也许无法清楚地感知到。

在这里，对图形符号和相应的发音——对发音的教学，包括给孩子呈现一个砂纸字母，孩子清楚地说出字母名字，让孩子看并触摸字母——进行的教学，包括对听到的清晰明确的发音、产生出感知，也包括与其他两种感知之间的关系，即孩子的中枢运动神经感知以及中枢视觉神经对书写符号的感知。

VC，MC，So 代表了分析小孩言语时三种感觉之间的关系。当老师或父母呈现给孩子字母，孩子在字母被读出来时，看并触摸字母，向心通道 ESo；H，MC，So 和 V，VC，So 就会起作用。当孩子读字母时（也许单独，也许伴有元音），外部刺激通过 V，VC，So，M，T 和 V，Cv，So，Sy，M，T 通道起作用。

当这些通道之间的联系，通过幼儿视觉刺激建立起来时，就能激发起幼儿相应的口头语言动作，还可以研究幼儿语言当中的缺陷。

同时，通过保持引起幼儿言语的图形符号的视觉刺激，并保持教师发出相应声音的听觉刺激，孩子的言语就可以得到完善。

这种言语，通过幼儿的内在条件与听到的话语相连接，即在视觉刺激引起的幼儿发声过程中，在幼儿语言器官相对应的重复运动中、练习中，听觉刺激对于完善幼儿组成口语的发音，起到了促进作用。

当后来孩子在进行听写时——

一、把幼儿言语的发音转化成符号；

二、将听到的言语按发声进行分析，通过相应的肌肉感觉建立起来的通道，将小孩言语转化成运动过程。

人的语言的缺陷和不完善，其部分由于生理原因有二：

其一，由于畸形或神经系统的病理性改变而造成的。

其二，有部分原因与功能性缺陷有关，这种缺陷来自于语言形成时期错误的单词发音。

当孩子听到发音不完善的单词或言语时，学了这种错误。我们说话的方言口音就属于这一类。还有许多语言坏习惯，会使儿童期口头语言的自然缺陷保留下来，或会刺激孩子模仿周围人中的语言缺陷。

儿童语言中的缺陷事实——幼儿口头语言发声器官的肌肉没有很好地起作用，结果导致无法重现发音。

对于幼儿口头语言而言，必要的肌肉运动靠一点一点建立起来。一旦无法一步一步建立起必要的肌肉运动，那么就会出现幼儿语言发音不好或缺词。

所有上面这些缺陷，都统称为“口齿不清”，这主要因孩子还不能很好地运用自己的舌头。“口齿不清”主要包括：词根、音节、音标、字词的发音不准，喉音和唇音的缺陷，也包括单词发第一个音的压抑。

有关元音和辅音的发音缺陷，因孩子没有能够很好地重现发音，或者是他们在听的时候做得不好。

在第一种情况下：因一种外围运动器官的功能性不足，由此导致神经通道出现问题，原因在于个人。

在第二种情况下：错误由听觉刺激引起，原因在外部。

这些缺陷经常会持续很久，在小孩成长过程中会逐渐减弱，最终会导致语言的错误，这种错误将在语言表达中体现出来，如我们的方言错误。

我们正常的人类思维，考虑到人类语言的魅力，就一定会承认那些没有掌握正确口语的人有不足。如果没有专门去完善幼儿开始的口头语言，那么一种美学概念上的教育，就不可想象。人文主义关心的只是环境的美感和艺术作品的复兴，而不是人的完善。尽管古希腊人传授给了罗马人教授语言的艺术，但这种实践没有被人文主义者所重新采用。

仅仅是通过教学方法，开始纠正孩子语言的许多严重不足，比如口吃一类的毛病。但语言体操这一概念，却还没有作为一种普遍的方法，作为完善人类的巨大工程中的一项细节，在学校中推广。

一些聋哑人学校和纠正发音的热心人士，试图将正音课程引入小学校，并且已经小有成功。这都很好。这种语言的缺陷在学生中广泛分布。

一些纠正性练习包括：

1. 让发声器官进行休息，耐心重复单个的元音和辅音发音。

2. 呼吸体操。

这里不会详细介绍这些练习方法和细节，这些需要长时间的耐心，这与学校的教学不相容。

但在“儿童之家”的方法中，可以找到所有纠正语言的练习：

1. 进行安静练习。这种练习让幼儿、孩子语言的神经通道做好接受新刺激的准备。

2. 课程安排。首先由教师清楚地读出几个单词（特别是那些有具体概念的名词）的发音。通过这种方式，清晰而完善的幼儿语言听觉刺激就开始，教师不断重复刺激，孩子慢慢开始感觉到这个单词所代表的物体概念（认识物体）。最后在语言刺激下，孩子必须一个人大声重复，单独发出单词的每个发音。

3. 进行书面语言练习。这种练习对小娃娃的语言发声进行分析，并用几种方式单独重复这些发声。当孩子学了字母表中的每一字母时，当他组合或书写单词时，就应当重复这些发声。

4. 进行体操练习。体操练习包括呼吸练习和发生练习。

相信在未来的学校里面，“纠正语言缺陷”这一概念将会消失，并且会被一种更理性的方法代替，即在“儿童之家”，也就是在儿童期语言发展的年龄阶段，关注孩子的语言发展，以避免缺陷。这是很有必要的。

第 19 章　幼儿算术入门：　数字教学

幼儿的个体差异是每一个孩子个性特点的体现。面对情况，有的孩子无动于衷，表面上显露出勇敢，为了隐藏失望之情；而有的孩子则通过一些下意识的动作，将这种失望流露出来；其他孩子则掩饰不住喜悦之情，为何？他们发现自己处于一个独特位置，这让他的同伴非常好奇。

“儿童之家”的名气越来越大，吸引很多孩子来学习。当 3 岁孩子来到“儿童之家”时，他就已经能够数 2 或者 3，他们可以很容易地学会数数，数物体的个数。就像母亲说“你的衣服上面掉了两颗扣子”或者“我们还要三个盘子”等，有许许多多不同的方式可以达到这一目的，日常生活提供了许多机会。

我曾在伦敦的一所缺陷儿童学校里面见过，孩子数数、数卡片。“儿童之家”幼儿教学，最开始使用的方法是数钱。我们找到一些崭新钞票，制作一些精美的卡片复制品。

给孩子们几个不同的硬币，用这种方法能让孩子们学会数到 10。换零钱是一种非常吸引孩子注意力的数数方法。

钱与日常生活联系如此紧密，所以才大大引起孩子们的兴趣。没有什么其他方式能比让孩子熟悉日常使用的硬币更实际的，也没有什么练习比换零钱更有用。

在尝试过这种以实际的方式进行数数教学后，想试试更加系统的练习，就像在感觉训练中所使用的木块那种教学用具，在教授长度时所使用的 10 根木棒——

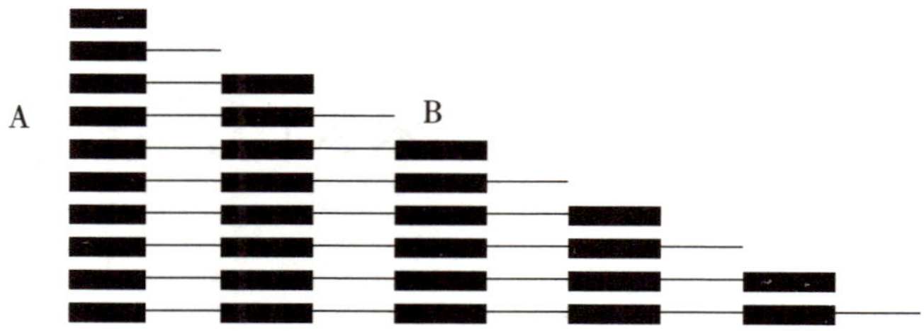

1
1 2
1 2 3
1 2 3 4
1 2 3 4 5
1 2 3 4 5 6
1 2 3 4 5 6 7
1 2 3 4 5 6 7 8
1 2 3 4 5 6 7 8 9
1 2 3 4 5 6 7 8 9 10

最短的一根长 10 厘米，最长的是 1 米，中间的每根木棒相差 10 厘米。木棒上每 10 厘米的部分，交替红色、蓝色。

有一天，当一个孩子按照长度顺序排列这些木棒时，教师让他从最短的一根开始数红色和蓝色的记号，也就是：1；1，2；1，2，3；等等。

1. 在数每根木棒时，都要从 1 开始，从 A 边开始。

2. 接下来，让他根据每根木棒上面所包含的记号数目，来从短到长给每一个木棒命名，要求是从 B 边开始，即成楼梯等级的那一边开始。

3. 当孩子数最长的一根木棒时，也会得到相同的数字：1，2，3，4，5，6，7，8，9，10。

4. 如果想要知道木棒的数量，就从 A 边开始数，也是同样的结果：1，2，3，4，5，6，7，8，9，10。这正好与三角形的三边相对应。

说明：让孩子验证自己的记数是否正确，这让他非常感兴趣，他能够进行许多遍的重复游戏练习。

再把数数练习与前面孩子认识木棒长短的感觉练习，结合起来，孩子就巩固数学学习。

在地上，将这些木棒混合起来，教师从里面拿出一根给孩子看，让孩子数上面的标记。举例说 5，8。接下来，教师让孩子给她在长度上挨着的那一根木棒。孩子通过眼睛来进行选择，而教师将这两根木棒放在一起，数上面的记号，来让孩子进行验证。

幼儿的这种练习可以多种方式进行重复。通过练习，孩子们学会给每一根木棒命名，称呼这些木棒为 1 号，2 号，等等。最终，在课堂上简称为 1、2、3 等。

用符号呈现的数字

在这一点上，如果孩子已经知道如何进行书写，那么这与教授字母的方法是相同的——教师就可以将这些数字用砂纸剪出来，然后贴在卡片上。

“这是数字 1。”

“这是数字 2。”

“给我数字 1。”

“给我数字 2。”

“这是几？”

孩子们兴致勃勃，就像在字母教学中那样，进行学习，描画学习的数字。

数字练习

小孩将符号与数量联系起来。

设计两个盘子，每个盘子分成五部分。每部分底面上都有一张贴着数字的卡片。

第一个盘子中的数字是 0，1，2，3，4。

第二个盘子中的数字是5，6，7，8，9。

练习很明确——

1. 在每个部分里放上和数字相应数量的物体。老师给孩子各种各样的物体，为的是不停变化。

2. 利用大木钉子，它们不容易滑落。在孩子面前放上这些大木钉，一个大木钉代表数字1，依此类推。

当孩子完成之后，就拿给教师以检验是否正确。

关于“0”的教学

我们的老师，需要一直等到孩子们指着写有0的盘子分隔，问：“我要在这里面，放多少呢?”

老师回答：“一个也不用放，0就是没有。”

这还不够，但通常情况下，有必要让孩子明白老师所说的0意味着什么。

为了这一目的，老师利用了一个让孩子非常放松的小游戏。老师站在他们中间，然后转向其中一个已经进行过这一练习的孩子，说：“亲爱的，过来，到我这里来0次。”

孩子们几乎总到老师这里来，然后又跑回原来位置。

“可是，我的孩子，你来过了1次，而我告诉你的是来0次。”

接下来，孩子就想知道原因了。“老师，我应该怎么做呢?”

“什么也不做，0，意思是什么也没有。”

“老师，可是我该怎样去做什么都没有呢?”

“好孩子，不要做任何事情，静静地站在那里。不应该过来。0次，就是一次也没有。”

老师一直重复这一练习，直到孩子们理解。当老师让他们到老师这里来0次或吻老师0次的时候，他们对于保持安静，感到非常好笑。他们自己经常很快乐地喊道：“0就是什么都没有，0就是什么都没有!”

数字记忆练习

当孩子们认识书写的数字，知道这些数字所代表的数值时，对他们的教学，就进行如下练习——

1. 从旧日历上面将数字剪下来，然后贴在卡片上，把它们叠好放在盒子里面。

2. 孩子们抽出卡片回到座位上，在座位上打开卡片，看完后再将卡片叠好，并不让别人知道。

3. 接下来，可以让这些孩子们（一般说来很自然的是班上年龄最大的一些孩子）一个接一个或者分成小组，来到教师桌子边上，桌子上面放有各种各样的小物体。

4. 每一个孩子，都根据自己卡片上的数字，来选择相应的物体数目。

5. 同时，孩子要将自己的卡片，也放在物体边上，当然要叠好，用于保密。

在这一过程当中，孩子们不但要来回走动，还要再选取物体并一个一个地数，一定牢牢记住自己的数字。

说明：教师就可以对不同孩子，每一个体的数字记忆差别，进行有趣观察。

当孩子们拿好物体后，就回到自己桌上进行摆放。

小孩要将物体摆放成相等的两列——

如果数字不是偶数，就要把最后一个落单的物体，放在这两列最下面的正中间，就像图表显示那样：

```
 0    0    0    0    0    0    0    0    0    0
 ×   ××   ××   ××   ××   ××   ××   ××   ××   ××
           ×   ××   ××   ××   ××   ××   ××   ××
                     ×   ××   ××   ××   ××   ××
                               ×   ××   ××   ××
                                         ×   ××
```

0 代表写有数字的叠好的卡片，×代表物体。

在排列好物体之后，孩子们就等待着教师的检验。教师来到桌前，打开卡片，读出数字，然后数物体的数目。

当老师一开始进行这一游戏时，孩子们经常要比卡片上所要求的数字多拿一些，这并不是因为记不住数字，因为他们由于欲望而想要拥有最多的物体。

这一点，是人类贪婪本能的一种体现。对那些原始而没有受过教育的人而言，更加普遍。

这时教师就要向孩子们解释：孩子们，你们就是把所有的都拿过来，也没有用，因为这一游戏的要点，就在于拿取卡片上所要求数目的物体，大家明白了吗？

渐渐地，孩子们开始明白这一概念，但并不像我们老师想象得那么容易。

这属于一种自我否定的努力，这种否定要求孩子们将自己限制在一定范围之内。一个孩子当自己看见别的孩子拿了许多东西时，自己按要求应当只拿两个，于是心理就不平衡。

对于幼儿而言，这一游戏不但是一种数字练习，更是一种意志力的练习。

特别就像那个抽到 0 的孩子，他不应该拿任何东西，而同时却只能眼睁睁地看着其他同伴自由选取物体，心里很失落，感到自己很寂寞，很孤立，而又不得不服从。

有许多次，0 落到了数数非常好的孩子手里，这一下更加形成巨大的反差。他们本应该在拿物体和将这些物体摆放整齐，等待教师检验，感到巨大的快乐，可这次却不能。

研究那些抽到 0 的孩子们的面部表情，属于最有趣的事情，能真实看到孩子身上的童心与人性。

个体差异，属于每一个孩子个性特点的体现。

有的孩子则掩饰不住喜悦之情，因为他们发现自己处于一个独特的位置，这让他的同伴们非常好奇；

有的孩子以一种渴望，几乎是嫉妒的目光，打量其他同伴的每一个动作；

有的孩子无动于衷，表面上显露出勇敢，为了隐藏失望之情；

有的孩子则通过一些下意识的动作，将这种失望流露出来；

另外有一些孩子，表现出立即接受了这种情况，很不简单。

当在进行检验时，那些拿着 0 的孩子的表情最有趣。

“你为什么什么东西都没有拿呢？”老师问他。

“我抽到了 0。”孩子有点不淡定。

“是 0。”孩子再说一次。

这些话都很普通，但孩子们的面部表情以及说话的腔调，表现出各种不同的情绪。

实际上，很少有人在解释时流露出高兴的表情，大多数孩子都是不高兴或无可奈何。

老师对这一游戏的意义进行了说明：“如果抽到 0，那么想要保守秘密就非常难了，这是最难的。”

这样过了一会儿，保持安静。

这一难题吸引了孩子们，当他们打开写有 0 的卡片时，老师可以看到他们还是可以保守秘密的。

从 1 到 20 的加减乘除法

“儿童之家”在第一次给孩子教授算术运算时，所使用的教学用具，与在数数时所用的用具是相同的，就是那些根据长度不同进行着色的木棒。简单数学里面，包含了十进制的最初概念。

这些木棒根据所代表的数字进行称呼：1，2，3，等等。小孩按照学习要求，按照长度进行排列，而这同时也是在按照数字进行排列。

第一个练习——包括用木棒组成 10。

最简单的方法是：将从 1 开始的木棒，按顺序放到从 9 向下的木棒边上。

1. 在进行这一步骤的同时，老师可以这样指挥：“把 1 拿起来，然后放到

9 边上；把 2 拿起来，放到 8 边上；把 3 拿起来，放到 7 边上；把 4 拿起来，放到 6 边上。”通过这种方式，老师组成了四组等于 10 的木棒。

2. 那么，在前面的基础上，还剩下 5，将 5 转一下头，就会发现从这头开始到那一边，与其他的 10 是相等的，就明确了 5 的 2 倍是 10 这样一个事实。

重复这一练习，孩子们渐渐地就学会了更加专业的语言——9 加 1 等于 10；8 加 2 等于 10；7 加 3 等于 10；6 加 4 等于 10；对于剩下的 5 来说，5 乘以 2 等于 10。

孩子们能够进行书写，老师就教给他们加号、减号和乘号。下面就是老师在一个小朋友整齐的笔记本上看到的——

$7+3=10$

$6+4=10$

$5\times 2=10$

$9+1=10$

$8+2=10$

当所有这些孩子们都已经学会，并且对在纸上书写表现出极大快乐时，就要将孩子们的注意力，转移到将那些已经形成 10 的数字组合上来，将这些数字分开。然后放回到原始的位置上。

在最后一组 10 中，拿走了 4，剩下 6；接下来，拿走 3 剩下 7；依次，拿走 2 剩下 8，拿走 1 剩下 9。

为了清楚地说明这些，老师可以说：

比 10 少 4 等于 6；

比 10 少 3 等于 7；

比 10 少 2 等于 8；

比 10 少 1 等于 9。

在轮到最后剩下的 5 时，老师可以说：

10 的一半是 5。

通过将长木棒截成两段，也就是将 10 分成两份，就得到了 5。

有关这一过程的记录如下：

$10-4=6$

$10-3=7$

$10\div 2=5$

$10-2=8$

$10-1=9$

一旦孩子们掌握了这一练习，他们就能自觉地举一反三——

“我们可以通过两种方法得到 3，是不是？”在 2 后面写上 1，$2+1=3$。我们也可以用两根木棒相拼，来与木棒 4 相等，是不是？

$3+1=4$

$4-3=1$

$4-1=3$

木棒 2 和木棒 4 之间的关系与木棒 5 和木棒 10 之间的关系是相同的，也就是说我们将木棒 2 翻转一下就会发现 4 里面正好包含着两个 2：$4\div 2=2$；$2\times 2=4$。

来看看另外一个问题：进行这同一个游戏，可以使用多少木棒呢？我们可以用 3 和 6，4 和 8，也就是——

$2\times 2=4$　$3\times 2=6$　$4\times 2=8$　$5\times 2=10$　$10\div 2=5$　$8\div 2=4$　$6\div 2=3$　$4\div 2=2$

在这里，发现用来进行数字记忆的正方体，可以提供帮助——

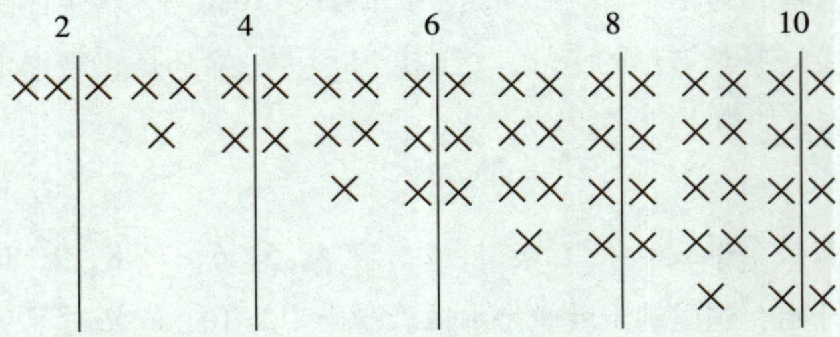

按照这种排列，可以立刻看出那些数字能够被 2 整除——因为在正方体的底下所有这些数字，均没有一个单独的数字。这些数字都是偶数，它们能够两两成对排列，它们可以被 2 整除。数每一列当中的数目，就得到了商。而为了还原为原始数字，只需要将这两列进行重组，也就是 $2\times3=6$。所有这些对于 5 岁的孩子来说，并不十分困难。

对于孩子而言，这种重复练习，很快就变得非常单调，我们的老师可以把练习很容易进行变化。

1. 把这套木棒拿过来，不再将木棒 1 放在木棒 9 后面，而是放在木棒 10 后面。

2. 同理，将木棒 2 放在木棒 9 后面，木棒 3 放在木棒 8 后面。

通过这种方式，让木棒要比 10 长，这些长度分别是 11，12，13 等，直到 20。

很简单，木棒也可以用来表示这些数字。

在“儿童之家”，因为老师教孩子已经学过 10 以内的运算，所以在进行 20 以内的运算时，就没有困难了。唯一的困难就在十进制，而这需要一定的专门课程。

十进制课程：大于 10 的算术运算

必要的教学用具：

1. 包括一些正方形卡片，在卡片上面的数字 10，用大号字体印着。

2. 还需要一些长方形的卡片，这些长方形卡片恰巧是正方形卡片的一半，包含着从 1 到 9 的单个数字。

说明：

1. 把这些数字排成一条直线：1，2，3，4，5，6，7，8，9，10。

2. 从 1 开始，这里的 1 就像是木棒教学当中的 10，它超过了 9。

沿着数字阶梯一直数到 9，因为再数就没有数字了，再次从 1 开始。但这里的 1 要比一开始的那个 1 高一个等级。

为了进行区分，老师将这个 1 放在 0 边上，这样就是 10。

3. 接下来，用写有数字的长方形卡片按顺序将 0 覆盖住，这样就得到了：11，12，13，14，15，16，17，18，19。

通过将木棒 1、木棒 2、木棒 3 直到木棒 9，分别与木棒 10 相加，就得到了这些数字，最终得到了一个非常长的木棒，当数上面交错的红色和蓝色时，就得到了 19。

4. 接着，教师可以给孩子们看卡片，比如数字 16，这时教师可以在木棒 10 后面放上木棒 6。

5. 然后，教师将写有 6 的卡片拿走，换成数字 8 的卡片。

6. 与此同时，孩子们将木棒 6 拿走，然后放上木棒 8，组成 18。

所有这些动作可以进行如下记录——

10 + 6 = 16

10 + 8 = 18

……

教学中，对于减法，老师与孩子也采用相同的方法。

当孩子们对数字有了一个清晰概念时，要做一个结合，就像在图 A 和图 B 上面所表明的那样。

A	B
10	10
10	20
10	30
10	40
10	50
10	60
10	70
10	80
10	90

在卡片 A 中——在第二个 10 的 0 上面用写有数字 1 的卡片进行覆盖。依次类推。这样，第一个 10 保持不变。而右边的数字则是从 1 到 9。

10
11
12
13
14
15
16
17
18
19
20

在卡片 B 中——应用要更复杂一些。

上面的数字每个相差 10。

这样，几乎所有的孩子都能够数到 100，满足他们在学习时的好奇心。

每一位教师都能使算术运算产生变化，并且利用一些孩子们容易处理的物体。

“儿童之家”的幼儿教育方法，认为这一阶段的教学没有必要再作进一步说明了。

第20章　练习的顺序

小孩从小要学会事情的先后次序。当成人看到孩子们根据深藏的规则，发展自己的精神和人性时，大家都非常高兴。只有那些经历过的人，在教育孩子真正地付出，教育十分得当，他们才有资格体会到收获的快乐。

知道练习的顺序以及各种不同序列对于方法的实际应用是有好处的，需要让孩子们逐渐练习。

在本书第一版中，清楚列出了各种练习的进程。从整体上来讲，教学材料的使用存在着不同级别，在第一版当中，这些级别通过“儿童之家”的实践经验，进行了明确的定义。

在“儿童之家”，教师与孩子可以同时开展各种不同的练习。

教学材料的提供和练习顺序

第一阶段

孩子们一来到“儿童之家”，我们就应当对他们进行如下练习——

1. 不出声音的移动座椅（实际生活练习）。

2. 细节方面的练习：小孩系鞋带，扣扣子，挂衣服，等等。

3. 圆柱体练习（感觉练习）。

在这里面，最有用的是圆柱体练习（固体木块）。

练习中，孩子们开始集中注意力，他们进行了自己的第一次比较，第一次选择。同时孩子也进行了判断的练习。所以他们练习了自己的智力。

在圆柱体练习当中，从简单到困难有着如下顺序——

1. 高度相同、直径递减的圆柱体。

2. 全部维度上都递减的圆柱体。

3. 直径相同、高度递减的圆柱体。

第二阶段

1. 孩子的实际生活练习。

主要强调不出声音地站起和坐下，笔直地走路。

2. 孩子的感觉练习。

有关维度的教学用具包括木棒、棱柱体或立方体进行练习。

有关说明：这里，孩子们进行练习是为了认识维度，就像在圆柱体练习中一样，只不过从另一个不同的方面进行。

物体之间的差异，要比之前叙述的练习中明显得多。这一阶段所使用的教具都非常大。

在先前的练习中，出现的错误，通过教学用具本身，就能够机械地呈现给孩子。就像孩子不可能将一个物体放进不属于它所在的位置，这本身就提供了一种对错误的提示。在这里，只有孩子们的眼睛能看出这些差异并发现错误。

在前面的练习中，小孩坐在那里用自己的手去摆弄小物体，进行的是一些非常简单的动作，而在这种新练习中，如果想要完成动作，就需要更复杂、困难以及肌肉上的努力。孩子们通过从桌子到地毯上，站起来，跪下，搬运重物体等动作，来实现眼前的这一努力。这就是循序渐进，不断进步，凡事都有过程与铺垫。

小孩在这一练习中，我们的老师注意到，孩子们对于最后的即最大的两件物体，总有些搞不清楚。尽管他们已经学会将其他物体放到相对应的位置里面，而对这两件物体，总是意识不到自己在处理的时候、自己错误的出现。

我们要让孩子渐渐地明白：实际上所有物体的变化差异都相同，当物体本身的尺寸不断增大时，这种差异也就相对减小。如果将底面边长是1厘米的立方体增加1厘米变成2厘米时，就增长一倍，而如果是边长是9厘米的正方体增加1厘米，差别仅仅只有1/10。变化的差异，要让孩子知道。

因此从理论上讲，教学过程中，在小孩这种练习当中，我们似乎应当从最小的一件开始。确实，老师与孩子能够利用教学用具的尺寸和长度来实现这一点。

不过教与学，在使用立方体的时候，却不能这样做，必须要将立方体排列成一个宝塔状，而这个宝塔必须用最大的立方体来当底。

玩耍的教学就是游戏教学。孩子们立刻被这个宝塔所吸引，他们兴致勃勃地开始玩起来。

教师经常看到一些非常小的孩子在玩宝塔时，将第二大的立方体当做宝塔底。当这个孩子重复这一练习时，自己就纠正了这个错误，并且是永久性纠正。

当然可以确定，“儿童之家”教育过的孩子，他们的视觉已经经过训练，能够感受到两个物体之间的、甚至是非常细微的差别。这一点就是教育培养出的好素质。

进行一下说明：在“儿童之家”教授维度的三套木块当中，其中两套只相差1厘米，另外一套每个部件之间相差10厘米。

孩子们确实被这套大的木块吸引，但在练习过程中，却也犯了最多的错误。理论上，似乎应该为差别较大的，首先吸引孩子的注意力，并能阻止错误发生，实际情况大相径庭，所以凡事不要想当然。

教与学的结论与经验是：只有在孩子们经过长时间练习，在消除另外两套木块中的错误后，他们才能够完好地对这套木块进行排列。

从这里可以看出，这套木块是维度教学当中最难的一个系列。

孩子们的练习到这里以后，就可以满怀兴趣，在热觉和触觉刺激练习上，集中注意力了。

因此，在实践中，并不遵循生理学和解剖学上对感觉器官发展过程的描述，我们实践出真知，感觉的发展与心理测量学研究理论上的发展过程，并不一致。

尽管触觉器官是分布最广泛的，属于最简单的感觉、最不复杂的器官，教学当中，它不是第一个吸引住对感觉刺激引起注意力的。触觉是最原始的感觉。

位于热觉练习后，这在书中其他部分有过叙述，所以当注意力练习开始时——老师就可以给孩子们呈现一些粗糙或者光滑的表面。老师应当记住一点，这些游戏非常重要。

如果时机合适，这种练习会引起孩子极大的兴趣。因在这种练习的基础上，结合到后面将要介绍的手部动作练习，孩子才能够进行书写的学习。

“颜色匹配”的练习即认识两种颜色的练习进行，与上面介绍的两种感觉练习结合在一起，要注意的很多，这是有关色觉的第一项练习。

颜色练习一开始非常简单，如果孩子们想要饶有兴趣地重复这一练习，就必须通过前面的练习，要已经获得一定程度的注意集中能力。这里同样是只有孩子的眼睛能够进行判别，就像在维度练习当中一样。

与此同时，孩子已经听过音乐，能在教师演奏的音乐节奏中走一条直线。为了获得节奏感，相同练习的重复属于必需，也是有关自觉行为练习中所必需。这同样要求音乐的重复。

渐渐地，孩子们学会了自发伴随着音乐进行一定的动作。

小孩有关保持安静的练习，也要进行重复。

第三阶段

1. 幼儿的感觉练习。

让孩子开始对刺激的触觉和色觉等不同级别进行认知的教学，可以让孩子们自己自由进行练习。

老师给孩子们呈现听觉刺激，如声音、噪声以及压觉刺激，就像不同重量的小板子。

2. 与此同时，可以进行几何图形教学。

这里，孩子进行描画图形轮廓线的手部活动练习。

这一练习以及同时进行的触觉刺激程度认知练习和其他一些练习，都为书写作了准备。

在孩子们能够很好地认出木质几何图形之后，老师给他们一系列画有几何图形的卡片。

这些卡片为抽象符号作了准备，而抽象符号包含在书写中。

孩子学会了认识图形，之前的练习已经在孩子身上形成了一个有条理的智力个性。

所有这些练习，可以被看做从感觉练习通向写字，从准备通向实际教学的桥梁。

3. 幼儿的实际生活练习。孩子们要自己洗澡，自己穿衣服脱衣服，自己擦桌子，学会使用各种物体，等等。

第四阶段

1. 感觉训练。在这一阶段的感觉训练，孩子重复各种感觉练习。另外，通过一系列小钟的帮助，老师给孩子介绍各种音乐符号。在这里解释一下，因为闹钟或者小钟，拧紧发条，会发出不同音符的声音，或者乐器的声音，也可以让孩子的感觉辨认。

2. 和书写有关的练习：有关图画的。孩子这时转移到金属制作的平面几何图形上来。他已经能够协调手部动作，描画轮廓线。这里他不再用手指来描画，而用铅笔把轮廓线画在纸上。接着，用彩色铅笔将图形涂上颜色，就像后来进行书写一样握笔。

与此同时，教授孩子触摸并认识一些由砂纸做成字母。

3. 算术练习。在这一点上，老师教孩子重复感觉练习和木棒练习，不再是之前进行这些练习的目的。

现在，“儿童之家”的教师，让孩子根据蓝色和红色部分，数不同的物体，从简单到复杂，从只包含1个颜色部分的木棒开始，直到包含10个颜色部分的木棒为止。

老师教孩子继续这种练习，还进行一些其他更复杂的练习。

在图画练习中，“儿童之家”的幼儿教学，从几何图形的轮廓线过渡到在四年实践经验基础上所建立起来的图形轮廓，具有很好的现实效果，而这些图形轮廓就要被当做模型出版。

这些图画对小孩有教育意义上，在学习上具有重要性，都表现出了“儿童之家”蒙台梭利幼儿教育方法中，经过最仔细研究的细节，细节形成人的能力与智慧。

这些练习为继续孩子感觉训练起到积极作用，同时也帮助孩子学会观察周围环境积累观察能力。

这些练习还发展了孩子的智力，在书写方面，也为书写长短笔画作了准备。

在“儿童之家”进行这些练习后，观察孩子们书写各种字母就变得很容易，可以不使用各类小学中使用的课本，就能达到很好的学习效果。

小孩在学会使用书面语言基础上，“儿童之家”的老师让孩子们学习字母表中的字母知识，用可移动的字母进行组词，灵活而能激发孩子的兴趣。

在孩子学习算术上，教授小孩数字知识。孩子们在木棒练习中，每一根木棒边上，放上与红蓝颜色部分相对应的数字用具，就在游戏中具体学习数字。

现在应该让孩子们进行木钉练习了，同时也应进行数字下面放上相应数目物体的游戏。这些物体应当排成两列，这样就能够使奇数和偶数问题变明确。说明一下，这种排列方法来自塞贡。

孩子的实际生活练习。

1. 在“儿童之家”，孩子们为午餐清洁，布置桌面，亲自动手。

2. 他们学会了将房间整理得井井有条，打扫得干干净净。

3. 老师还教给他们如何关注个人清洁卫生和一些细节问题，如何刷牙，如何修剪指甲，等等。

4. 孩子通过节奏练习，学会了走路以一种优雅自由和平衡的方式。

孩子们知道怎样移动各种各样的物体，而不弄坏或者掉下来，也不发出任何噪声，怎样保持安静，如何控制自己的动作。

第五阶段

老师带孩子，继续前面的练习，并进行更加复杂的节奏练习，更上一层楼。

使用可移动的字母，进行单词和短语的组合——

1. 小孩自发地书写单词和短语。

2. 孩子阅读教师准备好的卡片。

孩子继续从木棒练习的算术运算。

在图画练习中，老师教给孩子——

1. 水彩的使用。

2. 自由写生（画花朵苹果等）。

在这一阶段，孩子们表现出了令人感兴趣的发展差异。他们以一种显著的方式，按照老师的指导，各自在发展着，并且智力也在进一步条理化。

当“儿童之家”的老师，看到孩子们根据深藏的规则，发展自己的精神和人性时，我和其他老师都非常高兴。所以说，只有那些经历过的人才有资格体会到收获的快乐。

第 21 章　再谈纪律

孩子从小就要学会遵守纪律，因为纪律是个人在社会上生存的团队精神。在工作中体现纪律的重要性，在社会秩序中，就像学校学习中，纪律很重要。在某一特定时刻，恰巧孩子正对一件自己进行的事情，就像“工作”一样，非常投入。这可以从他的面部表情、注意力和对同样练习的坚持当中体现出来。这样孩子就迈出了指向纪律的第一步。

在此说明一下：自从意大利文版出版蒙台梭利 3 岁幼儿教育方法以来，直到现在，“儿童之家”积累的经验不断证明，在这些由 40 个甚至 50 个小孩子组成的班级里面，比一般学校更加需要强调纪律。使用蒙台梭利的方法教育幼儿，进行对纪律的分析——基于自由基础上——这会使包括美国在内的世界各地读者感兴趣。

任何人参观一所井然有序的学校，就像在罗马，由我的学生安娜·马切洛尼负责的一所学校，都会对孩子们的纪律留有深刻印象。

说说这个班，这个班上有从 3 ~ 7 岁的 40 个小家伙。在教学中，他们每个人，都专心致志于自己的事情——

有的孩子在一个木头框架上给布系扣解扣；

有的孩子在打扫灰尘；

有些孩子坐在桌边；

有些孩子坐在地板的地毯上；

有些孩子踮起脚尖走动，发出轻微移动的声音；

有的孩子正在进行一项感觉练习；

有的孩子在做算术题目；

有的孩子在玩字母；

有的孩子在画画；

有时候会有高兴地喊叫声，孩子急切地喊着："老师！老师！看！看我做的。"

所有这些，但作为一条准则，这些孩子完全沉浸于手中的事情，他们互不干扰。

另外一方面，教师也在安静地走着，走到叫她的孩子身边，通过这种方式，任何需要她的人都能感到她就在身边，而不需要的人则根本注意不到她的存在。时间静静流逝，很快就过了几个小时。没有任何话语。

孩子们都沉浸于对"工作一样的"事情的巨大兴趣中，他们之间没有因为任何物品的所有权而发生争吵。

这些小家伙们被一些"儿童之家"的参观者誉为"小大人"，或者就像其他人所说的那样，好像"正在沉思的法官"。

如果有哪个孩子非常好地完成了什么，那他的作品就是其他孩子快乐和羡慕的源泉：没有人嫉妒他人的财富，有的只是一个人的成功，让其他人都高兴。这样才是真正的素质教育。

3 岁的孩子在 7 岁的孩子身边，静静地"工作"着，就好像他满意于自己的身高，而不嫉妒大孩子的身高一样。

这一切都在平静当中进行。孩子们看上去都很高兴并满足于自己所能做的事情，而感觉不到对其他人行为的任何嫉妒。

如果有变化，教师希望孩子们集合起来去做什么，举例来说——让他们离开深感兴趣的手头"工作"，教师所要做的，只不过简单地用一种很低的腔调说话或做一个手势，这样孩子们就都注意到来自老师的信息。

他们都用一种急切的目光看着教师，想要知道如何听从教师的命令。这样的命令不是武断，而是亲切与平等，老师与孩子平等。

有许多参观者看到过“儿童之家”的游戏教学那么认真——教师在黑板上写出命令，而孩子们很乐意去遵守。不但是教师，而且所有那些有正当要求者，在尊重孩子的情况下，要求孩子们做些什么的人，都被孩子们那种对最细节东西的遵守，高兴地服从，感到震惊。

经常有参观者希望听正在画画的小朋友唱歌，只要要求是得体而礼貌的，这个孩子就离开手头的画画，去唱歌给客人听。而在表演完唱歌礼貌的行为后，就立刻回到画画中。

不过有时候，一些小一点的孩子，会在服从命令前，先完成自己的“工作”，因为他们需要别人尊重他们的“工作”。

在那些参加我课程的教师进行考试期间，注意到这种纪律，一个最令人吃惊的结果是，孩子的学习效果无比完美。

这种考试，具有实践性。

参加考试的教师，指挥分组的孩子们，根据自己所抽到的签，来完成一项给定练习。

当孩子们在等待自己的轮次时，他们做自己高兴做的事情。

面对“打扰”，孩子们的“工作”断断续续，一旦中断他们“工作”的考试结束，孩子们就可以立刻回去，继续自己的“工作”。

有时，一些孩子给老师看他在间歇期间画的画——芝加哥的乔治女士多次碰到过这种场面，在巴黎建立了第一所“儿童之家”的普约尔夫人，为孩子们的坚持和和蔼、耐心、亲切，而感到震惊与喜欢。

也许有的人会这么看：这些孩子是受到了压抑才表现成这样。

而只要看得明白——看看他们没有胆小怯懦、幸福和自由、明亮的眼睛，对来访客人希望看他们作品，这种邀请的诚恳、对待访客和向访客解释事情时的方式，就会知道事实并非如此。事实胜于一切。

他们围过来抱住教师的膝盖，让教师弯下腰来亲吻他的脸，这种热情，表明了这些幼小心灵，正在自由无拘无束地生长。所有这些事情，只会使人们感觉到孩子是自己的主人。

见到过孩子们摆放餐桌情景的人，都会感到非常吃惊。看看这样的情景——一个 4 岁大的小侍者，将刀、叉和调羹拿上来，放在不同地方，然后他又拿出 5 个餐盘和玻璃杯。最后，他们给每张桌子送上装满热汤的汤盘。在这中间，他不会犯一个错误，不会洒落一滴汤，也不会打碎一个玻璃杯。

在用餐期间，这些不起眼的小侍者们，尽心尽责，专注地看着桌子，就餐者汤喝完后，立刻就会有人再添上。同样，如果有人想要下一道菜，侍者就会敏捷地收走汤盘。整个进餐过程，非常愉快。

联系到一些普通的 4 岁孩子，我们会发现：他们大喊大叫，打坏任何他们碰到的东西，他们需要伺候。

所有人都被刚才所描述的场景深深打动，这些很明显是来自于潜藏在人类灵魂深处能量的发展。这些孩子，将来的人生质量会很高。

参观者们在观摩“儿童之家”的这些小家伙们进餐时，激动得落下眼泪。这些孩子们行为很有条理，生活也在深化和拓展。这种纪律是通过对孩子们进行艰苦练习实现的，这不依靠教师而是依靠一类发生在每个孩子内部世界中的奇迹而实现。我们都会清清楚楚，这种纪律不可能通过命令，通过说教，通过任何普遍认为的纪律措施实现。

大家心知肚明：依靠训诫和劝告来实现纪律，不会起作用。那样一种方式在一开始时，也许会表现出一定效率，但很快这种纪律在遇到现实时就成为泡影。

的的确确如此：真正的纪律来自内心的爱，爱的光明来自于对“工作”的倾心。

我们已经知道，在某一特定时刻，恰巧孩子正对一件“工作”非常投入，这可以从他的面部表情、注意力和对同样练习的坚持当中体现出来。这样，孩子就迈出了指向纪律的第一步。

无论孩子正在做什么练习——系扣子或鞋带练习也好，洗盘子练习也好，感觉练习也好——他们都表现出纪律性。

纪律并不是通过说教实现的，没有人“通过听其他人说教”就学会了自律。静止不动，集中注意于远处低声传来的名字，接下来，认真协调好动作、不碰到桌椅，踮起脚尖来走路——这些都非常有效。在老师这一边，也可以施加一些影响，比如重复“有关安静的课程”来使这种现象更持久。这些练习可以为个性、运动神经力量和心智的发展做准备。

一旦孩子这种“工作”习惯形成，老师就必须严格监督，练习要按照经验循序渐进。在建立良好纪律的努力过程中，老师必须严格应用方法原则。

纪律通常通过间接手段来实现，不通过指出错误改正，而通过自觉“工作”过程来发展。纪律需要一系列完善的动作做准备，就像采用真正的教学方法一样。

这样一种“工作”，让孩子个性很有条理，在孩子个性无限发展的可能性面前打开了广阔空间。孩子这种“工作”不能随意，老师的工作需要非常精确。

这种孩子的“工作”必须是人类本能渴望做的，必须是人类潜在的自然倾向指向的“工作”，必须是使个人一步一步前进的“工作”。

我们都可以观察到，那些幼儿所表现的自控缺乏，这主要是一种肌肉纪律的缺乏。孩子们总处于一种不协调的运动状态里：摔倒，在地上，做出各种古怪的姿势，而声音也发出来，大喊大叫。要看到深处，潜藏在这下面的是：一种寻求建立协调动作的趋势，以后这种协调动作会逐步建立起来。

幼儿还不能协调与确定身体各个不同肌肉的运动，也还没有掌握话语器官的运用，但幼儿最终会建立起这许多种运动。

在长大的过程里，幼儿正处于一个充满错误的试误阶段，正努力实现一个潜藏在本能下的目标，在意识中，幼儿还不清晰而已，需要一个过程进行经验积累，然后才会走向协调。

对一个幼儿说“像我一样，一动不动地站着”根本没有任何作用，命令也不能给处在进化中，想要建立起秩序的个体心理—肌肉系统以帮助，因为这是不切实际的命令。

对比幼儿而言，成人会因为遵守一个训诫，而将自己的意志转向另外的方向，朝着自己能够认识到并能实现有序而努力。因一个自身邪恶的冲动，就选择了无序，造成严重的后果。

给孩子教授所有的协调动作，并尽可能分析这些动作，一步一步发展这些动作，就非常有必要。我们说，小孩子是促进自觉行为的自然进化过程。

相当有必要教会孩子安静；相当有必要教会幼儿静止不动的不同程度；相当有必要教会幼儿从椅子上面站起来或坐下的动作，走路，用脚尖走路，按照画在地上的一条直线行走，并保持平衡。还要教给孩子们去移动物体，将物体小心放下。教会幼儿一些与穿衣服和脱衣服有关的复杂动作同样很重要。在“儿童之家”，可以对分析系鞋带和扣扣子的动作进行总结。

对幼儿的教学，幼儿在每一项练习中，整个动作的每一部分，必须要进行分析。静止不动和动作的完美连接，是在“安静！别动！”这种习惯性命令当中产生的，但是教师的命令必须得体与恰到好处。

孩子们通过这种练习方式学习自律，而在此时他们还缺乏对肌肉的控制，人们没有必要为此感到惊奇，这是很自然的事情。

正因孩子处在运动中，所以他对自然情况就有反应。这种指向一定目的的运动，已不再呈现出无序，而以“工作”的形式出现。这就形成了纪律，它代表通过努力可以实现的结果。

那么通过这种方式，进行自律的孩子，已不再是开始时的样子，那时他们只知道如何被动成为好孩子。通常可以突破年龄的限制，一个不断完善自我的个体，向前迈进一大步，实现真正的自律，孩子就扩大了自身自主范围。他不再需要身边总有人帮助他，告诉他：“安静！做个好孩子！”这实际上混淆了两个相对的概念，孩子所达到的这种安静和好，并不能被归结为懒惰：这种安静完全建立在行动基础上。是的，安静就是动作的结果。

事实上，我们说的好人，是那些向好不断迈进的人，这种好是由他们自身的自我发展，还有有序的外部行为构成的。那么好孩子，就是有真正素质的孩子，而不只是听大人命令、所谓专门听话的工具。

在老师与父母对孩子的努力中，幼儿的学习与锻炼，外部行为是刺激内部发展的一种方式，这两种元素紧密交织在一起，就让“工作”发展了孩子的精神性。

在学习游戏中，拥有更深精神发展层次的孩子，则会做得更好，而孩子的

“工作”做得更好，就会使孩子更加高兴，孩子就更愿意继续发展精神性，这都是好上加好的实证例子。所以，我们已经深信：纪律不是某种特定事实，而是一条道路，遵循这一道路，孩子就能够科学准确地掌握抽象的、好的概念。

除此以外，通过实现直接确定目的，孩子就能够实现最高精神的有序快乐。在长期准备中，儿童经历了高兴、精神觉醒和欢乐，形成自身内部的宝库，在其中蕴藏着甜蜜和力量，这将成为正直与光明、内心强大的来源。

孩子不但学会了运动和有用的动作，还掌握了一种优雅的姿态。这时的他对自己更有信心，双手更美丽，姿态更富吸引力，整个身体更平衡。

孩子学会了一种雅致，使孩子能够美化真诚明亮的眼睛和自己的面部表情，看到精神生活的火种，在一个人身上如此明亮。

很明显，协调的动作要比无序动作省力得多，是一点一点自发发展的，即由孩子自己选择的练习来执行。

运动的本质决定了对肌肉而言的深刻影响，真正的休息就属于协调运动；就像对肺而言，真正的休息就在空气中，进行有节奏的呼吸一样，就像强迫肺处于静止，会使整个有机体立刻死亡。

对于人体的机能而言，不让肌肉运动，就消除了肌肉的自然运动神经冲动，这除了使肌肉疲劳以外，还意味着肌肉的退化。

这里说得深奥一点，但是道理在这儿——人们按照人身体内部隐藏的自然规则运动，这就是所说的休息。人们有必要牢记，对于任何自然运动的休息，在于根据它的本性，进行某种特定形式的运动。人属于一种智慧生物，运动时运用的智慧越多，就越能保持平静。

当儿童只以一种无序、割裂的方式运动时，他的神经力量就将处于紧张中，而得不到休息安静；另一方面，通过智慧运动的进行，儿童的神经力量就会不断增长扩大，会给儿童一种真正的满足感，还有征服自我的骄傲感。

通过上述过程，幼儿会发现自己超越了不可逾越的障碍，在他周围，有一些指引他而从不现身的人们，这是什么意思呢？就是说积极的智慧，来自别人有益的经验，都可以融合应用到他的身上。

这种“神经能量的扩大”表明了这样一个过程，这一过程可以进行幼儿的生理分析，它来自于通过幼儿的理性练习而实现的器官发展；来自于幼儿身体更好的血液循环和全部机体组织的快速反应——所有这些因素，都保证了孩子身体的发展和健康。

良好的精神性则帮助了孩子身体的发展。孩子心脏、神经和肌肉的进化，受到了精神性鼓励的帮助，原因在于精神和肉体发展的道路相同。

通过类比不同的孩子成长、孩子与成人、孩子自己不同阶段的学习情况，看到孩子智力发展的特点尽管无序，同时也是一种“寻求有序的方式”。通过不断实践，通常就可以实现目的，但也会受到阻挠。

一个观察小宝宝的案例——

地点：在罗马公园平西亚花园。

人物：一个大约 1 岁半的孩子，他长得非常漂亮。在他旁边，一个穿着整洁的保姆，保姆非常喜欢这个孩子。

事情：小宝宝正埋头用一把小铲子往桶里装沙。

事由：保姆认为自己给予了孩子最慈爱和最明智的照顾。到了该回家的时候，保姆耐心劝说小宝宝放下手中“工作”，要把他抱回到婴儿车里，当看到自己的劝说对小宝宝没有起丝毫作用时，保姆就亲自用沙子将小桶填满，然后将宝宝和小桶一起，放到了婴儿车中。她坚信自己给了宝宝想要的东西。

观察者思考：

1. 对小宝宝的大喊大叫、他脸上流露出来对暴力和不公正的抗议，印象很深刻。

2. 这是对刚出生的智慧的打击。丰富多彩的外部世界，对孩子只不过是空虚的幻觉，只有生命的需要才真实。

3. 原因在于小宝宝并不只想用沙子装满小桶，而希望满足机体发展的需要。孩子无意识的目标为自我发展，而不是一些外表情况，比如用沙子装满一只小桶。

4. 事实上，如果那个小宝宝能够装满自己的小桶，他也许会将桶倒空然后再继续装，直到他的内部自我得到满足为止。这种指向“工作”带来的满足感觉，使小宝宝脸上带着微笑。

关键点：精神快乐、练习和阳光是儿童幸福生活的三个源泉。

这只是那个孩子生活中的普通一幕，其他孩子也经常发生相同的事情，甚至那些最优秀和最受宠爱的孩子。

小宝宝在 1 岁以前的自我发展，包括大范围的摄取营养。这之后，自我发展则包含建立起协调有序的心理—生理机体功能。

平西亚花园当中那个漂亮宝宝就是这个意思的代表：他希望协调自主运动，通过举起物体来练习肌肉，训练眼睛目测距离的能力，通过玩耍的“工作”，来练习自己的智力推理，通过确定自身的行为来强化意志力。而那位深爱他的保姆，按照自己的思维，却认为这个宝宝的目标，只是那些小卵石沙子，这使宝宝非常失望。

小孩希望自己洗澡，获得清洁的满足感；希望自己整理房间，而不仅只拥有房间；希望自己穿衣服，并希望能穿得很整齐。

儿童的自我发展，才是他真正的几乎是唯一的快乐，成人总无法理解孩子们，因成人用自己的标准来对孩子进行判断：成人认为孩子的愿望就在于得到某些实在的物体，并且乐于帮助孩子。这恰恰是自作多情，而成人彻底忘记了自己做幼儿的时候，在想什么，没有设身处地为眼前的幼儿着想。

孩子们的需要是对无意识渴望的满足，满足自我发展的要求。因此孩子总对已经得到的任何东西，都不会满意，而对那些还没有得到的东西，就会非常渴望。

人们经常异想天开，认为小孩的渴望就是获得一条信息，很多幼儿教师也犯了同样的错误。成人帮助孩子掌握所谓的一些知识，却阻碍了幼儿的自我发展，成人的行为使幼儿感到非常失望。一般认为，孩子在幼儿园，获得满足感的方式就是“学点什么”，就这彻底错了。

通过“儿童之家”方法教育的孩子，处于一种自由之中，“儿童之家”幼儿教育方法，能够遵循着自我发展的自然方式来进行教育。

对孩子来说，学点什么东西，仅仅是开始。当孩子理解一种练习的含义后，他们会非常高兴进行重复，不断重复带有明显的满足感。孩子乐于进行那种动作，因为通过那种方式，能够发展自己的心灵活动，那是真正的成长。

从对许多幼儿园、小学低年级进行的观察中，我们发现对孩子有各种批评。举例来说——当提问学生时，教师经常对那些急切希望回答问题的孩子说："不，不是你，因为你已经知道答案了。"而将问题问向那些她认为还不确定答案的孩子。

就在这个时候，就出现这样一种局面：那些不知道答案的孩子要进行回答，而那些知道答案的，却要保持安静。

出现这种情况的原因在于人们一般认为知道某些东西就是最终目的。

无论人们重复多少遍"上帝的祷告或者请菩萨保佑"，可它永远是新的。最明显的例子就像——任何两个人之间的爱，都比不上恋人之间的爱情，可是恋人之间却在无休止地重复他们彼此相爱。这就是铁的例证。

人们喜欢唱非常熟悉的音乐片段，这也成为生活中的一部分。人们喜爱重复那些让自己高兴的故事，对这个故事，人们知道得非常清楚，甚至知道故事没有任何新东西。

人们在日常生活中，都在重复着大家所熟知的东西，重复着人们最关心的和回应着生命力量的东西。为了以一定的方式进行重复，首先一定要有可重复的概念存在。在头脑中理解这个概念，对于重复而言必不可少。

小孩发展生命的练习，由重复构成，而不仅仅是对概念的掌握。当孩子到达重复练习这一阶段时，他正走在自我发展的道路上，这种状态的外部标志就是孩子们开始自律。

要注意的是，这种现象并不总在发生，同样的练习也不能被所有年龄的孩子重复。重复是根据需要的具体情况来进行的。这涉及对幼儿的教育实验方法，提供与孩子发展需求相适应的练习十分必要，如果孩子的年龄已经超过某种需求，那他就不可能再获得最佳时机，去获得自己的发展。

成人将自己放在孩子的位置上，认为他们"让自己筋疲力尽"或"浪费时间"在一些成人毫不费力、一下子就能完成的东西上。于是，便越俎代疱，动手帮他们完成。我们总是带着这样错误的想法（以为完成行动就达到目的了）去给孩子穿衣服、洗脸，从孩子手中夺出他们喜欢握住的物体，给他的碗里倒汤并喂他，还要为他布置餐桌。这些服务后，成人还持有对小孩的偏见，这偏见甚至被那些怀着最仁慈动机的施惠者依据自己的单方面意愿而进行，这些成人认为孩子无能和懒惰。

假设一个成人掉入一群杂耍者里面，他会变成什么样子呢？一旦看着自己被那些手法灵活的表演者戏弄，强迫给自己穿衣服，在给自己喂食时是如此之快，以致这个人自己几乎都无法下咽；如果自己想要做的任何事情，都被别人从手里面夺走，然后让其他人来完成，而自己则堕落到一种无能甚至懒惰中，那么这个成人该怎么办？成人不知道该如何表达自己的困惑，只能通过拳头和呼喊来保卫自己，而那些疯子们却怀着最好的愿望来为这个成人服务，他们因为这个成人的反抗和呼喊而称之为高傲、反叛、无能。可这个成人了解自己的环境，会对那些人说："到我的国度来，会看到我建立的灿烂文明，看到伟大的成就。"当他们观察这个成人的世界充满了美，如此规则、平和、安详，和他们的世界如此接近时，这些杂耍者会羡慕这个成人，他们将很难相信自己的眼睛。

而孩子和成人之间却正在发生着这样的事情。

成人称孩子为"淘气包"只因成人给孩子施以暴政。成人经常说孩子没有耐心，只因为自己没有耐心，让孩子们的动作去遵循与成人不同的时间法则。正是没有耐心和"暴政"造成了对孩子的伤害，实际上孩子们非常有耐心、非常温顺。

另外一个非常有趣的观察——有关少儿动作执行时间长度的问题。孩子在第一次从事什么事情的时候总是非常缓慢。在这方面，幼儿的生活是与成人世界完全不同。小孩子为了完成什么东西可以很慢、很有耐心，比如打扫房间，给自己洗澡，穿衣服和脱衣服，布置餐桌，吃东西等，各式各样的复杂操作，对他们来说都很惬意。所有这些，他们都非常有耐心，克服所有仍处在发展中的机体带来的困难。

孩子在被成人包办的时候，就成了一个革命者、一个反叛者、一个不遵从传统者。孩子反抗那些自以为在帮助而实际上在阻碍他的人，反抗那些不理解他的人，这样导致即使是最喜爱他的人，都将这种反抗和天生的淘气混为一谈，认为他是淘气的孩子。

孩子们十分反抗冒犯他们的东西，就像所有为了生存权而进行斗争的生物，维护自己的内心。孩子内心的冲动等于自然本质的呼声，成人要站在孩子的立场，应当服从这种自然本质。如果这些本质受到压制，孩子就会表现出大喊大叫，哭闹不停，表现出暴力行为。

小孩的游戏学习，在练习的重复中，孩子进行了感觉训练。这种练习的目的，不是让孩子知道颜色、形状和物体的不同质地，而是通过对注意力、比较和判断，来训练孩子的感觉。我们要十分强调：这种练习是真正的幼儿成长智力体操，通过各种教具的理性指引，可以帮助幼儿形成智力，就好比身体练习增进健康、加速身体成长一样。在游戏教学中，通过各种外部刺激，孩子训练了各种感觉，集中了自己的注意力，慢慢发展了自己大脑的活动，就像通过运动来为肌肉活动做准备一样。这种幼儿智力体操并不仅仅是心理—感觉性的，还为小孩概念自发的连接，为发展出幼儿的理性知识，为和谐平衡的幼儿智力作了认真准备。它是引发儿童智力爆炸的导火索，这种智力爆炸，在孩子发现周围世界，进行自己的沉思，探索自身外部世界的新事物，完善个体日益增长、复杂化的意识时，让孩子为之感到非常高兴。最终，所有这些表现为一种少儿成长自发的成熟，就像内部自然生长现象一般，在孩子内部形成了通过学习得到的外部产物——书写和阅读。

再说一个案例，曾经有一次，我看到过一个 2 岁大的孩子，他是我医学院同事的儿子，从母亲怀中跑出来，一下子钻到父亲桌子上的杂物堆里，那有长方形的书写板，上面有圆形墨水瓶盖、废纸、颜料等。聪明的小家伙在不停尝试各种练习，对桌子上的一切都表现出了无尽的乐趣，直到他完全记住为止。

可这时孩子的父母，并不理解孩子真正的乐趣与他的内心，不管三七二十一，就把孩子抱到一边斥责他，对他解释："玩爸爸桌子上的办公用品，没有什么意义。"还这么说他："这孩子就是待不住，太淘气了。"

从这个案例可以看到：成人经常斥责孩子，因为尽管告诉过他不要，而他依旧"拿起任何东西"。正是通过指引并发展这种"拿起任何东西"的自然本能和认识几何图形之间关系这些方式，来为 4 岁孩子的自发书写而做准备。

这个案例中的孩子，对桌子上的墨水瓶、纸张感兴趣，总被一些比自己强大的人所阻挠，总徒劳无功地去实现自己的渴望，总对自己努力的失败备感激动和难过，他们在浪费力气。

这些孩子的家长认为应该让孩子保持安静，那就大错特错，就像他们称呼孩子为“淘气”一样，事实的真相是，孩子其实只不过想为自己的智慧建筑去打下基础而已。

而在“儿童之家”，孩子们获得了真正的休息，他们可以自由地将几何图形块拿出或放入相应位置，孩子享受最完整的精神宁静，这种几何图形为他们的本能提供了更高程度的发展，他们还没有注意到自己的眼睛和手，正在将他们引向一种神秘的新语言。

绝大多数孩子，在“儿童之家”进行这些练习之后，变得非常宁静，因为他们的神经系统处于休息中，成为真正安静的好孩子。普通学校里面急切寻求的外部纪律，在“儿童之家”这里已经很好地实现。

宁静的人和自律的人并不相同，孩子们所表现出来的宁静，实际上只是身体现象，只是部分体现出了在孩子内部正在发展当中的真实自律。

成人经常错误地认为，为了让孩子实现一种自主行动，全部命令他去做，这是另外一种错误观念。这种强迫性的自主行动现象确实存在，称这样的孩子为“听话的孩子”。但成人却没有从这种偏见中学到任何东西，成人如此强调孩子听话，因在让孩子听话的过程中，遇到了重重困难。

在孩子 4 ~ 5 岁时，这种不听话甚至有抵抗行为如此剧烈，以至于成人都会感到绝望，几乎要放弃使他们听话这种努力。成人转而开始夸奖这些小家伙们“真听话”，而这种美德在成人的偏见看来，似乎只属于婴儿，应是一种“婴儿期美德”。这是成人父母一种普遍性错误，试图通过命令祷告或暴力方式，来实现纪律非常困难，甚至不可能做到。就像成人要孩子听话，可小孩却反过来向成人要天上的月亮，就会产生这样的逆反心理。

成人只需要反思一下这种“听话”，在大一些的孩子身上，作为一种自然倾向出现，是成人的一种本能，就能意识到“听话”是自发出现于成人的而不属于幼儿，并是成人最强有力的本能之一。

成人的社会基于一种服从基础上，文明也是前进在一条由服从构成的道路上，人类组织也经常建立在对服从的滥用上，就像协同犯罪的基石即服从。

把话题扩散说几句：许多时候，社会问题的中心就在于将人们从服从状态唤醒，正是这种服从使他们受到剥削压迫。

从哲学与生命本质来看，服从本质上讲属于一种牺牲。人类如此习惯于服从，习惯于自我牺牲和自我节制。尽管成人称美好的婚姻为“幸福状态”，但它却由服从和自我牺牲构成。战士注定就要服从命令，如有人想要逃脱服从，很多人就认为他们是罪犯或是疯子。另外有多少人在精神深处，热切渴望去服从某些事物或人，因这些事物或人能引导人走上生活的道路。更有甚者，有人还怀有为服从而去牺牲的渴望。

自然而然，成人爱孩子，就应当向孩子指出：服从为生命的法则，属于自然的本能，但是要服从错误，就是不合理的。成人对一个不服从的小孩子感到焦虑，那丝毫也不足为怪。服从只能通过心智个性的复杂基础来实现。

为服从命令，一个人不但怀有服从的愿望，而且要知道如何去服从。

当一条正确的命令，要求孩子去做某种特定事情时，为了对服从进行准备和执行，应当让少儿通过练习，来间接地让孩子学会服从。

在我的这本书中，每一部分对幼儿的游戏教育的方法，都包含着意志力的练习。当孩子完成了直接指向某一特定目的的协调动作时，当孩子耐心地重复练习时，当孩子实现了他要做的东西时，他也正在训练着自己的意志力。

同样在一系列复杂练习中，孩子通过活动，也建立起了对自己的抑制能力。就像“安静课程”，其中就要求三五岁的幼儿对许多动作进行长时间抑制，还有：当孩子等待着被叫到时，以及被叫到之后，自己对兴奋的控制，以及对高兴地回答和跑向教师行为的控制，都处于一种稳稳当当的安静中，他们小心翼翼走动，努力不去碰到桌椅而发出噪声。

对于三五岁或六七岁的小孩来说，另外一种抑制练习是算数。这个游戏在前面我们已经说过，读者可以回过头去，温故一下——当孩子抽到写有数字的签时，必须从自己面前拿走物体。好像可以随便拿，这只是表象，而实际上只能根据签上面相应的数字拿，孩子们总希望尽可能多拿。如果恰巧一个孩子抽到0，就必须两手空空，耐心坐在那里。在“0的教学”里，还有其他有关小孩抑制力的训练。当一个孩子被叫到来老师这里0次，亲吻0下时，他必须静静地站着，在执行，正努力去“服从”这一命令。

在“儿童之家”，关于孩子吃饭，由孩子担任服务生。我们在这本书的前面，有过很到位的描述，因为这里是站在抑制力的角度，我们就再次来分析一下——一个 4 岁半的孩子，每次他都把汤盘放在桌上，这样同伴们就可以盛汤很方便，这时他就跳跳蹦蹦。接下来，当他又要把汤盘送到其他臬上时，他就很沉稳地走路，抑制住自己，尽管他非常渴望玩，但在把汤送完 20 张桌子之前，他不会放松自己，同时他也时刻对自己的动作保持警觉。这些孩子负责端送装满汤的汤盘，努力使自己处于一种与外部刺激相隔离的状态，因这些刺激会扰乱他。这个孩子抑制住要轰走苍蝇的冲动，抑制住想要跑掉的孩子气冲动，完全集中于不要把汤洒出来的责任中。

就像其他活动一样，意志力也通过练习来发展，有关孩子意志力的练习，既是精神性的，也是实践性的。

在一般人看来，孩子们似乎通过学习动作的优雅和准确，去完善自己的感觉，去学习如何进行写字和阅读。但更深刻的在于，孩子们同时也在学习如何成为自己的主人，如何成为一个拥有敏捷思维和坚强意志的人。

孩子从来没有时间和机会去测试自己，去估计自己的力量和极限，因为他总被成人的暴政所打断；对于不公正也变得无能为力，因为他总因为没有按照大人的意志行事而受到严厉批评。

成人经常听到孩子们的意志应当被“破坏掉”，对于意志最好的训练，就是要让孩子学会服从成人的意志。先不管这一问题不公正的粗暴根源，这一概念本身就没有道理，因为孩子不可能放弃他已经拥有的东西。通过这种方式，成人阻碍了孩子形成自己的意志力，犯了对孩子教育最不可容忍的错误。

所有这些，会导致儿童从幼小的心灵里播下胆小怯懦的种子，意志力得不到发展。成人这种经常性的有意无意的责骂，会造成病态后果，会导致儿童说谎，而成人却将这种错误方法造成的恶果，当成是儿童期的天性，这就毁了孩子将来一生。

在“儿童之家”，孩子们从来不胆小怯懦。他们最吸引人的品质就是可贵的坦率，以这种坦率来对待他人、在他人在场的情况下从事，将自己作品毫无保留地给别人看，赢得人们的喜爱。比较而言，我们看到，那些心理发展不良、受压抑和胆怯的孩子，只在和自己的玩伴或街上的小朋友在一起时，才表现出这种轻松，因他的意志力没有得到充分发展。在“儿童之家”，就根本没有这种孩子。不善待孩子现象，代表了成人的无知和残暴，就好像将孩子们的身体，人工压制成“小矮人”，这无比可怕而残暴，像博物馆里的怪物一样。这正是很多没有受到良好教育的孩子，精神成长所受到的对待。

最大危险就是孩子缺乏健康的个性，这种状况正是由于错误教育方法造成的，是由于没有上学的孩子与学生处于一种被奴役状态。在这种情况下，没有上学的孩子与学生的意志力、个性受到压抑。针对这种情况，最简单的办法，在于重新赋予没有上学的孩子与学生人性的发展。

除了发展孩子意志力的练习外，服从当中的另一个因素是执行服从能力。我的学生安娜·马切洛尼，她一开始在米兰的学校里，后来到了罗马的维亚·古斯蒂学校，她所做的最有趣的观察——将孩子的服从和“知道怎样服从”联系起来。

一旦孩子个性开始形成，服从就表现为一种潜在本能。比如孩子开始尝试某些练习，突然某一时刻，他非常好地完成了这个练习。孩子会很高兴地看着，希望再来一遍，有时这种重复并不成功。

外部命令和自觉行为的结果并不总相同。当练习总成功，具有绝对确定性，那么无论来自其他人的外部命令，还是自觉行为，就总能在孩子身上激起相同的正确行为。孩子在重复时会出现这样一种情况：如果在别人要求下进行，那就会出现错误；如果孩子自愿进行，那练习几乎每次都能成功。这也就是说，孩子每一次都能执行接受的命令。这种心理发展事实（依据少儿个体会存在差异）对于那些具备与孩子相处经验的个人来说非常明显。

常听孩子如此表达：“我确实可以做这事情，可现在不行了。”而这时对学生的无能而感到失望的教师，就会感叹：“那个孩子确实可以做得很好，但现在他不能。”

孩子的发展，最终存在着完善期，在这期间，孩子们永久性地获得了执行某种操作的能力。在此之前，发展存在着三个阶段——

第一阶段：潜意识阶段。

在孩子头脑中，有序通过一种神秘的内部冲动，在无序中创造自己，表现出一种外在行为结果。这种行为不属于意识领域，因而不能够随心所欲进行重复。

第二阶段：意识阶段。

这里出现了一些具备意识性的行为，这些行为出现在建立和发展行为动作的过程中。

第三阶段：意志就可以指引并产生动作。

这样，孩子就能够对其他人的命令做出回应。

同样，服从也遵循着相同的顺序——

第一阶段：精神混乱阶段。

孩子不服从任何事物和人，好像他们是心智上的聋子一样，他们听不进任何命令。

第二阶段：孩子愿意服从。

小孩看上去似乎理解了命令，并能做出回应，但实际情况却不这样，至少不是总能成功地理解并回应。孩子们的反应并不迅速，在执行时也没有任何快乐。

第三阶段：孩子对服从反应迅速，充满热情。

幼儿在练习中越来越熟练，对于自己知道如何服从而备感骄傲。在这一阶段，孩子们非常高兴地服从，对于只要使他感兴趣的哪怕是最细微的要求，也会立刻执行，这样他就可以脱离生活的孤独，通过服从这种行为进入其他人的精神世界中，掌握了人性的团队精神。

所有这些纪律现象和精神发展，都要归因于有序，而这种有序从最开始的紊乱中，建立起一种意识，它开创了一个人性的新时代。幼儿的成长，头脑从混乱进入有序，好比“将黑夜和白天截然分开”那样，这时就出现了个体的情绪和精神，让人想起《圣经》当中的创世纪的故事。在孩子的头脑中，不但有自己努力所获得的，还有精神生活中的天赋：和蔼、慈爱和对正义的无比热爱。这些天赋散发出儿童心灵的本真芳香，结出圣保罗所许诺的“精神果实”——爱、欢乐、和平、忍耐、善、忠诚和温顺。

这些孩子品德高尚，他们在不断重复练习中，锻炼了自身的耐心；在顺从他人的命令时，锻炼了自己的忍耐；在与其他人没有嫉妒和竞争的和平共处中，锻炼了人性的善。

他们以一种快乐心境与平和的心态来行善。孩子表现出令人惊奇的勤奋，而对自身的正义，他们却并不会表示出骄傲，他们并没有将这种道德获得当成一种自身的优越。他们正走在通向正直的道路上，仅因这是实现真正的自我发展和学习的唯一途径；他们享受着沿途收获的淳朴心灵以及祥和的可爱果实。

一种间接的纪律形式，孩子们合理组织“工作”和自由，代替了教师的批评和说教。在这里，包含着一种从小开始的生活概念，这一概念在宗教中，要比在教育学中更加普遍，因这种概念作为人类的精神力量与心灵价值，是建立在“工作”和自由这两条所有人取得进步的道路上的。

第 22 章　让孩子成为优秀的自己

经过符合人性教育、健康教育，就像“儿童之家”教育的孩子，他们与那些没有科学教育理念的、普通学校成长的孩子，有着显著不同。他们有着清纯和幸福，直率和开放的性格，他们感觉是自己行为的主人。

在“儿童之家”，绝对没有不合理的教学，没有无用的幼教工作者。像其他地方那种旧式的教师做无用功，这种局面早已经消失——为维持纪律而筋疲力尽，徒劳地空喊和不停地讲话。而教师也因此转变成为孩子们自发工作的指导者，而不再是一种被动力量，作为一种无声的存在。

“儿童之家”用的教学用具，对不合理的工具取而代之，这种教学材料中，自身就包含着对错误的控制，使每个孩子进行自我练习成为可能。

“儿童之家”的教育方法，已经建立起对于发展科学教育学的必要条件。无论是谁采用“儿童之家”的教育方法，并且按照方法进行教学，实际上都在进行一种有效的教育学。在教学中，每个孩子都在做着不同的事情，教师可以一边看他们，一边进行心理观察，如果能够根据科学标准进行对心理观察有条理地收集，将会对儿童心理学的重建和实验心理学的发展，做出贡献。

在这项工作中，“儿童之家”的教学已经对某些问题有了答案，比如学生的自由。自我教育，建立起一种工作、生活和家庭作业之间的和谐关系等。

孩子们在游戏中，表现出了对知识的渴望，表明了自己是人文精神的真正后代，孩子们对知识的一种本能热爱，就是最好的证据，而孩子们经常被误解，他们总被认为——对于无意义的玩耍，对没有任何思想的游戏……感兴趣。人文精神一直是科学和文明进步的创造者。藐视那些——给儿童愚蠢玩具的人，那是一个无知的世界，在那里，孩子们被一种不好的准则，遭到心灵的摧毁与智慧的扼杀。

如果宗教源自人类文明，那么宗教的根源就一定在人类本质的深处。在幼儿心灵深处，那是人性的起源。教育中宗教问题的重要性，我们充分意识到，宗教教育也应当通过积极的教育学方法得到解决。

否定人类的宗教感情，剥夺人文教育当中的感情，就犯了一个教育学上的错误，就像认为孩子热爱学习，仅仅是因为学习本身的缘故一样。孩子们在自由玩耍处于自由状态中，表现出我们人类在本质上是宗教的产物。

认为宗教教育只适合于成人这种假设，与当今教育中存在的另一巨大错误，即在最佳的时机，却忽略了感觉训练一样。对幼儿本性的无知认识与无知教育，使学生屈从于一种“奴隶”制度，而这仅仅能让孩子、学生表现出表面上的纪律。

成人生活将感觉应用于周围实际环境，自己对生命空间进行感觉收集。如果缺乏这种感觉准备，经常会导致人的实际生活问题出现麻烦，就像缺乏镇静，导致浪费自己的精力在无意义的努力中。

在这里，还要提醒一下大家——在那些没有心灵与信仰的人中，我们经常发现他们低效率、不稳定，这其中有多少珍贵的个人力量被十分可惜地浪费掉。许多人都有过这种经历，当一个人的精神通过安慰，很晚才开始苏醒时，心灵已经不能建立起平衡，因他已经习惯于这种被剥夺精神的生活。从另外一个角度看，对宗教狂热这种情况，也同样深感遗憾。

人们的生命，在寻求自身安全、宁静的心灵以及要将心灵不断拉回到——充满冲突和情感海洋中的精神之间，存在着斗争。我们说到的这些，都属于最重要的心理现象，也表明了所有最严重的人类问题。

在心灵问题这些事情上，欧洲人依旧充满偏见，被一种先入为主的思想所束缚，正是人们成为自身思想奴隶的来源。相信意识和思想自由，在于否定某些宗教信仰。

可当一个人在其他方面进行抗争时，却不会有自由存在，自由只存在于无限的发展中，在那里，生命没有任何限制，无拘无束，得到真正的超越。

实际上，没有信仰的人，就不会害怕他所不信仰的，也不会与他认为不存在的进行斗争。那些没有信仰的人，什么事情都会做得出来。

美国伟大的实证主义者威廉·詹姆士提出了“情感心理学理论”，他同时也说明了宗教意识的重要心理学意义。这一点，同样对幼教有重要作用。思想的未来发展，在于心灵的建设。在“儿童之家”，通过自由和独立教育，实现了幼儿的纪律，这就标志着未来教育学发展的基础。

对蒙台梭利教育幼儿的体系而言，我本人相信，这为人类通过教育来进行救赎，提供了最大的希望。经验告诉人们，在“儿童之家”进行的心理观察，将毫无疑问会吸引人们的极大兴趣。幼儿教育通过思想和意识自由的方式，也许正走在一条通往宗教胜利的道路上。

这本有关幼儿教育方法的书，是我一个人根据实践而写，可让其他人共同使用。希望从使用“儿童之家”教育幼儿的方法，进行儿童个体教育学研究。其他教育者，能够提出他们的可靠的实验结果，而这些结果就是将来我们会看到的可靠的教育学书籍。

从学校的实践性来看，“儿童之家”的方法拥有可以在一个教室里进行教学的优势，而不论孩子们的年龄。其实，放牧式教育，对孩子同样重要。

在“儿童之家”里，有些5岁半的孩子因为发展的缘故，却可以很容易进到小学三年级中去，有些小家伙只有2岁半，还不能进行哪怕是最简单的感觉练习。

所有“儿童之家”这些孩子，都通过自己的力量来完善自身，在内部力量指引下，获得童年的前进，他们已经成为了独特的个体。

“儿童之家”用我本人命名的蒙台梭利幼儿教育方法，一个优势是使农村教学更加便利，对于那些小城镇学校则更具优势。

在农村很多地方，那里所有年级，都在一起上课，而同时这类学校却只能雇佣一位教师。恰恰是这样——“儿童之家”的经验表明，一位教师可以对一群孩子进行指导，这些孩子的发展水平从3岁到小学三年级不等。

使用“儿童之家”的教育方法，另外一个优势在于，可以非常容易进行书写教学，这样就可以消除文盲，教会每个人自己的母语。

至于教师方面，幼教工作者可以在处于不同发展水平的孩子们中间，待上一整天，就像母亲可以在家里面和各个年龄的孩子，待在一起，而不会感到疲劳。

在富有智慧的教师指引下——这些教师关注孩子的身体发展，同时也关注孩子智力和道德进步——孩子们可以通过“儿童之家”的方法，实现一种极好的身体发展；孩子们还表现出了人类所特有的完美精神性。

孩子们进行着自己的“工作”，通过“工作”，实现了一种积极的纪律和日常生活中的各种独立性，就像通过日常生活，孩子们取得智力进步一样。

人们认为孩子的自然教育，应当是纯粹身体教育，那就错得很厉害。“儿童之家”的方法，也考虑到了孩子们自发的心灵发展，利用一种经观察和实验，证明是明智的方式，来帮助孩子心灵发展。

从幼儿教育，我们看到孩子身上的精神，也有自己的本质，也要在精神生活中完善自身，而这种精神生活就是主导着人一生的力量。身体上的照顾，导致幼儿对身体健康感到快乐；在智力和道德方面照顾幼儿，也应当使孩子感受到精神上的快乐，使孩子进入这样一种世界，在那里有无穷的惊喜和发现，在等待着他们。

快乐教育法无比重要。正是通过这样一种快乐，理想的人类成长起来，并且只有这样一种快乐，才值得在婴儿的人文教育当中，占有一席之地。

“儿童之家”教育方法教育的孩子，与那些在普通学校成长的孩子，有着显著不同。他们有着清纯和幸福，直率和开放的性格，他们感觉是自己行为的主人。

很多人来“儿童之家”参观学习——

一、当孩子们跑过去，围在来“儿童之家”的参观者边上时，他们说着甜蜜的话语，并且用文雅而庄重而友好的方式，伸出自己的小手。

二、当孩子们为了感谢参观者的礼貌时，他们明亮的眼神和欢快的声音，让人们感觉这些孩子真是不同寻常的小大人。

三、当他们展示自己的作品和才能时，会使用一种非常有信心和简洁的方式，好似希望所有参观者都要称赞一样。

四、经常有一个小家伙在参观者旁边静静坐着，写自己名字，并且很有礼貌，说着谢谢，好似他们希望让参观者感觉到内心深处的感激之情一般。

当人们、教师穿过这些正在忙碌的孩子们，看到上面所有这一切，发现他们处在绝对安静之中，这些孩子已经学会了用上面所说的一种方式，来深深地享受快乐。

“儿童之家”似乎对每一个人都施加了一种精神性的影响。这让教师、父母、亲人、别人深受感动，感觉到与这些小孩子们的心灵已经进行了接触。

一些著名的政治家和外交家们，他们因为贸易和国务问题心事重重，但是到“儿童之家”之后，就好像脱掉沉重的大衣一样，甩开外部世界的负担，进入一种简单的忘我之中。他们被这种人类灵魂本性发展的场面所吸引，这就是他们称呼我们这些小家伙们为幸福孩子时的真正含义——这些处在幼儿期的人性，却在进化中，进化得要比成人更高级。

在“儿童之家”看到的可爱孩子，健康教育下的幼儿，让人们因此理解了英国诗人沃德沃斯为何如此着迷于自然，想要揭示出自然平和和美丽的秘密。而最终揭示给他的是——所有自然的秘密，都存在于小孩心灵中。确实，人们的社会生活经常是黑暗的，自然生活的消逝充斥在我们周围。所以说，沃德沃斯抓住了整个人生的意义。

“儿童之家”的教学方式，受到了伊曼纽尔·康德那崇高概念的影响：“完美的艺术重返自然！”

这样做，为的是要保卫人类心灵中精神的火种，保卫人真实的本性不受破坏，并且将这种本性从压抑和社会的蜕变中积极解放出来。